José Carlos Barbieri
Moysés Alberto Simantob
(Organizadores)

Organizações Inovadoras do Setor Financeiro

Teoria e Casos de Sucesso

Editora Saraiva

Editora Saraiva

Av. Marquês de São Vicente, 1697 – CEP: 01139-904
Barra Funda — Tel.: PABX (0XX11) 3613-3000
Fax: (11) 3611-3308 — Televendas: (0XX11) 3613-3344
Fax Vendas: (0XX11) 3611-3268 — São Paulo — SP
Endereço Internet: http://www.editorasaraiva.com.br

Filiais:

AMAZONAS/RONDÔNIA/RORAIMA/ACRE
Rua Costa Azevedo, 56 — Centro
Fone/Fax: (0XX92) 3633-4227 / 3633-4782 — Manaus

BAHIA/SERGIPE
Rua Agripino Dórea, 23 — Brotas
Fone: (0XX71) 3381-5854 / 3381-5895 / 3381-0959 — Salvador

BAURU/SÃO PAULO
(sala dos professores)
Rua Monsenhor Claro, 2-55/2-57 — Centro
Fone: (0XX14) 3234-5643 — 3234-7401 — Bauru

CAMPINAS/SÃO PAULO
(sala dos professores)
Rua Camargo Pimentel, 660 — Jd. Guanabara
Fone: (0XX19) 3243-8004 / 3243-8259 — Campinas

CEARÁ/PIAUÍ/MARANHÃO
Av. Filomeno Gomes, 670 — Jacarecanga
Fone: (0XX85) 3238-2323 / 3238-1331 — Fortaleza

DISTRITO FEDERAL
SIG Sul Qd. 3 — Bl. B — Loja 97 — Setor Industrial Gráfico
Fone: (0XX61) 3344-2920 / 3344-2951 / 3344-1709 — Brasília

GOIÁS/TOCANTINS
Av. Independência, 5330 — Setor Aeroporto
Fone: (0XX62) 3225-2882 / 3212-2806 / 3224-3016 — Goiânia

MATO GROSSO DO SUL/MATO GROSSO
Rua 14 de Julho, 3148 — Centro
Fone: (0XX67) 3382-3682 / 3382-0112 — Campo Grande

MINAS GERAIS
Rua Além Paraíba, 449 — Lagoinha
Fone: (0XX31) 3429-8300 / 3428-8272 — Belo Horizonte

PARÁ/AMAPÁ
Travessa Apinagés, 186 — Batista Campos
Fone: (0XX91) 3222-9034 / 3224-9038 / 3241-0499 — Belém

PARANÁ/SANTA CATARINA
Rua Conselheiro Laurindo, 2895 — Prado Velho
Fone: (0XX41) 3332-4894 — Curitiba

PERNAMBUCO/ ALAGOAS/ PARAÍBA/ R. G. DO NORTE
Rua Corredor do Bispo, 185 — Boa Vista
Fone: (0XX81) 3421-4246 / 3421-4510 — Recife

RIBEIRÃO PRETO/SÃO PAULO
Av. Francisco Junqueira, 1255 — Centro
Fone: (0XX16) 3610-5843 / 3610-8284 — Ribeirão Preto

RIO DE JANEIRO/ESPÍRITO SANTO
Rua Visconde de Santa Isabel, 113 a 119 — Vila Isabel
Fone: (0XX21) 2577-9494 / 2577-8867 / 2577-9565 — Rio de Janeiro

RIO GRANDE DO SUL
Av. A. J. Renner, 231 — Farrapos
Fone/Fax: (0XX51) 3371-4001/3371-1467/3371-1567
Porto Alegre

SÃO JOSÉ DO RIO PRETO/SÃO PAULO
(sala dos professores)
Av. Brig. Faria Lima, 6363 — Rio Preto Shopping Center — V. São José
Fone: (0XX17) 227-3819 / 227-0982 / 227-5249 — São José do Rio Preto

SÃO JOSÉ DOS CAMPOS/SÃO PAULO
(sala dos professores)
Rua Santa Luzia, 106 — Jd. Santa Madalena
Fone: (0XX12) 3921-0732 — São José dos Campos

SÃO PAULO
Av. Marquês de São Vicente, 1697 — Barra Funda
Fone: PABX (0XX11) 3613-3000 / 3611-3308 — São Paulo

ISBN 978-85-02-07574-0

CIP-BRASIL. CATALOGAÇÃO-NA-FONTE
SINDICATO NACIONAL DOS EDITORES DE LIVROS, RJ.

077

Organizações inovadoras do setor financeiro : teoria e casos de sucesso / José Carlos Barbieri, Moysés Alberto Simantob (organizadores). - São Paulo : Saraiva, 2009.

Inclui bibliografia
ISBN 978-85-02-07574-0

1. Desenvolvimento organizacional. 2. Desenvolvimento organizacional - Estudo de casos. 3.Instituições financeiras. 4. Empreendimentos. I. Barbieri, José Carlos. II. Simantob, Moysés Alberto.

08-4153 CDD: 332.1
CDU: 336.7

Diretora editorial: Flávia Helena Dante Alves Bravin
Gerente editorial: Marcio Coelho
Editores: Rita de Cássia da Silva
Ana Maria da Silva
Produção editorial: Viviane Rodrigues Nepomuceno
Juliana Nogueira Luiz
Suporte editorial: Rosana Peroni Fazolari
Arte e produção: Know-how Editorial
Capa: Know-how Editorial/Rubens Lima

Agradecimentos

Nossos agradecimentos, mais uma vez, são dirigidos a todos aqueles que tornaram possível a existência do Fórum de Inovação da FGV-EAESP e, conseqüentemente, deste livro.

Particularmente, somos gratos às organizações constituintes do Fórum de Inovação, que são a fonte de inspiração e o manancial de ricas pesquisas desenvolvidas por todo o nosso corpo de pesquisadores, que contribuem na consecução das atividades do Fórum. Assim, não podemos deixar de mencionar todas aquelas pessoas que tiveram – e têm – atuação destacada na gestão do Fórum:

- **do Banco do Brasil** – Antônio Francisco de Lima Neto, Glauco Cavalcante Lima, Hideraldo Dwight Leitão, Francisco Djalma de Oliveira, Luís Aniceto Silva Cavicchioli, Luiz Henrique de Lima Araújo, Julio Reis da Costa e Marisalvo da Silva;
- **da Brasilata** – Waldemar Accacio Heleno, Antonio Carlos Teixeira Álvares, Alexandre Gonçalves, João Vicente de Masi Tuma, Luiz Cláudio Siqueira e Alexandre Piazza;
- **da Copesul** – Alfredo Lisboa Ribeiro Tellechea, Eduardo Vieira da Costa Guaragna, Marco Antonio F. Villas Boas, Reinaldo Vieira de Castro e Sady Vaz;
- **da Embrapa** – Silvio Crestana, Zani Edna Andrade Brei, Paule Jeanne Mendes, Paulo Sérgio Vilches Fresneda, Maristela Jesus da Silva, Luiz José Maria Irias, Paulo Choji Kitamura e Flavio Poppinigis;

- **do Sebrae** – Paulo Tarciso Okamotto, Luiz Carlos Barboza, Carlos Alberto dos Santos, Paulo César Resende de Carvalho Alvim, Clóvis Walter Rodrigues e Antônio Carlos Larubia;
- **da Suzano Papel e Celulose** – Antonio Maciel Neto, Jorge E. Reis Cajazeira, João Carlos Tavernard, Amanda Cosenza, Deive Gonçalves Rodrigues e Marcio Saad;
- **da FGV-EAESP** – Francisco Sylvio de Oliveira Mazzucca e Maria José Tonelli.

Nossos agradecimentos a todos os envolvidos nesse ambicioso projeto de compreensão e mapeamento de inovações no Banco do Brasil, que pelo fato de ser o primeiro banco do Brasil, tem sua história mesclada com a própria história do País ao longo desses séculos de existência.

Quanto ao Banco do Brasil, agradecemos a colaboração e contribuição de:

- Adriano de Mello Pouchain, Donizete dos Santos, Eder Luiz Menezes de Faria, Egidio Otmar Ames, Herbert Ferreira Dutra Júnior, Jehferson Wohllenz de Mello, João Carlos dos Passos Bitencourt, José Freitas de Almeida, Luiz Henrique Speck de Mello, Walter de Souza Arruda, Celia Alckmin Lombardi, Sandro Maciel do Valle Blanco, Valdeci José da Silva, Antonio Carlos Correia, José Luís Prola Salinas e Luiz Fernando de Azevedo Bonfim, **no estudo de caso Auditoria;**
- Derci Alcântara, Edilson Martins de Alcântara, Irineu dos Santos, João Carlos de Souza Pinto, Roberto Ricardo Barbosa Machado e Ricardo Alves da Conceição, **no estudo de caso CPR;**
- André Luis de Menezes Campos, Felipe B. da S. Ferreira, Sérgio Murilo Fonseca da Matta, Gabriela Zimm Salvucci Cantuária, Joaquim Venancio Guedes de Castro Filho, Marly Lumiko Yanaguizawa Oguro, Eduardo Condé, Sandro Ludtke de Moraes, Aparecido Domingos Rosa, Paulo Euclides Bonzanini, Alberto Okada, Alexandre Souza da Conceição e Maria da Glória Guimarães dos Santos, **no estudo de caso auto-atendimento pelo celular: o Banco de Bolso;**
- Antônio Francisco de Lima Neto, Rossano Maranhão, Glauco Cavalcante Lima, Hideraldo Dwight Leitão, Francisco Djalma de Oliveira, Luiz Henrique de Lima Araújo, Celia de Fátima M. F. e Castro, Raul Damásio Perillo, Luiz Cláudio Moreira Lessa, Julio Reis da Costa, Ilenor Elemar Zingler,

Marisalvo da Silva, Ricardo Uhry, Vânia Venâncio, Simone de Oliveira Matos, Pedro Paulo Carbone, Ana Dantas, Luiz Oswaldo Sant'Iago Moreira de Souza, Américo Leite de Almeida e Pedro Marre, **nos três casos estudados**.

Somos especialmente gratos aos colegas de pesquisa do BB que estiveram mais próximos à equipe do Fórum, aos quais devemos enorme gratidão: Glauco Lima, Hideraldo Leitão, Francisco Djalma, Luiz Henrique, Julio Reis, Ilenor, Marisalvo, Ricardo Uhry e Raul Perillo, que acreditaram que o processo de gestão da inovação no Banco do Brasil pode e deve ser sistematizado para a busca de novas oportunidades e melhor acompanhamento dos fluxos de pesquisas já existentes.

Agradecemos especialmente aos Comitês de Administração da Diretoria de Agronegócios, Diretoria de Varejo, Diretoria de Tecnologia e Auditoria Interna do Banco do Brasil, que disponibilizaram todos os recursos necessários e, principalmente, o tempo das pessoas que transformaram em realidade os casos estudados.

Mais uma vez, agradecemos à equipe do Fórum de Inovação pelo apoio, em especial Luciana Gaia, Leonice Cunha e Flávia Canella.

Os autores

Sobre os autores

ADRIAN KEMMER CERNEV – Professor da Escola de Administração de Empresas de São Paulo da Fundação Getulio Vargas (FGV-EAESP), da Faculdade de Economia, Administração, Contabilidade e Atuária da Pontifícia Universidade Católica de São Paulo (FEA-PUC/SP) e da Faculdade de Informática e Administração Paulista (FIAP). Possui graduação e mestrado em Administração de Empresas pela FGV-EAESP, sendo doutorando na linha de pesquisa de Administração, Análise e Tecnologia de Informação pela mesma instituição. Atualmente é pesquisador de convergência e mobilidade digital pela FGV. Possui experiência profissional executiva em empresas de tecnologia, conhecimento e marketing (Xerox do Brasil e WebGenesis do Brasil), atuando há mais de 15 anos nas áreas de tecnologia da informação, telecomunicações e administração geral.

ALEXANDRE STILBEN MEDEIROS – Graduado em História pela Universidade Federal Fluminense (UFF). Pós-graduado em História do Brasil pós 30, também pela UFF. Funcionário do Banco do Brasil desde 1981, onde exerce, atualmente, o cargo de gerente de atendimento na agência Asa Sul 203, em Brasília-DF.

ANTONIO CAMPELO FERREIRA FILHO – Formado em Direito pelo Centro Universitário de Brasília (UniCEUB), com MBA em Agronegócios, pela Escola Superior de Agricultura "Luiz de Queiroz" – Universidade de São Paulo (ESALQ-USP), Analista Sênior da Diretoria de Agronegócios do Banco do Brasil, tendo trabalhado em projetos de desenvolvimento de produtos do banco, como a Cédula de Produto Rural (BB CPR) e, atualmente, no desenvolvimento no Banco do Projeto Novos Títulos do Agronegócio (Letra de Crédito do Agronegócio – LCA, Certificado de Direitos Creditórios do Agronegócio – CDCA, Certificado de Depósito Agropecuário/Warrant Agropecuário – CDA/WA e Certificado de Recebíveis do Agronegócio – CRA).

ANTONIO CARLOS TEIXEIRA ÁLVARES – Professor da FGV-EAESP, desde 1974. Cursou Engenharia Mecânica de Produção na Escola Politécnica da USP (POLI-USP), formando-se em 1969, e concluiu seu curso de pós-graduação em Administração de Empresas, área de concentração Administração Contábil e Financeira em 1973 na FGV-EAESP. É membro do Fórum de Inovação da FGV-EAESP desde a sua criação, em 2000. Seus interesses de pesquisa envolvem humanização da produção, estratégia industrial, inovação e análise de investimentos. É autor de diversos artigos sobre inovação e transferência de tecnologia publicados no Brasil e em diversos países. Desde 1978 é Diretor Superintendente da Brasilata S.A. Embalagens Metálicas; desde 2004 é Presidente do Sindicato da Indústria de Estamparia de Metais do Estado de São Paulo; e desde 2007 é membro do Conselho Superior de Competitividade da FIESP.

DENISE DEL PRÁ NETTO MACHADO – Professora de Administração da Universidade Regional de Blumenau (FURB/SC). Bacharel em Administração pela Universidade Federal de Santa Catarina (UFSC). Mestre em Administração com concentração em Organizações pela UFSC. Doutoranda em Administração da Produção pela FGV-EAESP. Atua na academia desde 1988, assumindo atividades de ensino, pesquisa, extensão e administração universitária. Atuou durante quatro anos na Área de Pesquisa e Desenvolvimento da Universidade Regional de Blumenau, gerenciando os programas de pesquisa da instituição juntamente à CAPES e ao CNPq. Foi coordenadora de estágios do curso de Administração e da *Revista de Negócios do Centro de Ciências Sociais Aplicadas* da mesma instituição. Atuou como consultora durante três anos na reestruturação e planejamento do Serviço Autônomo Municipal de Água e Esgoto de Blumenau (SAMAE). É pesquisadora do Fórum de Inovação da FGV-EAESP.

EDUARDO HENRIQUE DINIZ – Engenheiro Eletrônico pela Escola de Engenharia de São Carlos (EESC-USP), mestre e doutor em Administração pela FGV-EAESP, tendo sido *visiting scholar* na University of California, Berkeley, e na HEC Montréal.

Ocupou a gerência de sistemas da Fundação para o Desenvolvimento da Educação (FDE), no Governo do Estado de São Paulo. Professor da FGV-EAESP desde 1999, atua no Centro de Excelência Bancária (CEB) da FGV-EAESP e no Centro de Tecnologia de Informação Aplicada da FGV-EAESP (GVCia). Coordenou várias pesquisas e tem diversos artigos publicados sobre tecnologia aplicada ao negócio bancário e governo eletrônico.

ELVIO CORRÊA PORTO – Professor do Centro de Ciências Sociais Aplicadas e pesquisador do Núcleo de Estudos em Competitividade (NEC), da Universidade Presbiteriana Mackenzie, em São Paulo. Doutorando em Administração de Empresas pela FGV-EAESP, com graduação em Administração Pública pela mesma instituição e estágio acadêmico na ESADE/Barcelona – Espanha. Pesquisador do Fórum de Inovação entre 2004 e 2005. Atuação profissional e acadêmica nas disciplinas de Gestão de Cadeia de Suprimentos, Planejamento Financeiro e Análise Econômico-Financeiras.

JEAN CARLO VITERBO – Administrador pela FGV-EAESP (jul-97). Mestre em Engenharia Naval e Oceânica pela POLI-USP (fev-2008), com pesquisa focada no desenvolvimento de projetos de energia eólica em meio marítimo. Experiência como analista de custos e orçamentos (Banco Itaú S.A.), gerente de logística (*e-commerce* do Magazine Luiza S.A.), professor universitário (Universidade de Franca – Unifran –, Centro Universitário Barão de Mauá – Unimauá – e Centro Universitário Sant'Anna – UniSant'Anna) e consultor autônomo para indústrias de pequeno a grande porte. Atualmente é colaborador da Sima Consulting no desenvolvimento de um grande projeto de agroenergia. É colaborador do Fórum de Inovação desde 2007.

JOÃO CARLOS DE SOUZA PINTO – Formado em Administração de Empresas pela Associação Internacional de Educação Continuada (AIEC) e Faculdade de Administração de Brasília, com MBA em Agronegócios pela USP. Assessor da Diretoria de Agronegócios do Banco do Brasil desde 1993. Educador na área de produtos e serviços para o agronegócio pela Universidade Corporativa Banco do Brasil (UNIBB). Especializado em Derivativos Agropecuários. Produtor rural nos setores de café e pecuária bovina.

JOSÉ CARLOS BARBIERI – Professor do departamento de Administração da Produção e Operações da FGV-EAESP/POI desde 1992. No Instituto de Pesquisas Tecnológicas do Estado de São Paulo (IPT) desenvolveu atividades nas áreas de

Sistemas de Informações, Propriedade Industrial e Transferência de Tecnologia. É membro do Fórum de Inovação da FGV-EAESP. Desenvolve pesquisas nas áreas de Gestão do Meio Ambiente e da Inovação, tendo participado como pesquisador e coordenador de diversos projetos de pesquisa financiados por várias instituições de fomento. Participa de comitês científicos de diversas revistas e congressos científicos nacionais e internacionais, bem como de várias agências de fomento. Autor de livros, capítulos de livros e dezenas de artigos sobre Gestão Ambiental e Inovação publicados no Brasil e em diversos países.

JOSÉ CARLOS VAZ – Graduado em Direito pelo UniCEUB, com MBA Altos Executivos pela Fundação Instituto de Pesquisas Contábeis, Atuariais e Financeiras (FIPECAFI/FEA-USP). Atualmente é Diretor de Agronegócios do Banco do Brasil, onde é funcionário desde 1982.

JÚLIO F. B. FACÓ – Mestre em Administração de Empresas pela FGV-EAESP. MBA em Marketing pela Escola Superior de Propaganda e Marketing (ESPM). Graduação em Engenharia pelo Instituto Mauá de Tecnologia. Fez parte da equipe *pro tempore* de implantação da Universidade Federal do ABC (UFABC). Tem experiência na condução e participação de diversos projetos em organizações como ABN AMRO Bank, Siemens e Sebrae. Suas principais áreas de atuação são: Inovação, Desenvolvimento de Novos Produtos e Serviços e Estratégias de Gestão Ambiental.

LUÍS ANICETO SILVA CAVICCHIOLI – Bacharel em Administração de Empresas pelo UniCEUB. Funcionário do Banco do Brasil desde 1985. Na década de 1990, participou da elaboração e implementação da estratégia do Programa de Qualidade Total do BB. Em 2000, coordenou a elaboração da estratégia do Banco do Brasil para web e participou de sua implementação. Desde 2002 é Assessor Master da Diretoria de Estratégia e Organização, onde é um dos responsáveis pelo monitoramento dos ambientes externos e identificação de soluções para melhorar a competitividade do banco. A partir de 2003 passou a representar o BB no Fórum de Inovação da FGV-EAESP.

MARCOS AUGUSTO DE VASCONCELLOS – Professor da FGV-EAESP desde 1972. Engenheiro Industrial pela Escola de Engenharia da Universidade Presbiteriana Mackenzie. Mestre e doutor em Administração de Empresas pela FGV-EAESP, com especialização em Administração da Produção e Operações. Coordenador do

Simpósio de Administração da Produção, Logística e Operações Internacionais (SIMPOI), desde a sua primeira edição, em 1998. Idealizou e coordenou o Curso de Administração da Produção e Operações Competitivas no Programa de Educação Continuada da FGV-EAESP (GVPec). Coordenador do Curso de Especialização em Administração para Graduados (CEAG/FGV-EAESP) de 1993 à 1995. Chefiou o Departamento de Administração da Produção e Operações de 1996 a 1999. Coordenou o Projeto EAESP/SAP, de 1997 a 1999, quando foi implantado o Laboratório de Sistemas Integráveis (LSI) e criado o Curso de Especialização em Gestão de Negócios com Sistemas Integrados. É fundador do Fórum de Inovação da FGV-EAESP e seu atual coordenador-geral. Foi vice-diretor acadêmico da FGV-EAESP, com mandato de julho de 2003 a junho de 2007. Como executivo e consultor de empresas, coordenou, desenvolveu e implantou trabalhos nas áreas de Qualidade Total, Logística e Gestão da Cadeia de Suprimentos, Gestão de Projetos e Orçamentos-Programa.

MARTIN JAYO – Possui graduação em Economia pela USP (1992), mestrado em Ciências da Comunicação pela mesma instituição (2005) e é doutorando em Administração de Empresas pela FGV-EAESP. Possui experiência como economista, pesquisador e analista setorial desde 1994, tendo atuado em projetos de pesquisa e consultoria na Fundação Instituto de Administração (FIA), Fundação Instituto de Pesquisas Econômicas (FIPE), Instituto Uniemp e FGV. Atualmente é pesquisador do Centro de Estudos em Microfinanças da FGV. Atuou também na Agência Estado Ltda., empresa do grupo editorial O Estado de S.Paulo, onde exerceu funções gerenciais e editoriais entre 1998 e 2003.

MOYSÉS ALBERTO SIMANTOB – Professor da FGV-EAESP, pelo departamento de produção, leciona Inovação, nos cursos de graduação, CEAG/FGV-EAESP e GVPec. Co-fundador e coordenador executivo do Fórum de Inovação desde 1999. Sua prática em assessoria empresarial é especializada e inclui a concepção de plataformas em gestão de inovação estratégica. Co-autor do *Guia Valor Econômico de Inovação nas Empresas* e do livro *Organizações Inovadoras Sustentáveis*. Em projetos internacionais trabalha em parceria com professores da London Business School.

PAULO EDUARDO LOPES – Assessor master da Diretoria de Estratégia e Organização do Banco do Brasil, onde desenvolve especialmente estudos de posicionamento institucional. Professor de Marketing, Teoria da Comunicação, Negociação e Comunicação Empresarial da Escola Superior de Administração, Marketing e Comunicação de Brasília (ESAMC/Brasília) e da Faculdade Serrana de Sobradinho (FASEP). Bacharel em Jornalismo, mestre em Artes pela Escola de Comunicações e Artes da Universidade de São Paulo (ECA-USP) e doutor em Lingüística e Semiótica pela Faculdade de Filosofia, Letras e Ciências Humanas da mesma Universidade (FFLCH-USP). Autor do livro *A desinvenção do som*: estudos dialógicos do tropicalismo (Campinas: ANPOLL/Pontes, 1999), sobre as estruturas enunciativas que condicionavam a produção da MPB nos anos 1960, e de diversos artigos sobre Semiótica e Marketing.

PÉRSIO ALBERTO MANDEL – Bacharel em Química pela Universidade Estadual de Campinas (Unicamp), pós-graduado em Administração de Empresas pela FGV-EAESP. Executivo por mais de 20 anos no desenvolvimento de sistemas de gestão de qualidade e competitividade. Membro Sênior da American Society for Quality (ASQ). Consultor desde 2004, atuando em projetos de gestão organizacional com ênfase em criatividade, inovação e qualidade. Pesquisador do Fórum de Inovação desde 2004 e líder do Estudo de Caso do Banco do Brasil. Diretor do Instituto Navega São Paulo.

RAUL FRANCISCO MOREIRA – Funcionário do Banco do Brasil desde 1987, atualmente é Gerente Executivo da Diretoria de Cartões. Foi Gerente do Projeto que concebeu, desenvolveu e implementou a solução de *mobile banking* do BB, no período de dezembro de 2004 a outubro de 2007. Também gerenciou a Divisão de Banco Eletrônico, na Diretoria de Varejo do Banco do Brasil, entre 2002 e 2004.

RUDINEI DOS SANTOS – Bacharel em Administração de Empresas pela Universidade do Extremo Sul-Catarinense (UNESC – ex-FUCRI), MBA em Auditoria Interna pela Fundação Instituto de Pesquisas Contábeis, Atuariais e Financeiras (FIPECAFI/FEA-USP). Funcionário do Banco do Brasil desde 1982, atualmente é Gerente Executivo da Auditoria Interna. Na área de auditoria já exerceu as funções de Gerente de Auditoria nas Gerências especializadas em Crédito, Tecnologia da Informação, Transações Eletrônicas e na jurisdição do Estado de Santa Catarina. Foi Gerente adjunto de auditoria do BB para a Europa e a Ásia, na unidade sediada em Londres entre 2002 e 2005. Como gerente da Divisão de Instrumentalização e Informatização de Auditoria do Banco do Brasil, criou o primeiro portal de intranet da unidade, um dos primeiros do banco, e desenvolveu metodologias e ferramentas de automação de auditoria. É estudioso da área de Auditoria Interna, tendo publicado artigos na intranet e ministrado palestra no Congresso Brasileiro de Auditoria Interna. É membro titular da Subcomissão de Auditoria de TI da Federação Brasileira de Bancos (Febraban).

SILVANA PEREIRA DE AGUIAR – Formada em Administração de Empresas pela Universidade Federal da Bahia (UFBa), com doutorado em Administração de Empresas pela FGV-EAESP. Co-fundadora do Fórum de Inovação da FGV-EAESP, onde atua desde 1999 em sua constituição. Empresária desde 1992, quando fundou a Antar Processos de Transformação, empresa de consultoria especializada em processos de mudança e inovação, modelos organizacionais, sistemas autogerenciáveis e planejamento estratégico. Especializada na condução de projetos que demandam novos padrões de operação, novos modelos mentais. Foi executiva da Bayer do Brasil e da Monsanto.

TALES ANDREASSI – Professor de empreendedorismo, estratégia e inovação da FGV-EAESP. Bacharel e mestre em Administração pela USP. Master (MPhil) pelo Science and Technology Policy Research (SPRU), University of Sussex/Inglaterra. Doutor em Administração pela USP. Foi pesquisador visitante no CPROST, Simon Fraser University, Canadá. Atuou dez anos como gerente de projetos da Associação Nacional de Pesquisa, Desenvolvimento e Engenharia das Empresas Inovadoras (Anpei). Na FGV-EAESP, é professor de cursos de graduação e pós-graduação, coordenador adjunto do Centro de Empreendedorismo e Novos Negócios (CENN) e membro do Fórum de Inovação. Atua também como consultor, tendo entre seus clientes a Anpei, o IPT e o Sindicato das Empresas de Prestação de Serviços a Terceiros, Colocação e Administração de Mão-de-obra e de Trabalho Temporário (Sindeprestem).

VICTOR HUGO – Formado em Ciências Econômicas pelo Centro UniCEUB, possui MBA em Agronegócios pela ESALQ-USP. Atuou por mais de 31 anos no Banco do Brasil S.A., especialmente na área de Agronegócios. De 2002 a 2007 foi gerente na Divisão de Gestão da Cédula de Produto Rural, na Diretoria de Agronegócios. Participou, nos últimos anos, de diversos projetos de desenvolvimento e operacionalização de novos produtos e serviços em agronegócios.

WILSON NOBRE FILHO – Engenheiro Mecânico pela Mauá, com especialização em cálculo estrutural e CAE/CAD/CAM no Brasil e EUA. Doutorando em Administração de Empresas pela FGV-EAESP, professor do departamento de produção da mesma instituição, nos cursos de graduação, pós-graduação e educação continuada. Pesquisador do Fórum de Inovação desde sua fundação. Empresário desde 1985, com escritórios de consultoria em automação industrial (CIM-Consult Automação) e automação de processos de negócio (Núcleo de Tecnologia Avançada – Nucleotec). Consultor técnico desde 1979 e consultor de empresas desde 1985, trabalhando com desenvolvimento de produtos e otimização de processos administrativos e de negócio.

Contato com os organizadores:
barbieri@editorasaraiva.com.br
msimantob@editorasaraiva.com.br

Prefácio

É provável que a maioria das pessoas tenha uma noção intuitiva do que venha a ser inovação e da sua importância para produtos, empresas, mercados e países. Essa noção, entretanto, nem sempre é suficiente para uma correta utilização do termo na busca de resultados sustentáveis por empresas e comunidades.

Conforme nos ensina o Professor Moysés Alberto Simantob, do Fórum de Inovação da FGV-EAESP e um dos organizadores deste livro, "inovação é uma polissemia: uma palavra com diferentes interpretações – que precisa ser contextualizada em um campo de ação para se compreender o seu real significado".

Inovação é mais do que simples retórica. Embora se reconheça a importância da discussão do tema em diferentes áreas e contextos, até como forma de disseminar os valores subjacentes ao que se poderia chamar de "cultura de inovação", admite-se que para inovar é preciso compreender os desafios externos e internos com que se depara uma empresa, identificando e antecipando tendências e gerando cenários que permitam refletir sobre questões básicas, como: é necessário inovar? Onde? Quando? Como? Que tipos de benefícios para empresas, clientes e comunidades são gerados por meio da sistematização de ações e projetos baseados em inovação?

A inovação é uma das formas de que as empresas dispõem para fortalecer sua competitividade, identificando e aproveitando oportunidades para o desenvolvimento e a oferta de diferenciais efetivamente valorizados pelos clientes. Esses diferenciais competitivos – em grande parte das vezes traduzidos por uma maior participação na vida e nos negócios dos clientes, pela alavancagem de competências internas e externas, incluídas as contribuições dos parceiros de negócios da empresa e pelo fluxo permanente de idéias e informações, por meio de redes colaborativas de especialistas internos e externos – contribuem para a geração de negócios sustentáveis, sob as óticas financeira e de responsabilidade socioambiental, e para a constante melhoria da eficiência operacional, com otimização no uso de recursos internos e externos.

O ciclo de vida desses diferenciais competitivos determina quão duradoura será a inovação: quanto mais baseada em melhorias de produtos, mais facilmente a inovação será copiada pelos concorrentes, diluindo rapidamente o valor representado pelo diferencial em termos de percepção de imagem, de participação de mercado e de margens de lucro; quanto mais a inovação for baseada na busca de novas formas de conduzir processos e em novos modelos de negócios (com foco não nos produtos, mas na sua utilidade para os clientes), maior será a dificuldade para que os concorrentes a copiem, gerando maior longevidade de mercado para o diferencial criado.

É por isso que inovação implica assumir riscos – entre eles, o de errar. Para inovar, conforme recomenda o especialista em gestão Tom Peters, é preciso ter coragem de se reinventar continuamente, de abandonar processos, modelos e soluções que deram certo durante muito tempo, de abrir-se a novos aprendizados que podem vir do compartilhamento de competências, do esforço concentrado para mudar crenças estabelecidas e, por que não, dos próprios erros e das dificuldades que naturalmente surgem nesse processo.

Abraçar a inovação como uma fonte de diferenciação competitiva é, portanto, uma decisão estratégica. E como tal requer das diversas áreas da empresa e dos seus parceiros externos flexibilidade, comprometimento, senso de oportunidade, visão sistêmica e de longo prazo, bem como ações que promovam, de forma sinérgica, a troca de experiências e o compartilhamento de recursos e competências, em um verdadeiro esforço do que se pode chamar de *inovação colaborativa*.

Mas mesmo um ambiente de comprometimento e colaboração depende de um fator de grande importância quando se trata da sistematização do processo de inovação: o apoio da alta administração. Ele se materializa seja por meio do exemplo da valorização de iniciativas inovadoras, seja propiciando as condições necessárias ao compartilhamento de informações e conhecimentos entre as diversas áreas da empresa e desta com representantes da sua cadeia de valor – fornecedores, clientes, canais de distribuição e parceiros estratégicos.

A inovação depende de disciplina, de organização, do estabelecimento de um propósito claro, de objetivos compartilhados e da integração de esforços. Trata-se do desafio de sistematizar os processos ligados à inovação para superar eventuais obstáculos internos e externos, garantindo a geração de resultados sustentáveis e percebidos como verdadeiramente úteis por clientes, parceiros, pela sociedade e pela própria empresa. Para tanto, as pessoas que formam a organização precisam ocupar o lugar mais importante, pois são os verdadeiros agentes da inovação.

É nesse conceito de inovação que acredita o Banco do Brasil. Diante da oportunidade de reflexão representada pela comemoração dos seus 200 anos, o Banco do Brasil reafirma o seu protagonismo em meio aos movimentos que marcaram e continuarão a marcar a evolução do Sistema Financeiro Nacional. O Banco do Brasil entende que a inovação faz parte da sua trajetória e é um dos principais requisitos para garantir perenidade e crescimento, aliados ao desempenho de seu papel socioambiental.

Além disso, a inovação representa para o Banco do Brasil uma oportunidade de materializar conceitos como modernidade, pioneirismo e flexibilidade diante do acirramento da concorrência e do surgimento de novas e cada vez mais complexas exigências de diferentes clientes, aliados aos atributos de tradição, segurança e solidez, que já fazem parte de sua imagem institucional. Essa "tangibilização" passa pela criação de soluções inovadoras em produtos e serviços, processos, tecnologias e modelos de negócios, contribuindo para gerar benefícios que incluem o desenvolvimento de novos mercados, a melhoria na gestão do relacionamento com clientes e o aprimoramento de processos internos quanto à agilidade, transparência, especialização, integração e eficiência.

Essas são algumas das convicções que têm feito do Banco do Brasil, nesses 200 anos, uma organização de reflexão constante. E é o nosso desejo que continue assim nos próximos 200 anos, produzindo riquezas para toda a sociedade brasileira.

Antônio Francisco de Lima Neto

Presidente do Banco do Brasil

Sumário

Introdução

A literatura acadêmica tem dado bastante atenção para as inovações industriais que, sem dúvida, merecem esse destaque tanto pela importância desse setor para a sociedade quanto pelo desafio que elas representam para apreender a sua enorme complexidade. O setor de serviço, que há mais de três décadas desponta como o mais importante nos países mais ricos, sendo inclusive indicador de avanços em termos de desenvolvimento socioeconômico, não despertou o mesmo entusiasmo no que concerne aos estudos sobre inovação. Não se quer com isso dizer que nada tenha sido estudado nesse setor sob esse aspecto, pois, como se verá ao longo deste livro, muitos estudos se dedicaram às inovações do setor de serviço. Mas a maneira de tratá-las, em geral, segue o padrão usual das inovações industriais, algo plenamente justificado uma vez que em muitas, senão na maioria, as novidades importantes decorrem da incorporação de bens produzidos pelas indústrias, tais como máquinas, equipamentos, prédios, novos materiais e outros componentes dos serviços, que por sua vez são inovações de produto do setor industrial. Por exemplo, grande parte das inovações dos serviços logísticos decorre de máquinas e equipamentos, novos ou melhorados, produzidos pela indústria de bens de capital e que dão suporte aos processos de transporte e de comunicação entre os membros da cadeia de suprimento. É comum enfatizar nas inovações do setor bancário os componentes da tecnologia de informação e comunicação que dependem da indústria eletro-eletrônica. Esse modo de ver as inovações, além de captar apenas alguns elementos do processo de inovação em serviços, limita-se às inovações de produto e de processo, acompanhando a tendência majoritária do setor industrial.

Este livro trata de inovações do setor de serviço estudadas pelo Fórum de Inovação da FGV-EAESP, mais especificamente do setor bancário, um setor reconhecidamente importante para a economia de qualquer região ou país. A preocupação do Fórum é com a organização como um todo e sua capacidade para inovar de um modo sistêmico, como requer o ambiente econômico em que vivemos, e não as inovações isoladamente consideradas. Como diz o ditado popular: "uma andorinha só não faz verão", ou seja, inovações, ainda que importantes, realizadas de forma episódicas não atendem essa nova realidade, mas sim inovar continuamente. A relação entre o modelo de gestão da organização e a capacidade para inovar desse modo é a tônica dos estudos do Fórum. Em outras palavras, as questões centrais desses estudos são a organização e os fatores de ordem interna que podem ser administrados e que a tornam inovadora.

A organização que forneceu as bases para os estudos aqui apresentados foi o Banco do Brasil, uma das pouquíssimas que surgiram na era colonial e que pode ostentar, em seu aniversário em 2008, dois séculos de existência. Esse fato indica uma elevada capacidade de sobrevivência, pois em nosso País um estabelecimento que chega aos 30 anos já é motivo de muita festa. Em economias como a nossa, em que antes mesmo de se recuperar de uma crise já entrava em outra, falar de longevidade das empresas é como falar em corda em casa de enforcado. O fato de chegar a 200 anos pode não ter nada a ver com a capacidade de inovar, o tema central do Fórum. Um banco de governo, como foi o Banco do Brasil por longo período, pode ter sua longevidade garantida às custas do erário público. Sem dúvida, em muitos momentos a sobrevivência do Banco foi garantida desse modo, como mostrado no livro, mas, mesmo assim, não se acomodou e realizou ao longo de sua história inúmeras inovações pioneiras e que depois foram difundidas para o setor. Quando perde as regalias de um banco oficial, algo contado neste livro no Capítulo 6, o Banco continuou a realizar inovações importantes de modo sistemático e que o coloca como vanguarda no setor.

Das inúmeras inovações importantes do Banco do Brasil, três foram escolhidas para estudos em profundidade com o objetivo de perscrutar a sua gestão no que concerne aos fatores que favorecem o seu surgimento. Conforme o modo de atuar do Fórum, esses estudos de caso foram realizados por equipes constituídas de acadêmicos e membros da organização estudada, que tiveram algum envolvimento com as inovações estudadas, com o objetivo de trazer contribuições da teoria e da prática para o melhor entendimento sobre as organizações consideradas inovadoras nos setores em que atuam. Por isso, este livro apresenta contribuições teóricas antes de relatar os estudos de casos das inovações selecionadas de organizações reconhecidas em seu meio como inovadoras.

O Capítulo 1 trata do tema "Organizações Inovadoras", trazendo para o debate conceitos e exemplos sobre inovação com base numa tipologia que vai além da convencional distinção entre inovação de produto e de processo. Além destes, são também apresentados conceitos e exemplos de inovações de gestão e de negócios, todos retirados de estudos de organizações brasileiras. A partir desse quadro conceitual e empírico, o autor desse capítulo converge suas análises para gerar conceitos sobre organização inovadora e meio inovador interno, que estão presentes na metodologia do Fórum, que será abordada no Capítulo 5.

O Capítulo 2 apresenta um panorama sobre as inovações de serviços genericamente consideradas, ou seja, procura verificar os elementos comuns às inovações desse setor, fazendo distinções com as do setor industrial, que são mais conhecidas. Também de modo genérico são apresentados os elementos facilitadores e as barreiras às inovações em serviço com base em referencial teórico. Esse capítulo se encerra com uma seção sobre inovações em serviços intensivos em conhecimentos, pois assim são consideradas as inovações da indústria financeira na atualidade.

Complementando a parte teórica sobre as inovações em serviços, o Capítulo 3 trata dos serviços da indústria financeira, destacando suas características e peculiaridades comparativamente às de outros setores, tais como a grande quantidade de clientes, a diversidade de segmentos de clientes, a capilaridade do atendimento e um intenso ambiente regulatório estatal. O capítulo mostra que uma importante fonte de oportunidades para as inovações decorre da inserção das organizações financeiras no movimento pelo desenvolvimento sustentável, o movimento de dimensão planetário mais importante de todos os tempos. Por fim, ressalta a importância das tecnologias de informação e comunicação e a emergência de novas habilidades para o sucesso das inovações nessa indústria.

O Capítulo 4 aprofunda os aspectos relacionados com a inovação na indústria financeira centrando sua atenção no que vem sendo denominado "quinta onda de inovações tecnológicas" em bancos. A partir de uma visão retrospectiva que mostra as quatro primeiras ondas de inovação, o texto dedica-se a analisar com detalhes os determinantes, as direções e as implicações dessa nova onda de inovações que está transformando de modo significativo o desempenho dos bancos, sendo esta uma das grandes janelas de oportunidade para essa indústria.

O Capítulo 5 discorre sobre o conceito de meio inovador interno de uma organização. Em seguida, apresenta a metodologia que o Fórum de Inovação desenvolveu com o objetivo de realizar um diagnóstico dos principais fatores condicionantes do meio inovador de uma organização. A idéia central dessa metodologia é de que o meio interno que propicia o surgimento de inovações nas organizações pode ser identificado com base na verificação de um conjunto de fatores condicionantes gerenciáveis que facilitam ou inibem as atividades pessoais e grupais para o desenvolvimento sistêmico de inovações. O modelo de gestão é o foco de atenção dessa metodologia, pois ela objetiva verificar os aspectos internos da organização que facilitam ou inibem a criação de inovações, onde quer que ela surja, seja dentro da empresa ou na rede de negócios em que ela se insere. Para o Fórum, as inovações são entendidas em sentido amplo, conforme colocado no primeiro capítulo, e implementadas por organizações de qualquer setor e natureza jurídica.

Após esse trajeto teórico, dá-se início aos estudos de três inovações do Banco do Brasil selecionadas pelos integrantes do Fórum, dos quais fazem parte o pessoal do próprio Banco. Para essa escolha levou-se em consideração o grau de novidade envolvido em cada uma delas, a complexidade da sua implementação e os resultados alcançados para o próprio Banco, para os clientes e para o País. Esses critérios são aderentes à definição de inovação do Fórum mostrado no primeiro capítulo. Porém, antes do relato de cada uma das inovações, é apresentado no Capítulo 6 um pouco da história do Banco do Brasil, que em 2008 faz 200 anos. Uma história que, como dizem os seus autores, se confunde com a própria história do Brasil. A construção da linha do tempo da empresa estudada é parte integrante e essencial da metodologia descrita anteriormente, pois ela é construída por meio do levantamento de eventos técnicos, econômicos e gerenciais que explicam o sucesso das inovações e fornecem critérios para a seleção das inovações que serão objeto de estudos em profundidade segundo a metodologia descrita no Capítulo 5. Complementa essa parte uma apreciação dos compromissos socioambientais do Banco que o colocam também na vanguarda das instituições bancárias no movimento pelo desenvolvimento sustentável.

As inovações escolhidas e apresentadas no Capítulo 7 são as seguintes: a Cédula de Produto Rural (CPR), a auditoria pela intranet e o banco de bolso. Para cada uma serão apresentados os antecedentes, os fatores que motivaram a inovação, os fatores que mais influenciaram o seu desenvolvimento, seja facilitando ou colocando obstáculos, e os resultados obtidos. O último capítulo é dedicado a uma análise das três inovações em conjunto no sentido de revelar os fatores condicionantes recorrentes em todas elas e as características do meio inovador interno.

Assim, pode-se assegurar ao leitor que nos estudos atuais do Fórum o ponto de vista de que o sucesso das inovações depende da coesão de redes de colaborações interpessoais e da maneira pela qual essas relações se processam foi reforçado nesta obra. Tal constatação pôde ser observada na área de inteligência competitiva do Banco do Brasil, que ganha maior importância e exigência em prospectar, com maior prioridade, as mais variadas formas possíveis do banco integrar-se a sólidas redes globais de inovação. Dessa forma, essa obra insere e contextualiza a inovação num cenário de competição que reside na colaboração entre fronteiras, culturas e empresas transnacionais que, a exemplo do Banco do Brasil, buscam a consolidação da extensão e diversidade de suas atividades para além de propósitos nacionais, como ocorreu há 200 anos.

José Carlos Barbieri e Moysés Alberto Simantob
Organizadores

1 Organizações Inovadoras

Marcos Augusto de Vasconcellos

1.1 INOVAÇÃO NAS ORGANIZAÇÕES

A necessidade de inovação para a competitividade de empresas e de nações é amplamente reconhecida. Como inovar, principalmente como inovar sistematicamente, é a questão-chave a ser decifrada.

Os integrantes do Fórum de Inovação acreditam que o caminho para a resposta a essa questão passa pelo entendimento do conjunto de fatores organizacionais que influenciam, de uma ou de outra forma, o processo de inovação. É por essa razão que o foco de análise do Fórum é a **Organização Inovadora** como um todo, o que não exclui o estudo dos diversos tipos de inovação que nela ocorrem.

O primeiro livro do Fórum apresentou a definição de **inovação** adotada pelo Fórum:

inovação = idéia + implementação + resultados

de tal modo que só haverá uma inovação se não faltar nenhum termo dessa equação.[1]

---

[1] BARBIERI; ÁLVARES, 2004, p. 45.

Da mesma forma, o Fórum define a **Organização Inovadora** como aquela que pratica a inovação sistemática,[2] ou seja, aquela permeada por um processo contínuo e permanente de produção de inovações.

Esses conceitos se aplicam às inovações de qualquer natureza, seja em relação ao objeto, seja em relação ao grau de novidade da inovação.

No que se refere ao objeto, as inovações podem ser classificadas em inovações tecnológicas, que podem ser de produtos ou de processos, e inovações organizacionais, que podem se referir aos modelos de gestão ou ao próprio modelo de negócios da Organização.

Quanto ao grau de novidade, as inovações se estendem numa linha contínua, na qual em um extremo se encontram as do tipo radical, e no outro as inovações incrementais.[3] As inovações incrementais acrescentam novidades de pequena monta. A expressão "melhoria contínua", típica dos Programas de Qualidade, pode ser entendida como a realização contínua de inovações incrementais em qualquer área da Organização. As inovações radicais, por sua vez, podem ser subdivididas em duas categorias: (1) as que criam mercados ou indústrias, ou transformam mercados existentes; e (2) as que mudam a posição competitiva. As primeiras são chamadas de "inovações tipo A", por Gundling,[4] e de "inovações disruptivas", por Christensen.[5] Os mesmos autores denominam as segundas, respectivamente, de "inovações tipo B" e "inovações radicais de sustentação". Esses autores se referem às inovações que representam criação de valor visível para o público (inovações em produtos e em negócios). No conceito do Fórum, também nos processos e nos modelos de gestão podem ocorrer inovações radicais, quando contribuem, mesmo que indiretamente, para a competitividade da Organização e quando criam competências novas, das quais antes a organização não dispunha.

Outra tipologia, de interesse para o Fórum, é a que classifica as inovações em autônomas e sistêmicas. As primeiras são as que podem ser obtidas independentemente de outras. Já as inovações sistêmicas são aquelas cujos benefícios só podem ser alcançados com outras inovações relacionadas.

---

[2] DRUCKER, 1986, p. 45.

[3] Ibid., 1986, p. 47.

[4] GUNDLING, 2000, p. 24.

[5] CHRISTENSEN, 2004, p. xvii.

Os casos de Inovação já estudados pelo Fórum indicam que, nas Organizações Inovadoras, ocorrem inovações de diferentes tipos, e que essas inovações não são estanques – cada inovação tende a gerar outras, de mesma ou de diferentes naturezas, em uma autêntica reação em cadeia. Vejamos alguns exemplos, todos considerados inovações radicais, de acordo com a nossa definição.

1.2 INOVAÇÕES EM PRODUTOS

1.2.1 Fechamento *Plus,* da Brasilata

O Fechamento *Plus* não foi um aperfeiçoamento, mas uma ruptura que introduziu uma solução completamente diferente do tradicional fechamento por travamento mecânico em embalagens de lata de aço. Também não foi a primeira das inovações em produto da Brasilata. Antes, já tinham sido desenvolvidas as latas *First Open*, em atendimento à demanda dos principais clientes, e *First Open Plus*, em resposta a inovações da concorrência.

Trabalhando os conceitos e soluções trazidos pelo Fechamento *Plus,* a Brasilata desenvolveu uma série de outras inovações, que constituíram o "Pacote *Plus*": o Fechamento *Biplus,* o *Ploc Off* e outros. Ao mesmo tempo, essas inovações em produto geraram a necessidade de inovações também no processo de produção de tampas em alta velocidade.[6]

1.2.2 Unimilho, da Embrapa

Um intenso trabalho de pesquisa em melhoramento genético, para adaptação às condições predominantes no cerrado brasileiro, resultou no cultivo de milho híbrido duplo denominado BR-201. Essa inovação em produto gerou uma séria de outras, que hoje compõem um conjunto de tecnologias que atendem aos diversos segmentos de produtos rurais.

O passo seguinte foi a busca de uma nova forma de transferência de tecnologia, que resultou em um novo Modelo de Negócio – a franquia em genética vegetal –, com a participação da Embrapa como franqueadora e de pequenas e médias empresas produtoras de sementes como franqueadas.

A aceleração do desenvolvimento da cultura do milho resultou ainda em uma nova onda de inovações nesse sistema, com benefícios para os diversos estratos do negócio agrícola brasileiro dela dependentes, especialmente a produção animal.[7]

---

[6] ÁLVARES; BARBIERI; MACHADO NETTO, 2004, p. 77-111.

[7] NOBRE FILHO; SCHREINER; BREI, 2007, p. 74-76.

1.2.3 Cédula de Produto Rural (CPR) do Banco do Brasil

A CPR constituiu-se de um novo instrumento de comercialização, que estimulou o crédito privado e inverteu a regra até então vigente, de "plantar para vender" para "vender para plantar", com a possibilidade dos produtos serem comercializados em bolsa de mercadorias. O resultado final foi uma inovação no modelo de negócios, permitindo que outros produtos agrícolas fossem beneficiados pela nova forma de comercialização.

Essa inovação em produto gerou também uma série de variantes, todas apresentadas no Capítulo 7 deste livro.

1.3 INOVAÇÕES EM PROCESSOS

1.3.1 Modelo Institucional Concentrado de pesquisa da Embrapa

O Modelo Institucional Concentrado traduz a estratégia escolhida pela Embrapa para gerir a pesquisa nacional, a qual se fundamenta na definição de uma agenda nacional de temas de pesquisa e na concentração desses temas em um conjunto definido de unidades descentralizadas. A transição do processo anterior – difuso – para o processo concentrado de pesquisa proporcionou o desenvolvimento de um sem número de produtos inovadores.

Um dos primeiros e mais importantes resultados foi a criação da Unidade de Pesquisa Embrapa Soja, em cujos laboratórios se planejou e se desenvolveu a soja adaptada às condições tropicais do cerrado brasileiro, rompendo-se a barreira dos 30º de latitude, viabilizando o cultivo da soja em todo o território brasileiro, especialmente no ecossistema do Cerrado.

Deve-se notar que esse fato não só possibilitou o aumento da produção de soja como também foi um dos principais fatores para o crescimento econômico da região central do Brasil. Nessa cadeia de causa e efeito inclui-se certamente a criação da Cédula de produto Rural do Banco do Brasil, citada anteriormente.[8]

1.3.2 Auditoria Interna pela Intranet do Banco do Brasil

A Auditoria pela Intranet já foi a evolução de uma inovação anterior – a substituição da auditoria com foco em agências, cuja abordagem era corretiva, pela

[8] NOBRE FILHO; SCHREINER; BREI, 2007, p. 72-74.

auditoria com foco em processos, com abordagem preventiva e proativa, como será mostrado no Capítulo 7 deste livro.

Essa inovação em processo provocou uma mudança sensível no papel da auditoria, de "vigilância" para "inteligência em negócios", o que resultou em inovações no modelo de gestão, tais como a reestruturação organizacional da própria auditoria e a agilização da tomada de decisões pelos diversos setores administrativos do Banco do Brasil.

1.4 INOVAÇÕES NO MODELO DE GESTÃO

1.4.1. Modelo de Gestão da Copesul

O Modelo de Gestão da Copesul integrou duas grandes Inovações em Gestão:

- a reengenharia dos processos fundamentais ao negócio, caracterizada pela participação e valorização dos colaboradores;
- o Sistema Copesul de Gestão, que contribuiu para a consolidação da identidade empresarial da Copesul e para o desenvolvimento de novas práticas de gestão, que resultaram na obtenção do Prêmio Nacional da Qualidade em 1997.

Essas Inovações em Gestão tiveram como resultado o reforço do meio Inovador Interno da Copesul, o que veio a propiciar o surgimento de uma série de outras inovações, tais como:

- *Margin Share* (Inovação no Modelo de Negócio);
- Gestão do SHE – Segurança, Saúde e Meio Ambiente (Inovação em Gestão);
- Gestão de Tecnologias de Processos de Produção (Inovação em Processos);
- PQVT – Programa de Qualidade de Vida no Trabalho (Inovação em Gestão);
- Solução Sulfocáustica (Inovação em Produto).[9]

1.4.2 Administração Participativa da Brasilata

A Administração Participativa foi uma das mais importantes, mas não foi a primeira nem a última das Inovações em Gestão da Brasilata. Antes já haviam sido adotados o *job rotation* e as técnicas japonesas de produtividade. Inovações poste-

[9] NOBRE FILHO; GUARAGNA, 2004, p. 111-149.

riores, decorrentes da administração participativa, foram o Projeto Simplificação, o estabelecimento de relações de longo prazo com os *stakeholders*, o Planejamento Participativo e a Participação nos Resultados.

Todas essas Inovações em Gestão, que decorreram ao longo de 14 anos, propiciaram a criação de um meio inovador no interior da Brasilata, ou seja, um ambiente que favorece o surgimento de iniciativas individuais e grupais voltadas para a busca de novas soluções em qualquer campo de atuação empresarial.[10] Como decorrência direta do seu Meio Inovador Interno, a Brasilata conseguiu transpor a barreira de um setor dominado por fornecedores e se transformar numa empresas inovadora e criadora de novas tecnologias, como atestam as inovações em produtos citadas neste capítulo.

1.5 INOVAÇÕES NO MODELO DE NEGÓCIO

1.5.1 Política de Comunicação da Embrapa

Essa inovação decorreu da necessidade de solucionar problemas na utilização da marca, causados pela ausência da padronização da comunicação visual e pela falta de uma identidade corporativa.

A Política de Comunicação implantada foi além da adoção de uma nova marca, que, aliás, foi eleita pelos próprios empregados entre quatro alternativas. Foi criado um novo conceito de comunicação empresarial, voltado tanto para a divulgação da Embrapa, como uma empresa importante para o agronegócio brasileiro, quanto para "ouvir" as demandas das comunidades regionais, da sociedade e do mercado. Como resultado, foram abertos canais de comunicação com produtores agrícolas de todos os portes, aumentando a eficiência do extensionismo das tecnologias Embrapa.[11]

1.5.2 O Banco de Bolso do Banco do Brasil

O uso do celular como instrumento de relacionamento e transações financeiras é considerado a quinta onda de evolução do atendimento bancário.[12] O Banco

[10] ÁLVARES; BARBIERI; MACHADO NETTO, 2004, p. 82-90.

[11] NOBRE FILHO; SCHREINER; BREI, 2007, p. 76-78.

[12] Ver Capítulo 7.

do Brasil já havia sido inovador nas ondas anteriores de automatização bancária no Brasil, por exemplo, o auto-atendimento via terminais ATM (*Automated Teller Machines*) e o *internet banking*.

O Banco de Bolso foi uma Inovação no Conceito do Negócio, pois criou um novo modelo de articulação estratégica, tanto com as operadoras de tecnologia celular como com centros de tecnologia. Foi também uma inovação sistêmica, pois integrou a inovação tecnológica inovações no Modelo de Gestão e no conceito de marketing, como será mostrado com detalhes no Capítulo 7.

A análise comparada dos casos de inovação citados nos permite assumir algumas hipóteses:

1. em nenhum dos casos estudados ocorreu uma inovação isolada. Ao contrário, o que se constatou foi um fluxo praticamente contínuo de produção de inovações, o que é característico das Organizações Inovadoras, de acordo com a definição apresentada no início deste capítulo;
2. as organizações estudadas, embora bastante diferentes entre si, apresentam em comum diversas condições que favorecem a geração de idéias e o desenvolvimento de projetos de inovação. Para ficar em apenas três exemplos desses fatores facilitadores, podemos citar os canais de comunicação abertos, o incentivo à aprendizagem e o reconhecimento do esforço em equipe. A predominância de fatores facilitadores, em relação a fatores inibidores da inovação, propicia o florescimento de um meio inovador no interior da organização;
3. as inovações estudadas foram em geral fruto da iniciativa e do esforço de pessoas capacitadas e motivadas, o que corresponde ao "primeiro mandamento" do Fórum de Inovação: as pessoas não são "recursos"; são, ou podem vir a ser, os agentes de mudança e inovação. É o Meio Inovador Interno que cria as condições para que as pessoas criem as inovações.

Podemos agora completar a definição apresentada no início deste capítulo: Organização Inovadora é aquela permeada por um processo contínuo e permanente de produção de inovações, processo esse conduzido por pessoas qualificadas e empreendedoras, cuja motivação é estimulada pelo Meio Inovador Interno da Organização.

1.6 O FÓRUM DE INOVAÇÃO DA FGV-EAESP

O Fórum de Inovação foi criado com a missão de estimular a pesquisa e a disseminação de conhecimentos sobre Organizações Inovadoras, com ênfase na sua aplicação à realidade brasileira. É uma associação entre a FGV-EAESP e organizações de sucesso no Brasil, interessadas em desenvolver, juntas, a compreensão e a prática da capacidade de inovar.

Esse é um novo conceito de parceria, o de empresas e escolas trabalharem juntas, o que significa que missão, visão, objetivos e planos de ação, e respectivas atualizações, são – e continuarão sendo – definidos de comum acordo. Todas as organizações são, portanto, gestoras (ou co-gestoras) do Fórum. Sempre à luz de três princípios fundamentais: **permanência** (o Fórum não se limita a projetos de curto prazo; pretende, sim, investigar continuamente o modo como tornar as organizações inovadoras); **relevância** (os objetos de estudo têm que ser de interesse das empresas e da escola); e **contribuição para a sociedade** (princípio obrigatório em qualquer atividade da FGV).

Entre as atividades realizadas pelo Fórum, podemos destacar:

- estudos de casos em profundidade, começando pelas próprias empresas parceiras;
- análise comparativa, que busca identificar fatores e características comuns;
- pesquisas e publicações sobre Organizações Inovadoras, incluindo livros, teses de doutorado, dissertações de mestrado, artigos em revistas especializadas e artigos em anais de congressos científicos;
- cursos e disciplinas sobre Inovação na FGV-EAESP, em todos os seus programas: pós-graduação *stricto sensu*, especialização, graduação e educação continuada;
- desenvolvimento de metodologia de análise de Organizações Inovadoras;
- apoio à criação do Fórum de Inovação da Unisinos, entre outras.

As Organizações Gestoras do Fórum de Inovação da FGV-EAESP são apresentadas a seguir, cada uma acompanhada de uma breve descrição de qual é o seu negócio, alguns exemplos de inovações de destaque e uma visão do papel e da importância da inovação para o respectivo sucesso. Essas organizações, com suas realizações, têm proporcionado rica contribuição aos estudos organizacionais, por estarem interessadas em atuar em parcerias duradouras, construindo o conhecimento que agora, em mais um livro, fica disponível ao leitor.

Banco do Brasil

O negócio do Banco do Brasil é Intermediação Financeira e Serviços. Atua como banco múltiplo, com amplo portfólio de produtos, ofertando soluções diferenciadas para os diversos mercados e segmentos que compõem a indústria financeira. Ao longo de 200 anos de existência, o Banco do Brasil foi capaz de introduzir inovações que trouxeram impactos significativos em toda a indústria bancária, como o Cheque Ouro (posteriormente popularizado como cheque especial), o caixa-executivo e a compensação de cheques e outros papéis em 24/48 horas, cobrindo todo o País. Outras inovações que marcaram a atuação do Banco do Brasil nos últimos anos foram:

- Agronegócio – Cédula de Produto Rural (CPR) (nova modalidade de financiamento, que não depende de recursos oficiais).
- Negócios Internacionais – Balcão de Comércio Exterior (ferramenta para empresas exportadoras, disponível na sala virtual de Negócios Internacionais); Programa de Geração de Negócios Internacionais (PGNI) (destinado à média empresa brasileira); Programa de Apoio às Exportações (PAE) (consultoria e treinamento em negócios internacionais).
- Governo – Licitações-e (serviço de compras por meio eletrônico, destinado prioritariamente a entidades públicas); Auto-atendimento para o Setor Público.
- Banco Comercial – Compensação eletrônica; Auto-atendimento via palmtop; Emissão de folhas de cheques em terminais de auto-atendimento; Crédito Direto ao Consumidor automatizado (CDC) (disponível nos terminais de auto-atendimento); *Mobile Banking* (auto-atendimento pelo celular).
- Responsabilidade Social – Terminais de auto-atendimento específicos para portadores de necessidades especiais.
- Gestão – Auditoria pela intranet (sistematização e informatização, via web, do processo de auditoria interna).

Para o Banco do Brasil, inovação é a variável determinante do êxito no competitivo mercado bancário. As inúmeras inovações introduzidas no mercado ao longo do tempo têm contribuído para manter a sua posição de liderança em um ambiente negocial altamente competitivo, que se caracteriza pela dificuldade de proteger inovações e, portanto, pela sua rápida adoção pelos concorrentes.

Brasilata

A Brasilata é uma indústria metalúrgica cujo negócio é a produção de embalagens de aço. Seu foco são as latas de aço de construção mais complexa, destinadas a produtos de consumo progressivo e que necessitam ser abertas e fechadas diversas vezes.

Exemplos de inovações de destaque realizadas pela Brasilata são:

- Inovação em Gestão – foi uma das primeiras empresas brasileiras a adotar as técnicas de produtividade japonesas, tendo implantado o sistema *kanban* de controle de produção em 1985.
- Inovações em Processos – o Projeto Simplificação, criado em 1987, tem garantido uma gama significativa de inovações no processo produtivo.
- Inovações em Produtos – as inovações em produtos, também alavancadas pelo Projeto Simplificação, tornaram-se uma constante a partir do ano de 1992, tendo sido depositados 52 pedidos de patente desde então, com destaque para o Fechamento *Plus.*

No entendimento da empresa, a inovação é a única forma de garantir o sucesso, especialmente numa indústria madura como a de produção de latas de aço. A obtenção de patentes é considerada de vital importância para garantir a proteção da inovação no longo prazo e, conseqüentemente, possibilitar a remuneração dos investimentos em pesquisa e desenvolvimento. Sua estratégia competitiva é, portanto, a de se manter na vanguarda do desenvolvimento de novas soluções de embalagens, predominantemente as de aço.

Copesul

Seu negócio principal é a produção, distribuição e comercialização de produtos petroquímicos básicos para o início do desenvolvimento da cadeia petroquímica, na forma líquida ou gasosa (eteno, propeno, butadieno, aromáticos em geral etc.); utilidades (vapor e água industrial) para as indústrias do Pólo Petroquímico do Sul; gasolinas A, efluente petroquímico, GLP, MTBE e solução sulfocáustica.

Entre as inovações da Copesul, a mais significativa refere-se às práticas de gestão, decorrentes da concepção e implementação bem sucedida da reengenharia organizacional, empreendida em 1993/1994, que resultou no Sistema Copesul de Gestão, reconhecido como de excelência pelo Prêmio Nacional da Qualidade (PNQ), em 1997, e cujos traços característicos foram apresentados no livro Organizações

Inovadoras, do Fórum de Inovação.[13] Mais recentemente, coerente com o seu comportamento organizacional de buscar mudanças que agreguem valor ao negócio, a empresa passou a inovar na gestão estratégica, assumindo como objetivo empresarial maior a sustentabilidade.

Assim, foi criada uma nova perspectiva nos tradicionais mapas estratégicos inerentes à metodologia do *Balanced Scorecard*. Na perspectiva superior do mapa estratégico da Copesul encontra-se a sustentabilidade empresarial, que se traduz pelo compromisso de alcançar resultados econômico-financeiros, sociais e ambientais de forma equilibrada, conceito conhecido como *Triple Bottom Line*. Em alguns casos denominada de *Profit, People & Planet*.

Quatro elementos-chave são necessários à sustentabilidade: continuidade operacional em nível de excelência; busca permanente lucratividade; atuação responsável nos aspectos com a comunidade interna e externa (ambientais /saúde /segurança), que garantem integridade, transparência e credibilidade; e busca de novas oportunidades de crescimento. Esses elementos são trabalhados no dia-a-dia da organização, em cada atividade, em cada relação e com cada parte interessada, buscando alinhar os esforços na cadeia produtiva em que a Copesul se insere.

Num segmento como o da Copesul, em que os produtos tendem a ser tratados como *commodities*, as margens a serem reduzidas, a inovação, em seu sentido amplo, se apresenta como o grande viabilizador de diferenciação da empresa na busca de elevar sua rentabilidade, uma vez que estimula a busca de adição de valor pela implementação de atividades novas e pela melhora das tradicionais.

Embrapa

O negócio da Embrapa é Pesquisa e Desenvolvimento para o Agronegócio Brasileiro. A Embrapa atua no mercado de conhecimento e tecnologia aplicados à viabilização de soluções que causem impacto na competitividade do agronegócio e que promovam o bem-estar da sociedade. Seus clientes são indivíduos, grupos e entidades – públicas ou privadas – que desenvolvem atividades cujo sucesso depende dos produtos e serviços, de natureza econômica ou social, oferecidos pela empresa.

Exemplos de inovações de destaque realizadas pela Embrapa são:

[13] NOBRE FILHO, W.; GUARAGNA, E. V. da C., 2004.

- Inovação em Processo – criação do Modelo Institucional de Pesquisa, concentrando esforços físicos, humanos e financeiros em determinada localidade, com foco em temas e produtos de interesse da agropecuária nacional.
- Inovação em Produto – produção de cultivares de soja para plantio em baixas latitudes, o que proporcionou o cultivo da planta na região dos cerrados do Brasil, hoje região de maior produção de soja do País.
- Inovação em Negócio – implementação de uma política de comunicação que culminou em uma nova visão de negócio e no fortalecimento da marca Embrapa, como sinônimo de qualidade e eficiência em tecnologia agropecuária no Brasil e no mundo.
- Inovação em Gestão – elaboração de um sistema de avaliação (de Unidades de Pesquisa, equipes e empregados) baseado em metas e resultados.

Para a Embrapa, a Inovação é importante enquanto uma competência essencial, especialmente nos tempos atuais, em que a facilidade de acesso à informação e ao conhecimento, bem como a velocidade em que estes se processam, nivelam o saber e acirram a competição. O diferencial entre empresas se dá pela capacidade de criar idéias novas e transformá-las em tecnologias, produtos e processos capazes de atender às expectativas do mercado e dos clientes. Nesse sentido a Embrapa, além de investir na geração, se ocupa também de ações de transferência de tecnologias, informações e conhecimentos, contribuindo para sua reversão em produtos, negócios, capital e bem-estar para a sociedade.

Suzano Papel e Celulose

Desde cedo, a Suzano, cuja história se confunde com a da industrialização brasileira do século passado, entendeu a importância em acreditar, ousar, estabelecer relações de qualidade para combinar com extrema competência, visão de longo prazo e confiança no País.

A Suzano Papel e Celulose possui 3.425 funcionários distribuídos em três unidades industriais, uma na Bahia e duas em São Paulo, uma unidade de Recursos Naturais, com cultivo de eucalipto na Bahia, Espírito Santo, Minas Gerais, São Paulo e Maranhão, um Escritório Central em São Paulo e uma Unidade de Distribuição presente em todas as regiões do País. Além disso, desde março de 2005 a empresa controla 50% das operações da Ripasa, com quatro unidades industriais no Estado de São Paulo.

A missão da organização é estar entre os mais rentáveis grupos empresariais privados brasileiros, tendo a capacitação como diferencial competitivo e atuando em setores dotados de vantagens comparativas por meio de participações em companhias nas quais exerça influência sobre a gestão. A capacidade de inovação, a governança corporativa e a responsabilidade socioambiental foram eleitas como pilares da nossa gestão.

Como valores foram definidos o empreendedorismo (capacidade de inovar e assumir riscos), a excelência (constante busca pelo melhor), as relações de qualidade (para que se tenha transparência e confiança que perdurem), a responsabilização por resultados (com reconhecimento de mérito e sem condescendência com o baixo desempenho) e a paixão (motivadora de um elevado nível de comprometimento com a organização).

Com os conceitos de Inovação e Desenvolvimento, procura-se transmitir os princípios que levaram a Suzano a percorrer oito décadas de reconhecido sucesso empresarial no segmento de papel e celulose. A inovação, presente no gênese de seus fundadores, sempre motivou a companhia a encontrar uma fórmula inteligente e ousada de construir o futuro. O desenvolvimento, preocupação constante de seus sócios e colaboradores, fez com que cada iniciativa fosse pensada para um crescimento em parceria com a sociedade, de forma responsável e positiva para todos os *stakeholders*.

A empresa introduziu o eucalipto no Brasil e alterou todo o comportamento da indústria papeleira nacional, sendo a primeira a produzir papel com 100% de celulose de eucalipto. Ademais, na área socioambiental, a Suzano foi a primeira organização em todas as Américas a receber o certificado com base na ISO 14001. Como conseqüência desse pioneirismo e a inovação nas práticas relacionadas ao sistema da gestão e ao aprendizado organizacional, a unidade de Mucuri conquistou em 2001 o Prêmio Nacional da Qualidade (PNQ), sendo que em 2000 já havia recebido o prêmio de desempenho ambiental do milênio da ONU.

Inovando e desenvolvendo, a Suzano completou 80 anos em 2004 com ativos que permitem visualizar muitas outras décadas de prosperidade. São ativos constituídos pela sustentabilidade de suas florestas, pela escala e pelo potencial de crescimento de suas fábricas, pela atualização tecnológica de seus equipamentos e processos e pela motivação e vontade permanente de seus colaboradores de fazer mais e melhor.

Sebrae

O Sebrae – Serviço Brasileiro de Apoio às Micro e Pequenas Empresas – é um Serviço Social autônomo que atua na promoção da competitividade e do desenvolvimento sustentável das MPEs. Em apoio às MPEs, contribui para a construção de um ambiente favorável ao empreender com sucesso e propicia condições de acesso: à orientação empresarial e à educação empreendedora; à cultura da cooperação; ao mercado; à tecnologia e à inovação; e ao crédito. Está presente nos 26 estados e no Distrito Federal, em 560 pontos físicos de atendimento de sua clientela, que é da ordem de milhões.

O Sebrae prioriza sua ação no atendimento de forma coletiva, especialmente em arranjos produtivos locais, no qual atua de forma integrada com outros atores de suporte às MPEs, levando soluções integradas às demandas desse tipo de empresa. Atua em parceria com cerca de 2.000 instituições em todo o território nacional e, nesse contexto, a inovação, em seu sentido mais amplo, é fundamental. Daí a sua ação pragmática e inovadora no esforço de apoiar as micro e pequenas empresas, além de desenvolver ações direcionadas à prática da inovação e, em especial, à ampliação da capacidade inovadora dessas empresas.

REFERÊNCIAS

ÁLVARES, A. C. T.; BARBIERI, J. C.; MACHADO NETTO, D. D. P. O caso Brasilata. In: BARBIERI, J. C. (Org.). *Organizações inovadoras:* estudos e casos brasileiros. 2. ed. Rio de Janeiro: FGV Editora, 2004.

BARBIERI, J. C.; ÁLVARES, A. C. T. Inovações nas organizações empresariais. In: BARBIERI, J. C. (Org.). *Organizações inovadoras:* estudos e casos brasileiros. 2. ed. Rio de Janeiro: FGV Editora, 2004.

CHRISTENSEN, C. M. *Seeing what's next.* Boston: HBS Press, 2004.

DRUCKER, P. F. *Inovação e espírito empreendedor.* São Paulo: Pioneira, 1986.

GUNDLING, E. *The 3M way to innovation.* New York: Kodanska America, 2000.

NOBRE FILHO, W.; GUARAGNA, E. V. da C. O caso Copesul. In: BARBIERI, J. C. (Org.). *Organizações inovadoras:* estudos e casos brasileiros. 2. ed. Rio de Janeiro: FGV Editora, 2004.

NOBRE FILHO, W.; SCHREINER, E.; BREI, Z. E. A. O caso Embrapa. In: BARBIERI, J. C.; SIMANTOB, M. A. (Org.). *Organizações inovadoras sustentáveis:* uma reflexão sobre o futuro das organizações. São Paulo: Atlas, 2007.

2 A Inovação em Serviços
Conceituação e Marco Teórico

José Carlos Barbieri
Moysés Alberto Simantob
Tales Andreassi

O objetivo deste capítulo é fornecer ao leitor um panorama sobre a inovação em serviços, conceituando e estabelecendo os principais marcos teóricos do tema. Para tanto, inicialmente será feita uma discussão sobre a importância crescente que o setor de serviços vem obtendo na economia dos países. A seção 2.2 define serviços e apresenta algumas tipologias de classificação. Depois, serão apresentados os principais fatores que distinguem as inovações nos setores de serviços das inovações nos setores industriais, cuja compreensão é fundamental para entender o processo de inovação em serviços. A última seção aborda alguns fatores condicionantes da inovação em serviços intensivos em conhecimento e colaboração, tipologia em que se enquadram os serviços bancários.

2.1 OS SERVIÇOS NA ECONOMIA CONTEMPORÂNEA

Hoje, mais do que nunca, o setor de serviços é uma questão estratégica para a competitividade dos países em um mercado global. Algo em torno de 75% dos custos de uma indústria são compostos por atividades de serviços e, no futuro, as indústrias de sucesso serão aquelas que melhor integrarem sistemas de produção flexíveis e tecnologias de serviços.[1] Além disso, algumas estatísticas mostram que o setor de

[1] QUINN, 1988.

serviços tem crescido fortemente nos últimos 40 anos ao ponto de contribuir com 70% da riqueza e do emprego na maioria dos países desenvolvidos.[2]

Mesmo com a importância adquirida pelo setor, poucos estudos fazem referências à inovação em serviços, já que a ênfase parece ainda recair sobre a inovação na indústria. As estatísticas sobre investimentos em inovação praticamente ignoram o setor de serviços. Dados da *National Science Foundation* (NSF) revelam que 96% dos gastos em pesquisa e desenvolvimento nos EUA são oriundos do setor industrial, enquanto somente 3,7% vêm dos outros setores. Os números apresentados pela NSF estão subestimados, pois se fosse considerado o investimento de apenas uma pequena fração do faturamento das empresas de serviços em inovação, esse número seria bem superior.[3] No Brasil o quadro também não é diferente. Os investimentos em inovação em serviços realizados pelas empresas em geral não são contabilizados como tal e, desse modo, não são capturados pelos sistemas de informação nacional sobre inovação, o que dá a impressão de que o setor de serviços é pouco dinâmico nesse aspecto.

Há um paradoxo interessante em relação a esse tema. A economia contemporânea é, ao mesmo tempo, uma economia de serviços e uma economia de inovação. No entanto, ela não é vista como uma economia de inovação em serviços, na qual os esforços de inovação das empresas prestadoras de serviços seriam proporcionais às suas contribuições aos grandes conglomerados econômicos. Ou seja, é como se os serviços e a inovação constituíssem dois universos distintos que se ignoram.[4] Por isso, a palavra inovação freqüentemente se relaciona muito mais com os setores manufatureiros do que com os de serviços.

Maior atenção aos setores de serviços se justifica pelo fato dele ser em sua maioria intensivo em trabalho e difusor de novas competências profissionais. Na realidade brasileira, na qual as altas taxas de desemprego causam sérios problemas sociais, ações que apóiem setores que empregam um alto número de pessoas são seguramente bem-vindas. Outro ponto a favor do setor de serviços seria o fato desse setor ser ambientalmente amigável, se comparado com a indústria, como colocam alguns autores.[5] Há que se considerar, porém, que certos segmentos do setor de serviço estão incluídos entre os que apresentam elevado potencial de degradação ambiental,

---

2 GALLOUJ, 2007.

3 ALIC, 1994.

4 GALLOUJ, 2007, p. 4.

5 Veja, por exemplo, HOLBROOK; HUGHES, 1999.

por exemplo, os transportes em qualquer uma de suas diversas modalidades, portos e aeroportos, centros de distribuição, hospitais, turismo de massa, entre outros.

Além desses segmentos, muitos serviços que não são considerados potencialmente degradadores do meio ambiente se enquadram na categoria de destruidores silenciosos, cujos exemplos incluem bancos, escolas, escritórios de contabilidade, publicidade e outros serviços.[6] São serviços que individualmente contribuem pouco para os problemas ambientais, mas em conjunto sua contribuição é enorme, seja como consumidoras de recursos naturais, seja como geradoras de poluentes.

No caso dos bancos, seguradoras e outros serviços financeiros, formou-se um consenso internacional sobre sua enorme importância para a promoção do desenvolvimento sustentável, que pode ser entendido como um processo de melhoria significativa da qualidade de vida de todos os humanos da atual geração com respeito à capacidade da Terra para que esta possa fornecer recursos e condições para as futuras gerações proverem os bens e serviços de que necessitam para desfrutarem uma vida com qualidade.[7] Os impactos socioambientais do setor financeiro e bancário não se resumem ao consumo de recursos e a geração de resíduos, embora as quantidades sejam significativas e preocupantes. Quantos hectares de terra agricultável são utilizados para produzir os diferentes tipos de papel que os bancos utilizam? E esse é apenas um dos muitos insumos que eles usam. As concessões de créditos e de outros apoios financeiros aos demais setores ampliam a responsabilidade socioambiental dos bancos, na medida em que são viabilizadores de empreendimentos que irão gerar impactos sobre a sociedade e o meio ambiente.

O reconhecimento da importância da indústria financeira na promoção do desenvolvimento sustentável fez com que várias entidades intergovernamentais criassem iniciativas de adesão voluntária para que as organizações dessa indústria possam de fato se tornar parceiras dessa grande empreitada de dimensão planetária. A organização que aderir à Iniciativa das Instituições Financeiras, criada pelo Programa das Nações Unidas para o Meio Ambiente (PNUMA), terá que se comprometer com a aplicação do princípio da precaução, respeitar a legislação ambiental nacional e local e os acordos ambientais concernentes aos seus serviços.[8] Os Princípios do Equador, criados pela *International Finance Corporation*, a entidade do Banco

[6] HUTCHINSON, 1996.

[7] Comissão Mundial sobre Meio Ambiente e Desenvolvimento (1991).

[8] Mais informações sobre essa Iniciativa do PNUMA, ver: <http://www.unpri.org/>.

Mundial que atua na área privada, estabelecem critérios socioambientais a serem aplicados na avaliação de projetos com valor igual ou superior a US$ 10 milhões.[9] Muitas instituições financeiras já aderiram a essas iniciativas voluntárias ligadas ao movimento do desenvolvimento sustentável, como é o caso do Banco do Brasil, que será mostrado no Capítulo 6.

2.2 SERVIÇOS: DEFINIÇÃO E CLASSIFICAÇÃO

A sabedoria convencional sugere dois aspectos que podem ser utilizados para definir serviços, embora de modo impreciso: primeiro, o produto ou resultado de uma atividade de serviço é intangível, abstrato e não pode ser estocado, contrastando com um bem manufaturado, que é tangível, pode ser armazenado e contabilizado em estoque.[10] O caráter imaterial ou intangível do produto em serviços tem várias conseqüências para o seu processo de inovação, como a dificuldade de distinção entre inovação de produto e processo, a apreciação do grau de novidade do serviço e a avaliação dos resultados econômicos da inovação. Segundo, a produção e o consumo do serviço tendem a ocorrer de maneira interativa. A interatividade entre o cliente e o prestador do serviço está refletida na estrutura da inovação, na qual o cliente torna-se um co-inventor, principalmente nas prestações de serviços intensivas em conhecimento.[11]

A simultaneidade entre produção e consumo em determinada fase do processo de prestação do serviço é outro aspecto importante diferenciador em relação à manufatura. Quando um cliente vai a um banco ou a um caixa eletrônico, por mais atividades que o banco tenha planejado e realizado com antecedência para que ele seja atendido, certas atividades são feitas em conjunto com o cliente e no momento em que ele está consumindo o serviço bancário. Esse fato tem implicações importantes para a consecução do serviço, pois é nessa fase de simultaneidade que o cliente, via de regra, avalia a qualidade do serviço prestado. É nessa fase que ocorre o que se tornou conhecido por hora da verdade, expressão usada para indicar a qualidade dos contatos entre os clientes e o pessoal da organização encarregada de prestar os serviços.[12] São nesses momentos em que os clientes estão em contato com a organização, seja por meio de pessoas ou equipamentos, que a

---

9 Mais informações sobre os Princípios do Equador, ver: <http://www.equator-principle.com>.

10 MORONE et al., 1990.

11 GALLOUJ, 2007.

12 CARLZON, 1990, p. 15-17.

qualidade do serviço é posta realmente à prova. Essa característica também tem implicações para o desenvolvimento de novos serviços. A existência de estruturas de P&D especializadas, independentes das estruturas de produção e de comercialização, bastante comum na indústria, são incompatíveis com a inovação em serviços.

Os serviços podem ser classificados em duas grandes categorias, adotando o foco no mercado em que o serviço está orientado. Na primeira, o foco é o mercado intermediário formado pelos serviços consumidos por outras empresas, por exemplo, serviços de consultoria, serviços financeiros direcionados a empresas, transporte e distribuição, engenharia e construção, franquias etc. Na segunda categoria estão os serviços direcionados aos mercados finais e às pessoas físicas, por exemplo, agências imobiliárias, serviços de saúde, educação, viagem e entretenimento, entre outras.[13] Miles sofistica um pouco mais essa classificação, incluindo, além dos serviços aos consumidores finais e dos serviços empresarias (que de certa forma correspondem aos mercados intermediários da classificação anterior), os serviços públicos ou comunitários, em grande parte produzidos pelo Estado ou cujo fornecimento é em grande parte custeado pelo Estado, embora possam ser produzidos e prestados por organizações voluntárias ou privadas.[14] Exemplos típicos são os serviços de saúde, educação, previdência social e os sistemas de administração pública, defesa e justiça.

Uma outra classificação utiliza o nível da tecnologia adotada. De acordo com esse critério, dois grupos podem ser definidos: do primeiro fazem parte os serviços baseados em conhecimento, caracterizados por funcionários especializados com alto nível educacional, em geral bem remunerados e utilizando-se de processos altamente dependentes de tecnologia avançada, como bancos, seguros, serviços de tecnologia de informação e agências de propaganda. Do segundo grupo fazem parte serviços mais tradicionais, que empregam funcionários pouco especializados, com pouca aplicação de tecnologia avançada em seus processos e produtos a exemplo do pequeno comércio varejista e alguns tipos de franquias, serviços de recreação e lazer.[15] Mesmo nesses setores, observa-se uma crescente incorporação de novos conhecimentos associados às tecnologias de informação e comunicação.

[13] ALIC, 1994.

[14] MILES, 2007.

[15] ALIC, 1994.

2.3 DIFERENÇAS ENTRE INOVAÇÃO EM SERVIÇOS E NA INDÚSTRIA

Contrariamente à indústria, em serviços a inovação de processo precede a inovação de produto. O primeiro estágio consiste na inovação de processo, utilizando novas tecnologias geradas por outros setores para aumentar a eficiência na produção e entrega de serviços existentes. Como exemplo pode-se citar o caso dos primeiros caixas eletrônicos bancários, que possuíam operações bem restritas. Em um segundo estágio, os novos sistemas de produção e entrega de serviços são utilizados para melhorar a qualidade do serviço, como o número de operações que podem ser realizadas nos caixas eletrônicos. Só em um terceiro estágio é que os novos produtos decorrentes das novas tecnologias são criados, como os seguros contra fraude e roubo de cartão eletrônico.

Segue uma relação dos principais pontos que caracterizam a diferença entre inovação em serviços e indústria:

- Em muitos casos, o principal consumidor do setor de serviços são pessoas que fazem parte de diversos segmentos de mercados e, desse modo, apresentam expectativas diferentes quanto aos serviços colocados a sua disposição. Assim, ter sucesso em serviços bancários, varejo, comunicações e outros serviços dependerá da habilidade de interpretar e atender a essa variedade de expectativas.
- Diferentemente da indústria, a qualidade da entrega de um serviço acaba sendo muito influenciada pelo funcionário responsável e pelo "estado de espírito" em que ele se encontra quando o serviço é oferecido. Entretanto, dada a fase de simultaneidade entre produção e consumo do serviço, comentado anteriormente, também o "estado de espírito" do consumidor influencia a realização do serviço. Isso acaba resultando em uma dificuldade muito grande de padronização dos serviços.
- Serviços são muito mais vulneráveis a juízos de valor, uma vez que os consumidores são muito menos capazes de julgar a realidade física de um produto. Por exemplo, há alguns anos, um importante periódico nacional fez uma avaliação das escolas de primeiro e segundo grau paulistanas, gerando uma grande polêmica na cidade. No entanto, semanalmente jornais e revistas avaliam automóveis sem nenhum constrangimento.
- Os ativos mais valiosos no setor de serviços são os ativos humanos, e a força desse setor é altamente dependente da habilidade do sistema nacional de

inovação fornecer e transferir conhecimentos embutidos nas pessoas em vez de máquinas.

- Os direitos de propriedade, diferentemente da indústria, ainda é um problema sensível ao setor, já que nenhuma entidade independente é produzida, dificultando a natureza dos regimes de apropriação dos conhecimentos gerados no processo de inovação. Por isso, os serviços fazem menos uso do mecanismo de patentes, que ainda é voltado sobretudo a inovações que tenham elementos tangíveis, como dispositivos de máquinas, propriedades físico-químicas de materiais, entre outros.[16]

O Quadro 2.1 relaciona mais algumas características que diferenciam os regimes de inovação na indústria e nos serviços.

Quadro 2.1 **Inovação na Indústria e Serviços: características marcantes**

Características	Indústria	Serviços
1. Direitos de propriedade intelectual	Forte: patentes	Fraco: direitos autorais
2. Orientação tecnológica	Avanço tecnológico; liderança científica e tecnológica	Avanço tecnológico; liderança fornecedor/cliente
3. Pesquisa/inovação provedor e fornecedor	Internamente	Externamente
4. Força produtiva	Alto impacto	Baixo impacto
5. Ciclos de inovação	Curto e médio	Longo (exceto aos serviços de informática)
6. Características do produto	Tangível, de fácil estocagem	Intangível, de difícil estocagem
7. Internacionalização	A atividade de exportação atrai o investimento estrangeiro direto	A entrada de investimento estrangeiro direto proporciona a exportação
8. Dimensão	Nacional para global	Regional para nacional para global

Fonte: Baseado em Howells (2000) e Bernardes e Bessa (2007).

[16] Baseado em MITCHELL, 1990; HOLBROOK; HUGHES, 1999; GALLOUJ, 2007; MILES, 2007.

Apesar do reconhecimento das especificidades entre os setores, uma análise mais profunda da questão constata que a diferenciação dos perfis da inovação tecnológica na indústria e em serviços é questionável, uma vez que a fronteira entre essas duas áreas está cada vez mais difusa. Por exemplo, a General Electric, percebendo que as empresas compradoras de suas locomotivas estavam com dificuldades para reter os engenheiros de manutenção, desenvolveu um sistema inteligente informatizado para diagnóstico e manutenção de locomotivas, gerando um novo produto, na verdade um serviço, vendido na forma de um bem tangível: um sistema armazenado em um disco para ser carregado na estação ferroviária.[17] Como é sempre lembrado em gestão socioambiental, a intensificação dos serviços associados aos bens tangíveis, seja de produção ou de consumo final durável, é uma forma de aumentar a vida útil desses bens e, com isso, reduzir o consumo de recursos naturais.

2.4 INOVAÇÃO EM SERVIÇOS

A inovação no setor de serviços é fundamentalmente caracterizada por investimentos em tecnologias de informação. Porém, com muita freqüência os resultados desses investimentos têm sido decepcionantes. Ou seja, em muitos casos, apesar das enormes somas destinadas aos computadores e equipamentos de comunicação, os resultados têm se mostrado frustrantes: a qualidade do serviço continua deteriorada, os custos operacionais e administrativos crescem em vez de baixarem e as margens de lucro diminuem.[18] Algumas razões para esse quadro são:

- A tecnologia por si só não determina o desempenho corporativo ou a lucratividade. As habilidades e capacitações dos funcionários desempenham um papel fundamental.
- A padronização dos processos em serviços tende a ser bastante difícil, pelos motivos expostos anteriormente. Muitas empresas automatizam processos e atividades que seriam mais eficazes se continuassem a ser feitas mecânica ou manualmente, pois seus volumes são baixos e os produtos são difíceis de serem padronizados. Isso ocorre devido ao fato de que há poucas economias de escala em serviços. Assim, a automação pode se tornar proibitivamente cara.

---

[17] MORONE et al., 1990.

[18] HACKETT, 1990.

- Muitas unidades operacionais nunca planejam as inovação em serviços, pois isso é visto como melhoria do que estão fazendo. O trabalho tende a ser executado da mesma maneira que décadas atrás, enquanto o ambiente competitivo tem se tornado muito mais complexo.
- A abordagem mais freqüente ao se implementar melhoramentos tecnológicos para o setor de serviços é impor novos sistemas e aplicações em operações já existentes. As grandes mudanças sofrem resistências e os gerentes tendem a replicar procedimentos correntes por mais ultrapassados que estejam.

As operações em serviços devem ser reestruturadas antes que a tecnologia seja adicionada, e as escolhas devem ser feitas tendo como ponto de partida o nível e magnitude da tecnologia. Implementar tecnologia e automação somente pelo fato de os rivais estarem fazendo provavelmente trará mais problemas do que benefícios para as empresas. Além disso, muitos dos benefícios do investimento em tecnologia em serviços profissionais vêm da melhoria em qualidade e flexibilidade dos serviços que decorrem dos programas de treinamentos e desenvolvimento profissional do pessoal envolvido com a concepção e prestação dos serviços.[19]

2.5 BARREIRAS E FACILITADORES

Há estudos que mostram que as grandes empresas de serviços, mais do que as pequenas, enxergam como obstáculos à inovação os riscos da factibilidade e as incertezas quanto ao sucesso do projeto de inovação, altos custos e barreiras internas. Entretanto, as dificuldades de financiamento e de obtenção de equipamentos foram os obstáculos mais presentes nas pequenas empresas.[20] Estudo realizado em firmas norte-americanas de serviços profissionais apontam que as seguintes barreiras podem retardar o investimento em tecnologia de informação:

- Viés em relação ao investimento pessoalmente mais tangível, ou seja, é mais fácil a empresa investir em computadores pessoais, cujos benefícios são diretos, controláveis, visíveis e de fácil entendimento, do que investir em computadores de grande porte ou tecnologias de rede, os quais requerem mais planejamento e justificativas.

[19] HACKETT, 1990.

[20] MOHREN; ROSA, 1999.

- Foco tradicional no "lucro por sócio". O fato de muitas empresas de serviços profissionais (empresas de consultoria, escritórios de advocacia) utilizarem indicadores que mensuram a lucratividade por sócio acaba priorizando o curto prazo e acarretando vieses em relação ao investimento pessoalmente mais tangível, como discutido anteriormente.
- Inabilidade dos profissionais de tecnologia de informação de resolver os problemas rapida e eficazmente, pois os serviços estão constantemente mudando em função das necessidades dos clientes, tornando-se cada vez mais sofisticados. No entanto, os processos de desenvolvimento de sistemas são complexos demais para responder eficazmente às necessidades dos clientes.[21]

Embora específicas para os serviços profissionais, as barreiras mencionadas também ocorrem em outros tipos de serviços, particularmente esta última. Entre os agentes facilitadores da inovação estão os clientes, a competição e a relação risco-benefício trazida pela inovação.[22] Se a competição é um facilitador da inovação em serviços, conseqüentemente a desregulamentação dos mercados também desempenha um papel importante.

A desregulamentação e a competição mudaram as regras do jogo para as empresas de serviços. Por muitos anos, a administração no setor de telecomunicações pôde se dar ao luxo de não inovar nem correr riscos. Entretanto, no ambiente de hoje, as organizações de serviços devem aprender a competir, à medida que novos competidores, tanto domésticos quanto estrangeiros, estão entrando em mercados que eram monopólios ou cuja entrada era restrita.[23] À medida que o setor de telecomunicações se tornou desregulado, a tecnologia passou a ser reconhecida como uma fonte de diferenciação e vantagem competitiva.[24]

Outro setor que passou por um processo de desregulamentação foi o setor bancário, o que acabou acarretando em um alto número de inovações nesse setor. Hoje os bancos oferecem novos e diferentes produtos constantemente, impensáveis

---

21 DOORLEY et al., 1988.

22 HOLBROOK; HUGHES, 1999.

23 GORDON et al., 1993.

24 MITCHELL, 1990.

em outros tempos. O mesmo ocorre com empresas em setores paralelos, que também passaram a oferecer muitos produtos que antes eram exclusivos dos bancos.[25] Além da desregulamentação, o nível setorial da exportação também possui um grande impacto na inovação. Se a empresa exporta, é necessária uma grande atenção no que diz respeito ao que outras companhias ao redor do mundo estão fazendo em termos de serviços para atrair mais clientes.

2.6 INOVAÇÃO EM SERVIÇOS INTENSIVOS EM CONHECIMENTO E COLABORAÇÃO

A expressão "serviços intensivos em conhecimento" (SICs) é uma tradução "tropicalizada" da expressão consagrada na literatura internacional "*knowledge intensive business services*". Tais *serviços* têm como principais características: alta performance na geração da renda; tendência à internacionalização das suas atividades negociais; atuação como verdadeiros agentes facilitadores da inovação, disseminando novos padrões tecnológicos para os demais serviços; uso intensivo de recursos humanos de alta qualificação e remuneração; altas taxas de crescimento na economia; e elevada interação entre produtor e usuário na medida em que oferecerem produtos customizados.[26] São exemplos de SICs: telecomunicações; atividades de informática; consultoria e desenvolvimento de sistemas em informática; processamento de dados; serviços de pesquisa e desenvolvimento; serviços técnicos às empresas; atividades jurídicas, contábeis e de assessoria empresarial; serviços de arquitetura e engenharia e de assessoramento técnico especializado; ensaios de materiais de produtos; publicidade e serviços audiovisuais. Muitos SICs fazem parte do conjunto de atividades desenvolvidas por outros setores, como o bancário e a auditoria pela intranet, que será objeto do Capítulo 7.

As especificidades dos serviços intensivos em conhecimento acabam por refletir nas particularidades de sua inovação, que possuem características bem peculiares.[27] Em primeiro lugar, tais serviços possuem uma tendência de redução dos ciclos de desenvolvimento estimulada pela aceleração das mudanças tecnológicas e pelo uso de tecnologia de informação, gerando uma pressão intensa corporativa por qualidade, produtividade e inovação. Além disso, observa-se forte utilização de tercei-

---

[25] ALIC, 1994.

[26] BERNARDES; KALLUP, 2007.

[27] BERNARDES; KALLUP, 2007.

rização e subcontratação de atividades corporativas internas, com as organizações buscando focar suas estratégias em competências centrais, transformando custos fixos em variáveis. Recentemente alguns bancos optaram por vender o espaço físico em que localizavam suas agências, preferindo pagar aluguel aos novos proprietários ou, ainda, terceirizando parte de seus quadros de funcionários.

Outra característica em relação à inovação em serviços intensivos em conhecimento é que as novas estratégias competitivas baseadas na inovação e nas dinâmicas de globalização e hierarquização das cadeias de valor impõem novas estruturas de P&D mais cooperativas, logística reversa e planejamento descentralizado, inclusive com maiores oportunidades de internacionalização para alguns tipos desses serviços, principalmente aqueles com maior intensidade tecnológica. É importante mencionar também que, cada vez mais, o setor de serviços apresenta dinâmicas econômicas e comerciais próprias, "descolando-se" do setor industrial.

Tal fato acaba se refletindo também nas políticas e práticas de inovação, por exemplo, os esforços pela inclusão e pela diversidade[28] trazidos tanto pelo público interno da empresa quanto pelos seus *stakeholders*, rendendo, no caso do Banco do Brasil, os frutos esperados em forma de maior inovação em novos serviços orientados para reduzir os impactos junto ao meio ambiente e aumentar a participação das comunidades de regiões brasileiras com menor acesso ao crédito.

A literatura tem avançado substancialmente em ressaltar a necessidade de se trazer os *stakeholders*, sobretudo, os prováveis clientes de inovações futuras, para dentro do processo de desenvolvimento da inovação em serviços, procurando incorporar conceitos como Orientação para Mercado e Aprendizagem Organizacional,[29] *Co-opting Customer Competence*,[30] *Customers as Innovators*,[31] entre outros, que se apóiam na mesma intenção: a caracterização da necessidade de os processos tornarem-se mais abertos e sofisticados quanto à integração e interação de novos agentes internos (várias áreas e de diferentes níveis da empresa) e, em especial, os agentes externos (clientes, fornecedores e parceiros, universidades etc.), que partilham de objetivos e interesses comuns aos da empresa. Assim, os novos pacotes de valor de soluções financeiras embutem novos conhecimentos ou novas informações, caracte-

[28] MILLER; KATZ, 2002.

[29] PERIN, 2001.

[30] PRAHALAD; RAMASWAMY, 2000.

[31] THOMKE; HIPPEL, 2002.

rísticas centrais para a inovação, que envolvem equipes de uma mesma empresa ou de empresas diferentes que unem esforços e trocam conhecimentos em várias fases do processo de desenvolvimento de inovações em serviços.

A incorporação de novos conhecimentos que ajudem a criar um processo de mudança da cultura empresarial, que alavanque a diversidade, respeite o meio ambiente e crie uma cultura de inclusão social é sinal de um novo modelo de gestão para o sucesso. Uma organização com acesso a uma vasta gama de experiências, habilidades e novas perspectivas de colaboração tem muito mais possibilidade de alcançar novos mercados e novas oportunidades de negócios.

REFERÊNCIAS

ALIC, J. A. Technology in service industries. *International Journal of Technology Management*, v. 9, n. 1, p. 1-14, 1994.

BERNARDES, R.; KALLUP, A. A emergência dos serviços intensivos em conhecimento no Brasil. In: BERNARDES, R.; ANDREASSI, T. *Inovação em serviços intensivos em conhecimento*. São Paulo: Saraiva, 2007.

BERNARDES, R.; BESSA, V. *Desafios metodológicos nos estudos da inovação entre indústria e serviços*, 2007. In: BERNARDES, R.; ANDREASSI, T. *Inovação em serviços intensivos em conhecimento*. São Paulo: Saraiva, 2007.

CARLZON, Jan. *A hora da verdade*. São Paulo: COP Editora, 1990.

COMISSÃO MUNDIAL SOBRE MEIO AMBIENTE E DESENVOLVIMENTO. *Nosso futuro comum*. Rio de Janeiro: Fundação Getulio Vargas, 1991.

DOORLEY, T. H.; GREGG, A.; GAGNON, C. Professional services firms and information technology: ongoing search for sustained competitive advantage. In: GUILE, B. R.; QUINN, J. B. *Managing innovation:* cases from the services industries. Washington: National Academy Press, 1988.

GALLOUJ, F. Economia da Inovação: um balanço dos debates recentes. In: BERNARDES, R.; ANDREASSI, T. *Inovação em serviços intensivos em conhecimento*. São Paulo: Saraiva, 2007.

GORDON, G. L.; KAMINSKI, P. F.; CALANTONE, R. J.; BENEDETTO, A. Linking customer knowledge with successful service innovation. *Journal of Applied Business Research*, v. 9, n. 2, 1993.

HACKETT, G. P. Investment in technology: the service sector sinkhole? *Sloan Management Review*, v. 31, n. 2, p. 97-103, 1990.

HOLBROOK, J. A. D.; HUGHES, L. P. Characteristics of innovation in the services sector in British Columbia. 4th Iberoamerican Workshop on S&T Indicators, CONACYT, Cidade do Mexico, *Anais*... Cidade do México, 1999.

HOWELLS, J. Innovation and services: new conceptual frameworks. *CRIC Discussion Paper 38.* The University of Manchester, UMIST, Aug. 2000.

HUTCHINSON, C. Integrating environment policy with business strategy. *Long Range Planning*, v. 29, n. 1, p. 11-23, 1996.

MILLER, F. A.; KATZ, J. H. *The inclusion breakthrough:* unleashing the real power of diversity. Berrett-Koehler, 2002.

MILES, I. Serviços e inovação na Europa. In: BERNARDES, R.; ANDREASSI, T. *Inovação em serviços intensivos em conhecimento.* São Paulo: Saraiva, 2007.

MITCHELL, G. R. R&D strategy for the services sector. Management of Technology II: The Key to Global Competitiveness, Second International Conference on Management of Technology. KHALIL, T. M.; BAYRAKTAR, B. A. Norcross, Ga, *Anais*... Industrial Engineering and Management Press, 1990. p. 951-962.

MORONE, J.; BERG, D.; PITT, I. Technology and the service sector: a conceptual approach. Management of Technology II: The Key to Global Competitiveness, Second International Conference on Management of Technology. KHALIL, T. M.; BAYRAKTAR, B. A. Norcross, Ga, *Anais*... Industrial Engineering and Management Press, 1990. p. 937-949.

MOHREN, P.; ROSA, J. Barriers to innovation in service industries in Canada. *Research paper.* Mimeo. Statistics Canada, 1999. 49 p.

PRAHALAD, C. K.; RAMASWAMY, V. Co-opting customer competence. *Harvard Business Review,* Boston, MA, v. 78, Issue 1, p. 79, Jan./Feb. 2000.

PERIN, M. G. A relação entre orientação para mercado, aprendizagem organizacional e performance. 237 f. Tese (Doutorado em Administração) – PPGA/Escola de Administração da Universidade Federal do Rio Grande do Sul. Porto Alegre: UFRGS, 2001.

QUINN, J. B. Services technology and manufacturing: cornerstones of the U.S. economy. In: GUILE, B. R.; QUINN, J. B. *Managing innovation:* cases from the services industries. Washington: National Academy Press, 1988.

QUINN, J. B.; GUILE, B. R. Managing innovation in services. In: GUILE, B. R.; QUINN, J. B. *Managing innovation*: cases from the services industries. Washington: National Academy Press, 1988.

THOMKE, S. H.; HIPPEL, E. V. Customers as innovators: a new way to create value. *Harvard Business Review,* Boston, MA, v. 80, n. 4, p. 74-81, Apr. 2002.

3 Inovação na Indústria Financeira

Júlio F. B. Facó
Moysés Alberto Simantob

Tradicionalmente, os bancos desempenham como atividade principal a intermediação financeira entre poupadores, agentes econômicos que detêm recursos financeiros, e os tomadores de empréstimos, agentes que necessitam dos recursos dos poupadores para financiar suas atividades econômicas. Eles fazem parte do que se denomina sistema financeiro, um sistema formado por instituições responsáveis pela captação, intermediação e aplicação dos recursos financeiros excedentes numa economia.

Os bancos, como instituições de um sistema financeiro, desempenham um importante papel na alocação de recursos na economia, captando, gerenciando e transferindo esses recursos entre os vários agentes da economia. Usualmente as funções bancárias são classificadas em quatro categorias principais:

- Possibilidade de acesso a um sistema de pagamentos: parte do princípio de que é mais eficiente transacionar bens e serviços por moeda do que utilizar um sistema de trocas diretas.
- Transformação de recursos financeiros: relativos aos tratamentos de criação, concentração e distribuição de recursos financeiros para atender a demanda do banco.
- Gerenciamento de risco: está relacionado à análise dos riscos associados às operações financeiras e à eventual distribuição do risco entre os diferentes agentes econômicos.

- Processamento de informação e acompanhamento dos tomadores de empréstimos.[1]

Para serem competitivos no oferecimento de serviços bancários relacionados a qualquer uma dessas categorias, os bancos se defrontam com a necessidade de se envolverem em processo dinâmico de inovação e diferenciação de mercados, devido a dois fatores principais:

- o aumento da competição no mercado bancário, bem como da competição com instituições financeiras não-bancárias (empresas de *leasing;* instituições de crédito, financiamento e investimento; corretoras e distribuidoras de títulos e valores mobiliários etc.) e com outras instituições não-financeiras que atuam no mercado de crédito (fundos de pensão, administradoras de cartões de crédito, administradoras de consórcios etc.);
- o desenvolvimento de atividades financeiras não-tradicionais, como parte das estratégias adotadas pelas instituições do setor para gerar receitas extras, que não dependam da captação de mais recursos junto ao público. Com isso, além de não precisarem aumentar seus níveis de alavancagem, há ainda a possibilidade de esses novos produtos bancários escaparem da regulação do mercado ou das regras usuais de tributação.[2]

Como em qualquer setor da economia, as inovações no setor bancário podem ser classificadas em inovações de produto, de processo, de modelo de gestão e de negócio, conforme tem sido colocado nos textos produzidos pelo Fórum de Inovação. Pode parecer estranho falar em inovação em produto no setor de serviço, uma vez que a palavra produto denota quase sempre bens tangíveis. Os três casos analisados pelo Fórum e descritos neste livro referem-se a cada uma dessas classes de inovação.

3.1 PACOTE DE VALOR

É prática do mercado falar sobre produtos e serviços bancários, vez por outra tratando-os como coisas distintas, outras vezes com o mesmo sentido. Produtos e

[1] FREIXAS; ROCHET, 1997.

[2] SCHOLTENS; WENSVEN, 2000.

serviços são comumente diferenciados pela argumentação de que aqueles são constituídos por bens tangíveis, e os serviços são, em geral, intangíveis. Os produtos por terem uma existência material podem ser estocados para uso ou consumo futuro, enquanto os serviços não são estocáveis e, por isso, se não forem consumidos no momento em que são disponibilizados, perdem-se para sempre. Outras diferenças podem ser vistas a seguir, em Produtos *versus* Serviços.

Produtos *versus* Serviços

Retornando às diferenças entre produtos e serviços, Toledo apresenta quatro características que permitem a diferenciação entre eles: intangibilidade, inseparabilidade, heterogeneidade e perecibilidade, descritas a seguir:*

- Intangibilidade: ao contrário dos produtos físicos, serviços não possuem aspectos tangíveis que façam uso dos sentidos. Enquanto os produtos são coisas que podem ser possuídas, os serviços são experiências que o cliente vivencia.**
- Inseparabilidade ou simultaneidade: essa característica diz respeito ao fato de os produtos serem consumidos simultaneamente à sua produção e disponibilização.
- Heterogeneidade ou Variabilidade: significa que os serviços tendem a ser menos padronizados que produtos físicos.
- Perecibilidade: essa característica demonstra que os serviços não podem ser estocados, já que a produção e o consumo são simultâneos. Nesse caso, é mais difícil haver um equilíbrio entre demanda e oferta devido à flutuação da procura pelo serviço que ora pode ser alta, ora pode ser baixa. O equilíbrio entre a capacidade produtiva e demanda representa uma questão-chave para o gerenciamento estratégico dos serviços.

* TOLEDO, 1978.

** GIANESI; CORRÊA, 1994.

Um contraponto a essa classificação é o conceito de pacote produto-serviço, também conhecido como pacote de valor, pois considera que ambos, bens tangíveis e serviços são necessários para o atendimento de uma necessidade que o cliente valoriza. Por exemplo, os serviços hospitalares não seriam possíveis sem as instalações hospitalares e os medicamentos para auxiliar os trabalhos dos médicos, enfermeiros e outros profissionais. Os serviços bancários exigem bens físicos, como formulários em papel, instalações, terminais de computadores, espaço para circulação de pessoas e outros bens tangíveis que dão suporte ou facilitam as atividades de serviço propriamente ditas e que se realizam por meio de relacionamentos pessoais, como prestação de informações, de auxílio sobre decisões sobre investimento e muitas outras necessárias para a consecução de um serviço bancário. Assim, o que se tem de fato na área bancária, como em qualquer outro setor da economia, não são serviços nem produtos isoladamente considerados, mas pacotes de valor envolvendo ambos para o atendimento das necessidades dos clientes do próprio banco ou de seus clientes internos, como se diz comumente, como é caso da auditoria pela intranet que será tratada no Capítulo 7.

3.2 A REGULAMENTAÇÃO DO SETOR FINANCEIRO NACIONAL E SEUS REFLEXOS NAS INOVAÇÕES

Em linhas gerais, a estrutura que o Sistema Financeiro Nacional (SFN) apresenta hoje foi formalmente determinada pela Lei n. 4.595, de 31.12.1964. A Figura 3.1 reproduz o diagrama esquemático elaborado pelo Banco Central do Brasil (BACEN, 2007) para classificar as instituições que compõem o SFN atual. Em linhas gerais, esse sistema pode ser dividido em dois grandes grupos. O primeiro, denominado de "área bancária", é composto pelos bancos de desenvolvimento, pelos bancos de investimento, pelas cooperativas de crédito e pelas demais instituições que possuem a capacidade de criar moeda escritural, incluindo os bancos comerciais, os bancos múltiplos e as caixas econômicas. O segundo grupo, chamado de "área não-bancária", inclui as sociedades de crédito, financiamento e investimento; as sociedades de arrendamento mercantil; as sociedades corretoras de câmbio, títulos e valores mobiliários; as sociedades distribuidoras de títulos e valores mobiliários; as sociedades de investimento; as sociedades de crédito imobiliário; as associações de poupança e empréstimo e as companhias hipotecárias, além das demais instituições que atuam como auxiliares ou intermediários financeiros ligados ao Sistema de Previdência Privada e Seguros, bem como entidades administradoras de recursos de terceiros.

Figura 3.1 Composição do Sistema Financeiro Nacional

Órgãos normativos	Conselho Monetário Nacional (CMN)		Conselho Nacional de Seguros Privados (CNSP)		Conselho de Gestão da Previdência Complementar (CGPC)
Entidades supervisoras	Banco Central do Brasil (Bacen)	Comissão de Valores Mobiliários (CVM)	Superintendência de Seguros Privados (Susep)	IRB-Brasil Resseguros	Secretaria de Previdência Complementar (SPC)
Operadores	Instituições financeiras captadoras de depósitos à vista	Bolsas de mercadorias e futuros	Sociedades seguradoras		Entidades fechadas de previdência complementar (fundos de pensão)
	Demais instituições financeiras	Bolsas de valores	Sociedades de capitalização		
	Outros intermediários financeiros e administradores de recursos de terceiros		Entidades abertas de previdência complementar		

Fonte: BACEN, 2008.

Uma característica importante das entidades do SFN é que elas operam em ambiente fortemente regulamentado, seja por leis ordinárias federais, pois é a União que tem a competência para legislar sobre essa matéria, seja por normas expedidas pelos órgãos normativos e supervisores, cujo papel é regulamentar, fiscalizar e controlar as atividades das entidades do SFN, objetivando o funcionamento do sistema como um todo. As inovações das organizações que compõem o SFN devem, portanto, atender as exigências desse ambiente. Um exemplo de como isso é fundamental nas inovações bancárias pode ser visto na inovação da Cédula de Produto Rural (CPR) do Banco do Brasil. Esse produto aponta para o fato de que o Banco do Brasil, como qualquer outra instituição financeira, está sujeito a um ambiente regulatório intenso e, mesmo assim, dado o seu compromisso social com o desenvolvimento do País, reage proativamente ao ambiente externo e cria um produto inovador, que veio a permitir ao produtor rural ou suas cooperativas obter recursos para desenvolver a sua produção, com comercialização antecipada, avalizando desta forma o agronegócio, um dos principais setores da economia brasileira.

3.3 PARTICULARIDADES E OPORTUNIDADES DA INDÚSTRIA FINANCEIRA

Os últimos dez anos foram um período de transformação bastante significativo para o setor bancário. A estabilização da moeda, o saneamento do sistema financeiro, a abertura aos bancos estrangeiros, a privatização de bancos estatais, o fluxo crescente de capitais internacionais, o impacto das crises externas e as exigências regulatórias são alguns dos fatores que influenciaram uma mudança sem paralelos na história bancária brasileira. Dados da Febraban apontam que cerca de metade dos bancos existentes antes da estabilização ou mudaram de controle, ou deixaram de existir. Esse cenário de intensas mudanças aliado a uma orientação de segmentação, suportada por produtos bancários desenhados para cada segmento, apresenta uma rara oportunidade de estudos nessa área.[3]

Outra particularidade que vem à tona quando se propõe uma pesquisa no setor bancário é justamente a importância desse setor na agenda de sustentabilidade de um país. O documento Agenda 21 Brasileira – Bases para a Discussão, do Ministério do Meio Ambiente, chama atenção para a competitividade brasileira, assentada ainda no uso intensivo de recursos naturais e baixa remuneração da mão-de-obra, além da baixa escolaridade e a má qualidade do ensino brasileiro, dados que, segundo o Programa das Nações Unidas para o Desenvolvimento (PNUD), dá ao Brasil o 43º lugar (entre 72 países) no Índice de Desenvolvimento Tecnológico, com duas patentes por milhão de habitantes.

Mas as oportunidades começam a surgir quando o Banco do Brasil lançou sua Agenda 21; o documento reúne um conjunto de políticas e ações que reforçam o compromisso da empresa em direcionar sua atuação para a sustentabilidade, contemplando o equilíbrio ambiental, a justiça social e a eficiência econômica. Conforme divulgado em seu site oficial,[4] a Agenda 21 do Banco do Brasil estrutura-se em três dimensões: negócios com foco no desenvolvimento sustentável, práticas administrativas e negociais com responsabilidade socioambiental e investimento social privado. Na prática, isso significa que o Banco do Brasil intensificará a democratização do crédito, o crédito responsável, a ecoeficiência nas práticas administrativas do conglomerado, os investimentos em produtos socioambientais, além de outras ações.

---

3 *Gazeta Mercantil*, 2004.

4 Veja mais em: <http://www.bb.com.br/portalbb/SaladeImprensa>.

A publicação da Agenda 21 do Banco do Brasil pretendeu também estimular outras empresas a desenvolverem e a publicarem também suas agendas. Foi o primeiro banco a lançar um compromisso socioambiental dessa natureza, criando, assim, grande impulso para a formulação de políticas aliadas aos Princípios do Equador, do qual é signatário, sendo este um importante instrumento de disseminação dos princípios de responsabilidade socioambiental do banco. O Banco do Brasil aderiu oficialmente aos Princípios do Equador em maio de 2005. São dez princípios orientados para avaliações ambientais, proteção a habitats naturais, gerenciamento de pragas, segurança de barragens, reassentamento de populações atingidas, não-emprego de trabalho infantil ou escravo, entre outras salvaguardas que devem ser observadas em projetos de valor igual ou superior a US$ 10.00 milhões.[5]

Dessa forma, as oportunidades para o setor se constituem em verdadeiras inovações estruturais na relação do banco com todos os seus *stakeholders*, co-criando oportunidades de um novo diálogo com os agentes de desenvolvimento do País e internacionais. É dentro desse cenário de liderança intelectual do setor que o banco pauta a análise de projetos de investimento na modalidade *project finance* e configura atualmente uma carteira de 16 empreendimentos, totalizando investimentos da ordem de R$ 5 bilhões.

Entre esses projetos, está a instalação do maior parque de energia eólica da América Latina, localizada no Rio Grande do Sul, a Ventos do Sul Energia, que recebeu R$ 100 milhões em créditos do Banco do Brasil e o financiamento para implantação de uma unidade produtora de biodiesel (combustível verde), um contrato que envolve investimentos totais de R$ 37,7 milhões.

Essas oportunidades criam para o banco um portfólio de negócios de valores sustentáveis, permitindo o estudo de iniciativas como pequenas centrais hidrelétricas (PCHs), usinas hidrelétricas e empreendimentos no setor sucroalcooleiro.

A Agenda 21 do Banco do Brasil aponta, ainda, como prioridade a estratégia negocial denominada Desenvolvimento Regional Sustentável (DRS). O banco e parceiros (cooperativas, associações, universidades, órgãos públicos, ONGs etc.) verificam vocações ou potencialidades locais e identificam os pontos de estrangulamento, ou seja, o que dificulta o desenvolvimento de certa atividade produtiva. Feito esse diagnóstico é, então, desenvolvido um plano de trabalho compartilhado entre os diferentes parceiros, que visa corrigir os problemas identificados e aproveitar as oportunidades existentes.

---

[5] Veja mais em: <http://www.equator-principles.com>.

A Agenda 21 do Banco do Brasil estabelece ainda a ampliação de seu leque de produtos socioambientais. No portfólio existente, destacam-se: Banco do Brasil Produção Orgânica, que oferece recursos ao produtor orgânico, com atendimento no custeio em até 100% do orçamento; Banco do Brasil FCO Pronatureza, financiando a produção e o processo de conversão da agricultura tradicional para a orgânica na região Centro-Oeste; e o Banco do Brasil Florestal, que prevê apoio aos produtores que estão investindo na implantação, manejo e comercialização florestal.

Há ainda fundos éticos, como o Banco do Brasil Ações Índice de Sustentabilidade Empresarial (ISE), o primeiro a ser referenciado no Índice de Sustentabilidade Empresarial da Bolsa de Valores de São Paulo. Após um ano de lançamento, o fundo apresentou retorno de 29,83%. Outro produto com atributos socioambientais é o Banco do Brasil Referenciado DI Social 200, que destina 50% da taxa de administração a projetos sociais voltados para geração de trabalho e renda desenvolvidos pela Fundação Banco do Brasil.

Existem hoje no Banco do Brasil 3.151 agências habilitadas a atuar com a estratégia DRS. Ao todo são 3.867 Diagnósticos e Planos de Negócios DRS em andamento, dos quais 1.278 estão em execução, envolvendo 265 mil famílias em 3.140 municípios e com a previsão de R$ 1,2 bilhão em créditos. A meta é que cada agência do Banco do Brasil possua pelo menos um plano de negócios DRS. Isso projeta uma atuação em mais de quatro mil municípios.

3.4 TECNOLOGIA DE INFORMAÇÃO E INOVAÇÃO TECNOLÓGICA

A última década do século passado foi palco da convergência entre tecnologia de computação e de comunicações. Esses dois campos tecnológicos (computação e comunicação/telecomunicação) já modificaram tanto um ao outro que há cada vez menos sentido em considerá-los separadamente.

A evolução da TI nos bancos abriu um amplo espaço para que produtos e aplicações baseados em informação tivessem lugar. Exemplos serão apresentados nos capítulos seguintes, sendo que o Banco do Brasil foi pioneiro em muitos momentos, como pode-se ver no Capítulo 6. Diversos são os exemplos de tecnologias disponibilizadas diretamente ao cliente: cartões magnéticos, rede de caixas eletrônicos, entre outros. Essas aplicações sofreram evoluções ao longo do tempo, observando-se algumas aplicações e produtos de TI especificamente dedicados ao comércio eletrônico, como é o caso também do *home banking*, do DOC eletrônico, entre outros. Mais recentemente, com o advento da internet, aliada a tecnologias de comunicação móvel (celular, por exemplo), começou-se a explorar novas alternativas de aplicações e produtos de TI.

O uso do celular como instrumento de relacionamento e realização de transações financeiras passou a ser denominado – nos anos recentes – uma nova onda de evolução do atendimento bancário, tendo como pano de fundo o processo evolutivo da digitalização do atendimento bancário, duramente alcançado graças a um intenso investimento da indústria financeira em tecnologia e inovação, seja por meio da construção e consolidação de grandes redes de terminais ATMs – iniciada a partir de 1996 – ou pela própria ampliação do uso da internet. Essa nova onda é considerada como de grande potencial de expansão no longo prazo, capaz de ultrapassar largamente o uso das soluções de *internet banking* como as conhecemos hoje – acessada a partir de computadores pessoais e ampliando-se naturalmente para um processo de convergência tecnológica em volta do uso intensivo de dispositivos móveis, sendo um exemplo de inovação o "Banco de Bolso", que será apresentado com riqueza de detalhes no Capítulo 7.

3.5 INOVAÇÕES E NOVAS HABILIDADES

Pelo exposto, nota-se que os profissionais de organizações financeiras requerem novas habilidades que permitam interpretar a dinâmica do cenário competitivo e a velocidade da adoção de recentes tecnologias pela indústria. Tudo isso aliado à clara visão de futuro, em que a criação de valor sustentável ocupa papel central nas estratégias de inovação dos bancos.

Dessa forma, a vantagem competitiva sustentada é criada quando a organização opera simultaneamente em múltiplos modos, seja gerenciando a inovação incremental ou descontínua, promovendo mudanças, visando eficiência em curto prazo ou a inovação em longo prazo.[6] Assim, a habilidade para gerir tipos diferentes de inovação é fundamental para a competição das organizações em seus setores particulares.

O Banco do Brasil teve reconhecida a habilidade de seus profissionais com a recente escolha feita pela *Revista Exame*, da Editora Abril, que selecionou, em parceria com a consultoria Monitor e especialistas, as maiores inovações brasileiras da última década, estando o *mobile payment* do Banco do Brasil entre as 10 melhores inovações.

A trajetória completa dessa inovação é contada no Capítulo 7 e relata como o Banco do Brasil gastou quatro meses de estudos para lançar o pagamento no varejo

---

[6] TUSHMAN e ANDERSON, 1997.

via celular, em junho de 2007. A idéia era permitir que os correntistas pudessem pagar suas compras usando o número do aparelho, como hoje é feito com o cartão de crédito. Para isso, acionou a Visanet, da qual é acionista, e adaptou terminais de cartões de crédito para as transações – que consistem em registrar o número do celular, enviar um aviso de compra ao aparelho e orientar o cliente a confirmar a operação via internet.

Por tratar-se de uma aposta no futuro, a adoção ainda tem sido pequena, contudo, o desenvolvimento de novas competências internas permitiu ao Banco do Brasil romper paradigmas do uso do celular, uma das mais fortes promessa entre as tecnologias de conectividade dos bancos com seus clientes, caracterizada no capítulo seguinte como a quinta onda de inovação tecnológica.

REFERÊNCIAS

BANCO CENTRAL DO BRASIL (BACEN). *Dados do SFN*. Disponível em: <http://www.bcb.gov.br/>. Acesso em: 5 out. 2007.

BANCO DO BRASIL. Site oficial do BB. Disponível em: <http://www.bb.com.br/portalbb/SaladeImprensa>.

__________; MINISTÉRIO DO MEIO AMBIENTE. *Agenda 21:* banco da sustentabilidade. Brasília, 2004.

FREIXAS, X.; ROCHET, J. C. *Microeconomics of banking*. Cambridge: The MIT Press, 1997.

GAZETA MERCANTIL. *Balanço financeiro*. São Paulo: JB S.A., 2004.

GIANESI, I.; CORRÊA, H. *Administração estratégica em serviços*. São Paulo: Atlas, 1994.

MINISTÉRIO DO MEIO AMBIENTE. *Agenda 21 brasileira* – Bases para a discussão. Brasília: MMA, 1996.

REVISTA EXAME. São Paulo: Abril, edição 911, ano 42, n. 2, 13 fev. 2008, Edição Especial.

SCHOLTENS, B.; WENSVEN, D. A critique on the theory of financial intermediation. *Jornal of Banking & Finance*, n. 24, 2000.

THE EQUATOR PRINCIPLES. Disponível em: <http://www.equator-principles.com>. July 2006.

TOLEDO, G. L. *Marketing bancário:* análise, planejamento e processo decisório. São Paulo: Atlas, 1978.

TUSHMAN, M.; ANDERSON, P. *Managing strategic innovation and change*. New York: Oxford University Press Inc., 1997.

4 As Cinco Ondas de Inovações Tecnológicas em Bancos

Adrian Kemmer Cernev
Eduardo Henrique Diniz
Martin Jayo

4.1 INTRODUÇÃO

Depois de automatizar processos de *back-office*, criar agências eletrônicas, disseminar o uso de caixas eletrônicos e levar o banco até a casa dos clientes por meio do *internet banking*, os bancos estão entrando em uma nova onda de informatização, ampliando a sua atuação por intermédio da integração de redes externas ao ambiente bancário. O presente capítulo analisa os determinantes que impulsionam o desenvolvimento dessa quinta onda de inovações tecnológicas em bancos, com foco na investigação das inovações em serviços relacionados ao desenvolvimento de correspondentes e do uso de celulares como canais bancários. A utilização desses canais emergentes tem demandado um esforço de inovação no setor bancário para incorporação de novos serviços e novas tecnologias, por meio de novas parcerias que possibilitam suportar a ampliação do acesso e ao mesmo tempo uma maior diversificação dos serviços financeiros.

A indústria bancária costuma ser reconhecida como um dos setores que mais se destacam no uso de tecnologia de informação (TI). Há várias décadas o setor vem passando por uma trajetória de crescente incorporação de TI aos seus processos, produtos e canais de distribuição, aumentando a agilidade dos fluxos de informações, aumentando a eficiência operacional e agregando valor para os clientes. Mais do que em outros setores, o uso de TI acabou se tornando parte indissociável do próprio negócio bancário, a ponto de hoje em dia a TI ser considerada um requisito básico, que se confunde com o próprio negócio bancário. A decorrência disso, conforme observa Peters (1993, p. 137), é que "o setor bancário é o lugar mais evidente para se procurar as manifestações da tecnologia de informação no século 21".

A evolução histórica do uso de TI nos serviços bancários vem sendo, já há bastante tempo, objeto de um grande número de estudos. É o caso de Morris (1986), Janowitzer (1986), Steiner e Teixeira (1990), Frischtak (1992), Blass (1993), Morisi (1996), Carrington et al. (1997), Bátiz-Lazo e Wood (2002), Tigre (2003), Bátiz-Lazo (2007), Bátiz-Lazo e Reese (2008), Consoli (2003 e 2005), Diniz (2000 e 2004), entre vários outros.

Vários desses estudos propõem periodizações para a história tecnológica do setor, isto é, descrevem a forma pela qual os padrões de uso de TI nos serviços bancários vieram se modificando ao longo de diferentes "etapas", ou "fases" históricas. É assim que o histórico tecnológico do setor costuma ser dividido em três (STEINER e TEIXEIRA, 1990), quatro (FRISCHTAK, 1992; CARRINGTON et al., 1997) ou cinco (BÁTIZ-LAZO e WOOD, 2002; CONSOLI, 2003) fases distintas, dependendo do enfoque específico dos diferentes estudos. Vale observar que a periodização de Steiner e Teixeira e de Carrington et al. se baseia fundamentalmente em dados do setor bancário norte-americano, ao passo que Frischtak e Diniz se referem mais especificamente ao caso brasileiro, e Consoli e Bátiz-Lazo e Wood estão focados na realidade dos bancos europeus.

Apesar de existirem diferenças entre essas periodizações, elas coincidem em muitos dos seus aspectos fundamentais. De uma forma geral, nos seus estágios iniciais elas apontam um uso de TI ainda restrito a sistemas centrais de processamento e compensação de transações e, portanto, não visível pelos clientes; ao passo que nas fases subseqüentes elas descrevem um processo pelo qual a TI se torna cada vez mais próxima do cliente. Em todas as periodizações, a fase final ou mais recente é apontada como aquela que envolveu a implantação e difusão de tecnologias relacionadas aos serviços de *home banking* e de *internet banking*.

Um outro aspecto dessa divisão em fases da automação é que elas não obedecem a uma lógica seqüencial estrita, havendo muitas vezes superposição entre elas. Daí a nossa opção pelo uso da palavra "ondas" para caracterizá-las. Acreditamos que no lugar de "fases" seqüenciais, a visão de ondas tecnológicas permite enxergá-las convivendo umas com as outras. A onda da automação das agências, por exemplo, não é encerrada pela onda de automação para fora das agências, mas complementada por esta.

Alguns desdobramentos recentes, além disso, nos sugerem o início de uma nova onda na evolução do uso de TI nos serviços bancários, ainda não apontada ou estudada pelas periodizações disponíveis na literatura. Como será visto mais adiante, a característica distintiva dessa nova onda consistiria na utilização de aplicações de TI com a finalidade de expandir o alcance dos bancos em direção a um universo de clientes maior do que aquele tradicionalmente atendido, em particular a clientes das camadas sociais de mais baixa renda, com acesso restrito aos tradicionais canais de relacionamento bancário.

Para caracterizar essa nova onda – à qual nos referimos aqui como a "quinta onda" da inovação bancária – e as mudanças por ela trazidas para a oferta de serviços bancários no Brasil, este capítulo se propõe a investigá-la do ponto de vista da análise de difusão de inovações. Como proposto por Diniz (2000) e Tigre (2006), um dos aspectos mais importantes para avaliação da difusão dessas inovações é o entendimento dos seus determinantes, ou seja, dos vetores que impulsionam o seu aparecimento.

A fim de detalhar melhor esse objetivo e a forma como ele será abordado, o presente capítulo está estruturado da seguinte forma: o item 4.2 trata brevemente cada uma das cinco ondas de inovação tecnológica no setor bancário brasileiro; no item 4.3 é discutida a análise dos determinantes, como um elemento fundamental para o entendimento da difusão de inovaçõe; no item 4.4 é discutida a quinta onda de inovações com foco em seus principais determinantes; e o item 4.5 aborda outras dimensões de análise da quinta onda de inovações.

4.2 ONDAS DE INOVAÇÃO BANCÁRIA NO BRASIL

Ao longo das últimas cinco décadas, uma sucessão de inovações incorporadas aos processos e produtos bancários permitiu ao setor reduzir os custos das transações bancárias, enxugar a máquina administrativa dos bancos, aumentar a eficiência dos processos e agregar valor aos clientes, mediante a introdução de novos canais de distribuição para os serviços existentes e o desenvolvimento de novos produtos ou serviços baseados em tecnologia.

Embora do ponto de vista cronológico a adoção de inovações no setor bancário brasileiro tenha ocorrido numa trajetória contínua, iniciando-se na década de 1960 e estendendo-se sem interrupção até os dias atuais, para efeitos analíticos esse processo histórico pode ser dividido em cinco "ondas de inovação" bem distintas. Essas ondas encontram-se representadas na Figura 4.1, que indica, por meio da cor cinza, as áreas de ocorrência das inovações em cada uma delas.

Figura 4.1 Cinco ondas de inovação bancária

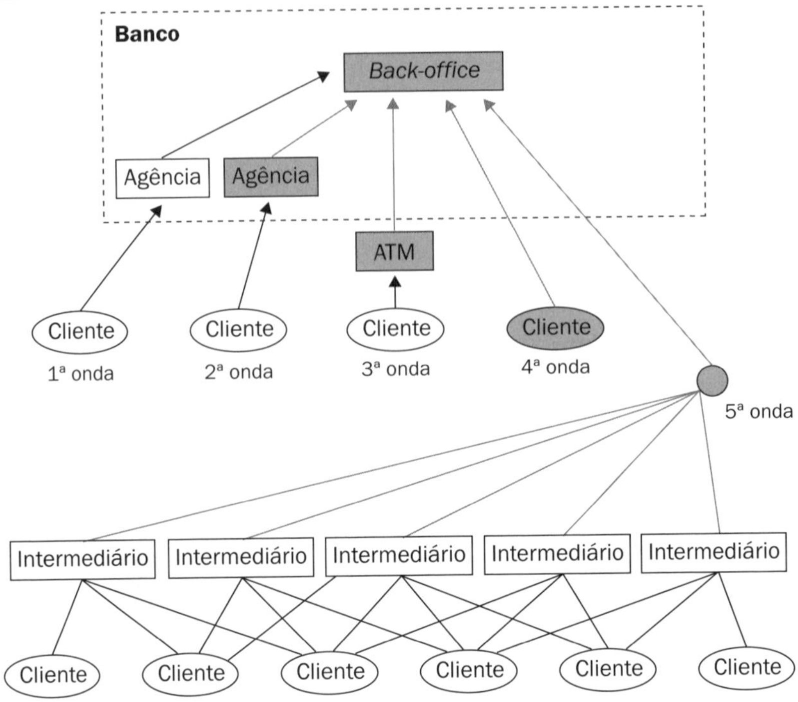

Fonte: Elaborada pelos autores.

Para entender essas cinco ondas, resulta útil retomar a análise feita por Steiner e Teixeira (1990), que chamam a atenção para a existência de três passos lógicos envolvidos na execução de uma transação bancária. O primeiro desses passos é a iniciação pelo cliente, que ocorre quando um cliente solicita uma transação ao banco, por exemplo ao fazer um depósito ou solicitar uma transferência de fundos de sua conta. O passo seguinte é a iniciação interna, em que a informação sobre essa transação é transmitida aos sistemas administrativos do banco. O terceiro corresponde ao processamento, que envolve o registro contábil dessa transação e a atualização de saldos na conta do cliente. Ao longo das últimas décadas, a incorporação de inovações no setor bancário iniciou-se no terceiro e último passo das transações (processamento), para depois expandir-se à iniciação interna e, em seguida, à iniciação pelo cliente.

4.2.1 Primeira onda de inovação: automação do *back-office*

A trajetória de adoção de inovações tecnológicas na indústria bancária brasileira se inicia em meados da década de 1960, com a adoção de computadores de médio porte e *mainframes* nos sistemas de retaguarda responsáveis pelo registro e consolidação de transações. A documentação de movimentações diária passou a ser enviada à noite a um Centro de Processamento de Dados (CPD) responsável pela entrada de dados e processamento, para ser em seguida devolvida às agências. Em alguns casos, os bancos implantaram subcentros regionais de entrada de dados, que coletavam a documentação gerada pelas agências e remetiam os dados por linha telefônica ao CPD, para serem processados (FRISCHTAK, 1992, p. 204-205).

Na medida em que é nas operações de retaguarda (ou de *back-office*) que se concentra o maior volume de processamento de dados dos bancos, é compreensível que tenham sido elas o primeiro foco de incorporação de inovações tecnológicas. Como ressaltam Steiner e Teixeira (1990), sua automação proporcionou grandes reduções de custos operacionais, com a substituição de procedimentos de trabalho manual por computadores. De qualquer forma, nessa onda as mudanças ainda eram pouco visíveis ao cliente, com a maior parte dos benefícios ocorrendo na forma de redução dos custos de processamento.

4.2.2 Segunda onda de inovação: automação das agências

Uma segunda onda de inovação tem início no final da década de 1970, com a automação dos caixas das agências e a adoção de um modelo de processamento de dados distribuído, em que grande parte das operações de *back-office* passaram a ser feitas no nível das agências, e não mais em CPDs. Pela primeira vez a inovação bancária tornava-se visível aos clientes, uma vez que os terminais dos caixas passaram a ser interligados de forma on-line aos sistemas de processamento. As transações passaram a poder ser transmitidas aos sistemas de *back-office* e processadas instantaneamente, e não mais somente ao final do dia, como vinha ocorrendo na fase anterior.

Além da automação dos caixas, registra-se também a implantação dos primeiros terminais de auto-atendimento (instalados inicialmente dentro do ambiente das agências), por meio dos quais começa a eliminar-se a interface humana na realização de transações pelos clientes. É importante notar que essa onda de automação das agências no Brasil foi também pressionada pelo crescimento da inflação, que demandava uma aceleração do tempo de processamento das transações incentivando o uso de sistemas on-line.

4.2.3 Terceira onda de inovação: automação fora das agências

Num terceiro momento, a incorporação de tecnologia pelos bancos ultrapassa as fronteiras das agências, com o surgimento das redes de ATMs (*Automated*

Teller Machines) em locais públicos, de forma a reduzir o deslocamento dos clientes às agências, com ganhos em termos de conveniência para os clientes e de eficiência operacional para os bancos. A automação da iniciação das transações pelos clientes, iniciada na fase anterior, começa a verificar-se. Os ATMs surgem inicialmente como uma inovação de processo para aumentar a eficiência na distribuição de um leque limitado de serviços preexistentes (consultas de saldos e extratos, saques em dinheiro), mas com o tempo passariam a servir à distribuição de uma variedade maior de serviços bancários, alguns dos quais, inclusive, criados em decorrência da própria tecnologia, a exemplo dos seguros contra fraude e roubo de cartão. Essa evolução é coerente com Barras (1990), para quem a aplicação de novas tecnologias em setores de serviços costuma envolver inicialmente inovações de processo, para em seguida viabilizar inovações de produto.

4.2.4 Quarta onda de inovação: *internet banking*

A quarta onda de inovação se caracteriza pela chegada das inovações bancárias às instalações do próprio cliente, de forma a permitir que ele interaja remotamente com o banco e realize transações sem a necessidade de sair de sua casa ou escritório. Embora precedida por outras tecnologias como a das centrais de atendimento telefônico e a do *home* e *office banking*, a implantação do *internet banking*, a partir de meados da década de 1990, se tornou a inovação mais característica dessa quarta onda.

4.2.5 Quinta onda de inovação: parcerias de distribuição

Uma quinta onda da inovação em tecnologia bancária corresponde ao momento presente. Se a quarta onda pode ser vista como a culminação de um processo evolutivo pelo qual as aplicações de tecnologia bancária vieram se tornando cada vez mais "próximas" dos clientes bancários (Figura 4.1), essa quinta onda de inovação está relacionada ao interesse estratégico dos bancos em ampliar a sua base de clientes tradicional.

Nos anos recentes começou a tomar corpo, na indústria bancária e entre analistas do setor, a avaliação de que o mercado tradicionalmente atendido pelos bancos – concentrado em clientes pertencentes aos segmentos de renda média e alta – já se encontra amplamente atendido, e nesse contexto a alternativa para o crescimento do setor estaria cada vez mais em direcionar estratégias para o atendimento da base da pirâmide social, historicamente com pouco acesso a canais e serviços bancários (BELLOTO, 2008a, 2008b; NAPOLITANO, 2006; WEISSBOUND, 2002). Conectar os bancos de maneira eficiente com essa clientela, no entanto, não é um problema trivial. É necessário que os bancos desenvolvam canais de distribuição e modelos de negócio que combinem produtos de pequeno valor e baixo retorno individual, altas escalas de operação e baixos custos de distribuição – um desafio para o qual, por suas limitações de alcance e custo, os canais atuais de distribuição bancária se mostram inadequados.

A resposta a esse desafio passou a ser buscada pelos bancos no estabelecimento de parcerias de distribuição com uma variedade de outros agentes ou setores não bancários. Pelo menos dois fenômenos recentes sugerem fortemente que o setor bancário já tem começado a desenvolver novos canais de distribuição por meio de tais parcerias. O primeiro deles – e até o momento o mais desenvolvido no Brasil – envolve a adoção do modelo de correspondentes bancários, habilitando uma grande variedade de agentes (estabelecimentos de varejo, agências dos correios, casas lotéricas etc.) para atuarem como pontos de distribuição de serviços dos bancos. O segundo envolve parcerias entre bancos e operadoras de telefonia móvel, a fim de viabilizar o uso de telefones celulares como canal de acesso a serviços bancários.

Ambos os fenômenos – aos quais se pode acrescentar eventualmente a possibilidade de oferecer serviços bancários por meio das incipientes redes de TV digital – mostram a emergência de modelos de distribuição intermediada por outros agentes ou setores, que já tenham relacionamento com o público a ser atingido. Com isso, se nas ondas anteriores as inovações em tecnologia bancária contribuíram para aumentar a eficiência dos processos e desenvolver novos canais e serviços voltados à clientela tradicional dos bancos, nessa nova onda elas passam a servir também à ampliação da base de clientes dos bancos em direção a uma nova clientela potencialmente consumidora de serviços, porém não atendida pelos canais anteriormente existentes.

4.3 INOVAÇÕES ASSOCIADAS ÀS DIFERENTES ONDAS

A difusão de uma inovação tecnológica pode levar ao desenvolvimento de inovações de serviços, que por sua vez podem demandar regulamentação específica para o setor bancário. Entretanto, a definição de alguma regulamentação pode demandar o desenvolvimento de inovações tecnológicas que desembocam no desenvolvimento de serviços inovadores. Esse relacionamento recursivo entre inovações pode gerar o que estamos chamando aqui de "ondas de inovação".

De tal perspectiva, a proposta deste capítulo é analisar a difusão de inovações por meio de seus determinantes, ou seja, as motivações que originaram a criação das ondas de inovação no setor bancário. Antes de entrarmos especificamente na análise da quinta onda de tecnologia bancária, objetivo principal deste capítulo, vamos discorrer sucintamente sobre como esses determinantes podem ser ilustrados em cada uma das ondas anteriores.

Todas as ondas de inovação descritas no item anterior estão relacionadas à difusão de inovações em diversas frentes no setor bancário. Uma inovação tecnológica começa com a adoção de um novo produto, processo ou sistema em um ambiente de negócios e mantém a sua difusão entre uma determinada população de usuários (HUSSEY, 1997; McLOUGHLIN e HARRIS, 1997). Influencia nessa difusão também uma combinação de fatores associados tanto a variáveis de tecnologia (*technology-pushed*) quanto a demandas do mercado (*market-pulled*). Por ser um setor fortemente regulamentado, uma terceira variável determinante na difusão de uma inovação no setor bancário está associada a fatores de regulamentação que ora impulsionam e ora restringem, direcionando os rumos da onda de inovação.

Na prática, os fatores regulatórios, de mercado e tecnológicos se confundem, mas é didático tentar pensá-los de forma isolada. Assim podemos identificar **determinantes** relacionados a tecnologias, regulamentação e forças de mercado que influenciam o surgimento e a consolidação de cada onda. O Quadro 4.1 resume alguns dos fatores determinantes envolvidos em cada uma das ondas de difusão de inovações no setor bancário.

Quadro 4.1 Potenciais fatores determinantes nas ondas de inovação tecnológica em bancos

	Tecnologias	Serviços	Regulamentação
1ª onda	*Mainframe*	*Back-office*	Concentração bancária e incentivos à automação
2ª onda	Minicomputadores	On-line	Restrição de importações e investimento na indústria nacional
3ª onda	Microcomputadores	Auto-atendimento	Controle inflacionário
4ª onda	Internet	Interatividade	Legislação de provedores
5ª onda	Mobilidade e capilaridade	Convergência de mídias e baixa renda	Sistema financeiro inclusivo e telecom no mercado financeiro

4.3.1 Regulação e inovação no setor bancário brasileiro

O setor bancário está entre os mais regulamentados da economia. Fatores regulatórios muitas vezes podem estar por trás do desenvolvimento de novas tecnologias no setor financeiro. De um modo geral, os processos de regulação bancária objetivam tanto garantir o nível de segurança financeira do sistema quanto possibilitar a sua supervisão (LIMA, 2003). Sem entrar no mérito das motivações e justificativas que sustentam os diversos modelos de regulação do setor bancário, é importante considerar que as características reguladoras adotadas podem influenciar direta ou indiretamente na difusão de produtos e serviços inovadores nesse mercado. Basta considerar que muitos produtos são desenvolvidos a partir de medidas regulatórias promovidas no domínio governamental.

Particularmente no Brasil, onde grandes reformas têm reorientado a atuação dos bancos nos últimos 40 anos, o impacto da regulação no desenvolvimento da tecnologia no setor bancário pode ser facilmente identificado. As reformas implementadas no País nos anos 1960 resultaram na consolidação do setor e no apoio explícito ao movimento de automação que já se iniciava em alguns bancos de maior porte. Exemplo desse apoio foi a regulamentação do Banco Central, que indicava aos bancos que eles poderiam fazer suas prestações de conta em papel impresso por sistemas de processamento de dados, diminuindo, assim, as resistências internas dos bancos contra esses sistemas.

Nos anos 1970, as iniciativas de restrição de importações de computadores impostas pelo governo foram diretamente responsáveis pelo investimento dos bancos no desenvolvimento de uma indústria local de informática, permitindo o crescimento do uso de tecnologia no setor (RODRIGUEZ; DINIZ; FERRER, 2007). Nos anos 1980, os decretos instituindo as reformas econômicas heterodoxas, com o objetivo de fazer segurar a escalada da inflação no País, reorientaram os investimentos tecnológicos dos bancos no sentido da busca de racionalização e redução dos custos de transação, que não eram o foco dos investimentos em automação nos períodos imediatamente anteriores (FRISCHTAK, 1992).

Nos anos 1990, com a ascensão da internet, inicialmente uma empresa pública de telecomunicações, a Embratel, quis tomar as rédeas e se tornar um provedor de serviços quase exclusivo. Foi uma ação firme do Ministério das Comunicações que mudou o rumo das negociações e permitiu que os bancos estivessem entre as primeiras empresas com sites na internet, em 1995. Mais no final da década, graças à flexível legislação de provedores instituída anteriormente, os bancos já forneciam acesso gratuito à internet aos seus clientes.

A partir do ano 2000, com a regulamentação que flexibilizou a contratação pelos bancos de correspondentes não-bancários, o uso desse canal de distribuição foi alavancado como o principal meio de acesso a serviços financeiros pela população de baixa renda. A possibilidade de operadoras de telefonia celular oferecerem serviços financeiros e bancários coloca atualmente aos bancos centrais em todo o mundo relevantes questões sobre a regulamentação desses serviços. Esses dois canais, os correspondentes e as comunicações digitais móveis, serão objeto de análise detalhada mais adiante neste capítulo.

4.3.2 Mercado e inovação no setor bancário

Além dos efeitos regulatórios, discutidos no item anterior, há também a influência de algumas variáveis do ambiente de mercado no processo de inovação no setor bancário. A pressão da concorrência e demandas geradas por mudanças no mercado podem inspirar a criação de produtos financeiros específicos. Essa demanda por produtos pode, por sua vez, influenciar os usos de tecnologias bancárias.

Nos anos 1960, o processo de concentração bancária influenciou decisivamente a adoção e utilização de computadores no processamento de *back-office*. Na segunda metade dos anos 1970 e início dos 1980, o processo inflacionário em curso no Brasil provocou nos clientes de serviços bancários uma preocupação específica com o tempo transcorrido entre transações feitas no setor financeiro, colocando aos bancos a necessidade de investir em sistemas on-line. Após os planos de estabilização nos anos 1980 e 1990, a redução dos lucros obtidos pelos bancos com a inflação obrigou-os a redirecionar os investimentos em tecnologia, direcionando-os para a obtenção de eficiência e redução de custos nas transações efetuadas. Da mesma forma, o crescimento de renda da população nos níveis sociais menos privilegiados faz com que bancos procurem desenvolver estratégias para esses mercados, apoiados no uso de canais eletrônicos de baixo custo.

Um exemplo particularmente interessante diz respeito ao lançamento dos primeiros serviços de *internet banking* no Brasil. Em 1995, após lançar seu primeiro website institucional, um banco de varejo começou a receber e-mails que elogiavam a iniciativa da instituição. Essa fase de elogios, entretanto, durou pouco, e logo depois os e-mails recebidos passaram a questionar quando seria possível consultar o saldo e extratos das contas-correntes por meio da internet. A partir de um determinado momento, 80% desses e-mails questionavam a utilidade do website desse banco, praticamente exigindo que se disponibilizassem serviços mais interessantes para os clientes. O banco não resistiu à crescente pressão dos clientes por tais serviços e decidiu desenvolver uma solução que agregaria ao website institucional a possibilidade dos clientes realizarem transações bancárias pela internet (DINIZ; SANTOS, 2006).

4.3.3 Tecnologia e inovação no setor bancário

Não há dúvidas quanto ao papel determinante da tecnologia de informação no processo de desenvolvimento de inovações no setor bancário. A tecnologia participa tanto do processo de criação de produtos quanto de sua distribuição aos clientes. Mesmo inovações tecnológicas que surgem no mercado sem relação direta com o setor podem influenciar o processo de criação de novos produtos bancários. Um produto originado de uma inovação tecnológica externa ao universo bancário – por exemplo, telefonia celular – pode determinar a criação de um produto bancário específico – por exemplo, acesso remoto via dispositivos móveis aos dados bancários do cliente.

A tecnologia de minicomputadores, desenvolvida no final dos anos 1960 foi incorporada pelos bancos brasileiros no desenvolvimento de uma estrutura de subcentros para teleprocessamento de informações de regiões distantes para o *mainframe* central dos bancos, responsáveis pelo processamento de *back-office*. No final dos anos 1970, com o desenvolvimento da indústria nacional de informática apoiada pelos bancos, o barateamento das tecnologias de automação tiveram importância decisiva na incorporação de sistemas on-line. Já nos anos 1980, os microcomputadores entraram em larga escala nos bancos por meio de automação de escritório, de novos modelos de caixas eletrônicos e nos primeiros projetos de *home banking*.

Nos anos 1990, depois de chegar aos bancos como um espaço institucional, a internet e a web foram incorporadas como alternativa segura para transações dos clientes. Para os bancos, por causa da maior confiança na segurança oferecida pela internet, a estratégia de usar a web como um canal para transações poderia trazer também economia no processamento de serviços bancários usualmente realizado em outros canais. Mais adiante, a web já era incorporada em processos internos dos bancos, como nos portais corporativos, na infra-estrutura de caixas eletrônicos e em outros processos de comunicação interna, com o uso de voz sobre IP (VoIP), por exemplo. Todas essas tecnologias, embora nascidas fora do ambiente bancário, foram incorporadas, adaptadas e evoluíram a partir da sua utilização pelos bancos, tornando-se importantes elementos nos processos de negócio do setor, seja como suporte a novos canais, seja como geradores de novos produtos e serviços.

4.4 ANÁLISE DA QUINTA ONDA EM SEUS ASPECTOS DETERMINANTES

4.4.1 Correspondentes bancários

Correspondentes bancários – ou simplesmente correspondentes – são pontos de serviços bancários implementados por meio de parcerias entre instituições bancárias e uma variedade de estabelecimentos varejistas suportados por tecnologia. Praticamente inexistente há poucos anos, o canal de correspondentes tem permitido aos bancos promoverem um crescimento sem precedentes nas suas redes de atendimento no Brasil, o que representa uma das mais importantes estratégias emergentes dos bancos no sentido de ampliar a capilaridade da sua atuação, multiplicando o número de pontos de serviço sem incorrer nos custos associados à operação de agências e demais pontos de atendimento tradicionais.

Trata-se de um abrangente canal para distribuição de serviços bancários, geralmente viabilizado pela utilização de equipamentos POS (*Point Of Sale*) proprietários ou mesmo microcomputadores básicos operando como terminais nos estabelecimentos conveniados. Tais equipamentos são interligados aos sistemas transacionais do banco contratante via redes públicas de telecomunicações, principalmente linhas de tecnologia fixa ou móvel celular. A transmissão de dados pode ser feita de forma online ou escalonada ao longo do dia, a depender também da complexidade e volume dos serviços bancários transacionados em cada correspondente.

O alcance do canal para a distribuição de serviços a clientes de baixa renda, não atingidos pelos canais tradicionais, é notável (KUMAR et al., 2006). Segundo dados da Febraban, ao final de 2007, enquanto o número de agências bancárias no País era de 18.308, o número de correspondentes já alcançava 84.332 estabelecimentos conveniados. Dado que uma parcela significativa dos estabelecimentos contratados se encontra em locais de baixa renda (bairros pobres dos centros urbanos ou mesmo em localidades distantes), este modelo tem se revelado eficiente ao viabilizar e facilitar o acesso a serviços financeiros para o público de baixa renda, colocando o Brasil no foco das discussões sobre a democratização do acesso a serviços financeiros (KUMAR et al., 2006; IVATURY, 2006).

Entretanto, quando se analisa o portfólio de serviços ofertados por meio desse modelo, verifica-se que o novo canal ainda é subutilizado. O canal tem sido usado predominantemente para serviços de arrecadação (recebimento de contas e boletos) e, num segundo plano, para o pagamento de benefícios de aposentadorias e programas assistenciais. Em 2006, de acordo com dados do Banco Central reportados por Soares e Melo Sobrinho (2007), esses dois usos respondiam por cerca de 80% das transações realizadas. A exploração do canal para outros tipos de serviço adequados à clientela de baixa renda – crédito, poupança, seguros etc. – é um desafio que se encontra, em grande medida, por ser resolvido.

Em boa medida, o expressivo crescimento desse canal de distribuição bancária foi possibilitado pela expansão da infra-estrutura de telecomunicações no País, acelerada a partir da segunda metade da década de 1990. A isso se soma o fato de que o setor bancário brasileiro se notabiliza como um dos mais avançados do mundo no uso de tecnologias de informação e comunicação. Dessa forma, embora modelos de correspondentes bancários não sejam propriamente uma novidade no mundo (haja vista os modelos de "banco postal" presentes há muito tempo em diversos países), o modelo brasileiro é considerado inédito pelo alcance, escala e flexibilidade proporcionados pelo tipo de tecnologia envolvida (KUMAR et al., 2006). Além desses fatores, no entanto, é possível apontar diversas outras razões pelas quais o modelo tem se desenvolvido no Brasil.

No âmbito regulatório, o Governo Federal contribuiu decisivamente ao introduzir a legislação que possibilitou a criação dos correspondentes. Embora a base normativa tenha origem em 1973, uma série de medidas tomadas a partir de 1999 pelo Banco Central (em especial as Resoluções ns. 2.640, de 28.08.1999; 3.110, de 31.06.2003; e 3.156, de 17.12.2003) tiveram papel fundamental para regulamentar o modelo e permitir seu crescimento (ALVES; SOARES, 2006). A finalidade inicial dessas medidas era facilitar a distribuição de benefícios sociais: os correspondentes bancários eram identificados como a solução tecnológica necessária para a implementação de programas assistenciais, como o Bolsa Escola, criado no governo Fernando Henrique Cardoso, e o Bolsa Família, que o sucedeu no governo seguinte, já que sem infra-estrutura tecnológica não haveria como atingir as regiões mais pobres do País, as quais não tinham acesso a bancos (STAL, 2002). Levava-se em conta também a importância de se criar mecanismos que melhorassem a remessa de recursos (tais como o pagamento de aposentadorias e benefícios sociais) para regiões distantes e/ou desassistidas de agências bancárias.

No que tange aos determinantes econômicos ou de mercado, o setor bancário encontrou nos correspondentes uma oportunidade de constituir um canal alternativo às agências, de modo a absorver a distribuição de serviços de baixo valor agregado, como pagamentos de contas. As inovações incorporadas até a quarta onda tinham proporcionado aos bancos reduções de custos ao tirar os clientes das agências, oferecendo-lhes canais alternativos. Uma grande pendência, entretanto, consistia em criar canais de atendimento que permitissem tirar os "não-clientes" das agências, que avolumavam as filas dos caixas, por exemplo, para o pagamento de contas de serviços, taxas e tributos. Isso criava uma situação paradoxal: os bancos criavam canais automáticos mais baratos para atender seus clientes, mas mantinham em seu canal mais caro – a agência – o recebimento de contas de não-clientes, justamente um dos serviços menos rentáveis para as instituições. A solução dos correspondentes veio ao encontro dessa necessidade, incentivando os bancos a adotarem-na como inovação de processo para esses serviços de menor valor agregado.

Em termos dos determinantes tecnológicos, inicialmente os correspondentes eram baseados exclusivamente no uso de POSs simples, pois suas atividades se restringiam ao pagamento de contas e ao recebimento de benefícios por meio de carga nos cartões com chip ou tarja magnética. A expansão da telefonia celular também beneficiou a expansão dos correspondentes, que podem se utilizar de redes de GPRS/EDGE, além da internet e de conexões via satélite. Posteriormente, a diversificação dos serviços oferecidos nos correspondentes demandou a sofisticação dos terminais utilizados, que podem ser desde simples estações *thin client* até PCs completos, utilizando-se ainda periféricos como impressoras e dispositivos para digitalização de documentos. No caso das lotéricas, que representam a maior rede de correspondentes, a Caixa Econômica Federal desenvolveu um terminal sob encomenda, cujo projeto se originou de uma plataforma que havia sido desenvolvida para o Sistema Único de Saúde, o SUS. É ainda digno de se nota que os correspondentes implantados em grandes varejistas se beneficiam da estrutura de redes de computadores dessas empresas, como é o caso dos Correios.

4.4.2 *Mobile banking* (banco móvel)

Mobile banking pode ser entendido como o conjunto de serviços bancários móveis, envolvendo o uso de tecnologias e dispositivos portáteis conectados a redes de telecomunicações móveis, permitindo aos usuários a realização de pagamentos móveis (*mobile payments*), transações bancárias e outros serviços financeiros.

Os serviços potenciais ofertados a clientes por meio dos canais bancários móveis são abrangentes: acesso a informações da conta, pagamentos e transferências, investimentos e crédito, suporte, serviços de conteúdo, entre outros. O rol de serviços efetivamente ofertados dependerá tanto do perfil do correntista, ou seja, do público e mercados almejados nas iniciativas de *mobile banking & payments*, quanto da tecnologia adotada pelos prestadores desses serviços e de uma regulamentação específica.

Em grande medida, o fenômeno de *mobile banking* propicia um alto grau de inovação tanto em relação ao canal eletrônico utilizado quanto em relação aos serviços bancários ofertados aos clientes ou potenciais clientes. Com o objetivo de evidenciar a inovação e difusão desse fenômeno emergente no contexto brasileiro, aplicar-se-á a seguir o modelo de análise apresentado neste trabalho.

A regulação é um dos aspectos mais significativos atualmente relacionados a esse fenômeno. Os serviços bancários móveis são, antes de tudo, um fenômeno de mobilidade, portabilidade e convergência digital: convergência de tecnologias, de plataformas, de dispositivos, de modelos de negócio e de indústrias. Várias empresas de alguns setores da economia estão ou estarão envolvidas nesse fenômeno, sendo que os setores bancários e de telecomunicações já possuem papéis de destaque. Contudo, os serviços prestados por empresas desses setores são regulamentados no Brasil por diferentes agências e entidades governamentais (especialmente pelo Banco Central, pelo Ministério das Comunicações e pela Anatel – Agência Nacional de Telecomunicações), as quais ainda não demonstram sinais claros de convergência. Conseqüentemente, a regulamentação e a resolução de questões concernentes aos serviços de *mobile banking & payments* – os quais podem ser considerados intersetoriais na medida em que são concomitantemente serviços tanto bancários quanto de telecomunicações móveis – sofrem um natural atraso que pode inclusive retardar ou restringir o seu desenvolvimento no País.

Outro ponto relevante em serviços bancários prestados em conjunto com empresas de outros setores da economia – especialmente pelas empresas de telecomunicações – é a definição das responsabilidades e direitos relacionados aos serviços e à interação com os clientes. No caso de uma eventual falha ou fraude em uma determinada transação bancária, qual é a responsabilidade objetiva de cada uma das empresas envolvidas (banco e operadora de telefonia)? Adicionalmente, a quem caberia, então, a maior parte dos retornos advindos desses serviços, uma vez que diferentes recursos e graus de riscos foram empregados?

Analisando-se alguns casos documentados de serviços de *mobile banking* em outros países, especialmente na África do Sul, Quênia, Filipinas e Japão, surge aqui outra questão relevante relacionada à regulamentação de tais serviços no Brasil:

poderiam as empresas operadoras de telecomunicações móveis oferecer serviços bancários móveis diretamente aos seus clientes, tendo uma instituição bancária vinculada somente para a integração com o setor financeiro nacional? Seria factível a existência de serviços de *mobile banking* sem o envolvimento direto das tradicionais instituições bancárias nacionais?

Apesar de todas essas importantes questões e restrições, o fenômeno de *mobile banking* conta com um importante impulsionador regulatório: a similaridade com alguns serviços de *internet banking* já consolidados no mercado brasileiro (quarta onda de inovação). Para muitos especialistas, os serviços bancários via tecnologias móveis seriam somente um novo canal para os atuais serviços bancários eletrônicos dos bancos, sendo as questões regulatórias facilmente adaptáveis e aplicáveis a esse novo contexto tecnológico.

Com relação aos determinantes de mercado, o fenômeno de *mobile banking & payments* pode ser analisado de duas formas distintas, considerando dois focos de mercado bastante diferentes. Por um lado, diversos especialistas (SIMPSON, 2007; LAUKKANEN et al., 2008) acreditam que os serviços bancários móveis serão prestados em caráter complementar para os atuais clientes (modelo aditivo), ou melhor, por meio de um canal adicional de relacionamento bancário, vinculando a sua utilização a uma questão de oportunidade e conveniência. Por outro lado, outros autores (SHEN et al., 2007) entendem que tais serviços podem ser desenvolvidos e implementados como um poderoso instrumento de inclusão bancária e econômica (modelo transformacional), justamente para um público atualmente com pouco ou nenhum acesso a serviços financeiros e bancários.

Entende-se que a definição e as características dos serviços de *mobile banking* oferecidos serão fortemente influenciadas pelo público-alvo pretendido (atuais clientes do sistema bancário ou futuros clientes a serem bancarizados), determinando, ainda, a tecnologia a ser adotada nos domínios dos prestadores e dos clientes-usuários.

Já sobre os determinantes de tecnologia, diversas são aquelas relacionadas à mobilidade digital que podem dar suporte aos serviços de *mobile banking*. Elas poderiam ser convenientemente agrupadas em quatro grandes categorias:

- *Interactive Voice Response* (IVR): o acesso aos serviços bancários se dá por meio de reconhecimento e/ou autenticação biométrica de voz, de maneira interativa, por uma Unidade de Resposta Audível (URA) programada com o menu dos serviços prestados. Por ser uma tecnologia de ponta, seu custo ainda é relativamente elevado. Contudo, os benefícios propiciados podem compensar os investimentos, uma vez que permitiria a utilização dos canais bancários móveis tanto via dispositivos *high-end* (de alto custo e desempenho) quanto via dispositivos *low-end* (de baixo custo e desempenho) propiciando uma estratégia combinada com diferentes serviços para diferentes públicos, ou seja: canal alternativo para atuais clientes e canal estratégico para inclusão bancária (INFOGILE, 2007).

- *Short Message Service* (SMS): utiliza a tecnologia de mensagens curtas das operadoras de telefonia celular, sendo de barata adoção e de grande capilaridade. Um dos principais motivos para a sua baixa adoção é a preocupação com a segurança e vulnerabilidade do sistema (PEEVERS; DOUGLAS; JACK, 2008). Essa tecnologia permite um maior alcance dos serviços bancários móveis a clientes, uma vez que uma parte expressiva dos dispositivos móveis celulares atualmente ativos no País possui essa tecnologia de comunicação.
- *Wireless Application Protocol* (WAP): tem um conceito similar ao do *internet banking*, propiciando uma fácil utilização e possível adoção pelo usuário. Sobre uma topologia baseada no WAP (versão WAP 1 ou WAP 2.0) é possível construir um ambiente razoavelmente seguro, uma vez que os serviços estão baseados nos servidores internos da prestadora e/ou banco, tal como ocorre no *internet banking* (ENGEN, 2007; MALLAT; ROSSI; TUUNAINEN, 2004).
- *Standalone Mobile Application Clients:* indicado para implementar serviços bancários e financeiros complexos, como seguros e *brokerage*. São facilmente customizados de acordo com a interface do usuário, sendo um canal bastante seguro e confiável. Na maioria das vezes requer que um aplicativo (disponível em várias plataformas) seja gravado no dispositivo móvel, o que pode ser um inconveniente para muitos usuários. Contudo, os benefícios potenciais podem justificar essa adoção em diversos casos (INFOGILE, 2007; MALLAT; ROSSI; TUUNAINEN, 2004).

Especificamente sobre os pagamentos móveis, diversos são os modelos e as tecnologias atualmente adotados em todo o mundo, entretanto eles poderiam ser agrupados em três grandes grupos, em função de algumas semelhanças:

- Pagamentos efetuados diretamente entre dispositivos (sendo geralmente ambos móveis, mas há também o modelo fixo-móvel direto). Nesse modelo, são preferencialmente adotadas as tecnologias que permitem a comunicação direta sem contato entre os dispositivos, especialmente: Near Field Comunication (NFC), WiFi, WiMAX, Bluetooth e outras.

- Pagamentos efetuados para a empresa credora, a qual busca autenticação (geralmente on-line, tal como ocorre junto às operadoras de cartões de crédito) a partir das conexões de sua rede. Nesse tipo de transação, podem ser usadas tanto as redes de comunicação celular (2,5G e 3G em diante, especialmente SMS e WAP) quanto as redes de banda larga sem fio (WiFi e WiMAX), possivelmente com acesso à internet. Não raras vezes, os dispositivos de ponto-de-venda (POS) são convenientemente inseridos na topologia do serviço prestado.
- Pagamentos intermediados por entidades autenticadoras e/ou bancárias. Nessa modalidade de pagamentos móveis, o ponto central do processo é uma entidade, que pode ser uma instituição bancária, financeira ou acreditadora de transações, ou mesmo uma organização que propicie um conjunto desses atributos.

4.5 CONSIDERAÇÕES FINAIS

Nas seções anteriores, procuramos caracterizar o que chamamos de "quinta onda" de inovação em bancos, e as mudanças por ela trazidas para a oferta de serviços bancários no Brasil. De um modo genérico, a característica distintiva dessa quinta onda consiste no uso de tecnologia para o estabelecimento de parcerias de distribuição intermediada por outros agentes ou setores não bancários, possibilitando uma ampliação da base de clientes dos bancos em direção a uma nova clientela potencialmente consumidora de serviços, mas pouco atendida pelos canais bancários tradicionais. No plano específico, duas inovações foram identificadas como manifestações dessa quinta onda, com claro potencial de expansão em um futuro próximo no Brasil: o surgimento recente do canal de correspondentes bancários e a ainda incipiente tendência à utilização da telefonia celular digital como canal para serviços bancários.

Por serem fenômenos ainda emergentes, as duas inovações em questão ainda não realizaram o seu potencial no que diz respeito às dimensões de ritmo, direção e implicações de sua difusão. Analisados os seus determinantes no plano regulatório, tecnológico e de mercado, é possível fazer algumas ponderações a respeito de outras dimensões relevantes para o processo de difusão, conforme propostas por Diniz (2000) e Tigre (2006): direção da evolução da difusão e suas implicações.

Adotada inicialmente para serviços de arrecadação, o canal de correspondentes tende a ter ampliado o leque de serviços por ele distribuídos, embora a velocidade dessa ampliação seja difícil de prever e dependa da negociação e criação de modelos de negócio envolvendo bancos e demais setores ou grupos sociais envolvidos no uso da inovação. Se levarmos em conta que os serviços bancários podem ser divididos em duas grandes categorias – de um lado os baseados em *transação*, de outro os baseados em *relacionamento* (DINIZ, 2004) –, nota-se que os primeiros foram adotados rapidamente pelo canal de correspondentes, ao passo que os segundos ainda estão pendentes de implementação por demandarem mais do que um simples canal eletrônico de transações.

Se levarmos em conta uma classificação dos serviços bancários em duas grandes categorias – de um lado os focados em transações padronizadas, de outro os mais complexos, que envolvem algum grau de relacionamento entre banco e cliente – é possível encontrar na literatura evidências de que os pertencentes à primeira categoria tendem a ser implantados rapidamente em novos canais tecnológicos, evoluindo sem grandes dificuldades do ambiente da agência para o da tecnologia, enquanto os da segunda categoria demoram mais para migrar. Foi esse o caso no *internet banking*, no qual, embora os serviços transacionais tiveram uma supremacia inicial, paulatinamente foi-se verificando a incorporação também de serviços de relacionamento (DINIZ, 2000, 2004). Cabe aqui um paralelo entre essa evolução, descrita originalmente para o canal de *internet banking*, e a da tecnologia de correspondentes. Embora em um primeiro momento ela se presta predominantemente à distribuição de serviços transacionais, é de se esperar que evolua para os serviços da segunda categoria.

Além disso, processos de difusão de inovações bancárias também podem ser analisados utilizando modelos de difusão de serviços. Um estudo das características das inovações tecnológicas na área de serviços (BARRAS, 1990) apresenta o ciclo de inovação de forma antagônica ao ciclo de inovação na área de produtos e bens físicos. Na área de produtos, a primeira etapa do ciclo inovador caracteriza-se pelas inovações de produto, a que se segue uma segunda etapa, na qual verificam-se inovações radicais de processo, e na última etapa predominam as inovações incrementais de processo. Na área de serviços, o sentido é inverso: nas primeiras etapas do uso da nova tecnologia observam-se inovações de processo, para em seguida serem viabilizada as inovações de produto. É o que parece estar acontecendo com a tecnologia envolvida nos correspondentes. Apesar de não se ter desenvolvido ainda a fórmula para tanto, são bastante claras as implicações potenciais do canal de correspondentes para exploração de um portfólio maior de serviços bancários.

O *mobile banking* não é um fenômeno emergente do século XXI. A idéia de se oferecer e usar serviços bancários via celular pode ser contemporânea ao próprio surgimento dessa tecnologia no início da década de 1970 (definição do padrão analógico AMPS, denominado 1G) ou à sua introdução comercial a partir de 1983 na cidade de Chicago, nos EUA (ULBRICH, 2008). Entretanto, as primeiras iniciativas efetivas relacionadas ao oferecimento de tais serviços remontam à segunda metade da década de 1990, quando do surgimento e consolidação dos serviços bancários via internet e da implantação de tecnologias digitais de comunicação móvel de 2ª geração (2G) e ampliada (2,5G). Em geral, essas primeiras iniciativas utilizavam a tecnologia WAP, a qual replicava o modelo conceitual emergente do *internet banking*.

Questões relacionadas à segurança, à usabilidade e à conveniência têm limitado o alcance de tais iniciativas, ao mesmo passo em que estimulam os agentes envolvidos a desenvolverem novos modelos de negócio e modelos tecnológicos de forma a viabilizar os serviços bancários móveis. Da idéia de um *internet banking* portátil migrou-se para modelos mais fáceis de usar e com maior alcance social, por exemplo com a adoção de serviço via Mensagens Curtas (SMS) e atualmente também via reconhecimento eletrônico de voz (IVR), permitindo não somente a expansão desse canal bancário mas também a inclusão de novos clientes por meio de tecnologias inovadoras.

Outras questões são igualmente relevantes na análise da estruturação e do alcance das iniciativas de *mobile banking* no Brasil, por exemplo: a adoção pelos potenciais clientes, a confiança dos usuários nos serviços bancários móveis, a privacidade dos indivíduos, os incentivos governamentais e a regulamentação específica para esses serviços convergentes.

Alguns autores justificam as iniciativas de *mobile banking & payments* por meio de uma perspectiva estratégica de redução de custos ou alternativamente pela potencial geração de receitas (CHAKRAVORTI; KOBOR, 2003), comparando as tecnologias emergentes às tecnologias tradicionalmente adotadas pelo setor. Outros autores sugerem impactos mais profundos nos modelos de negócio de diversas empresas e empreendimentos da economia, por exemplo, junto a empresas de cartões de crédito, de pagamentos de serviços de alimentação e transporte, instituições financeiras de micro-crédito, entre diversas outras.

Alguns bancos nacionais já ofertam serviços bancários por meio de dispositivos móveis e comumente adotam múltiplas tecnologias, tanto porque inexiste um padrão tecnológico claramente estabelecido para esses serviços, no Brasil ou em outros países, quanto porque possivelmente os usuários serão os grandes balizadores dessa escolha, na medida em que aceitarão ou rejeitarão os serviços ofertados nos modelos convergentes. Apesar disso, o uso de celulares como canal de transações bancárias continua em um patamar ainda bastante baixo no País.

Sabe-se que o meio digital atualmente mais adotado e difundido no País, em todas as classes sociais, é o dispositivo celular (com cerca de 135 milhões de aparelhos ativos). Confrontando-se esse dado de inclusão digital com o número de indivíduos economicamente ativos incluídos no sistema bancário, verifica-se uma expressiva oportunidade de expansão dos serviços bancários via tecnologias de mobilidade digital, a qual propiciaria inclusive uma maior inclusão socioeconômica de milhões de brasileiros.

REFERÊNCIAS

ALVES, Sérgio Darcy; SOARES, Marden Marques. *Microfinanças:* democratização do crédito no Brasil e atuação do Banco Central. Brasília: Banco Central do Brasil, 2006. 91 p.

BARRAS, Richard. Interactive innovatoin in finnancial and business services: the vanguard of the service revolution. *Research Policy*, North Holland, v. 19, p. 215-237, 1990.

BÁTIZ-LAZO, Bernardo. Emergence and evolution of proprietary ATM networks in the UK. *Munich Personal RePec Archive Paper n. 3869,* 2007. Disponível em: <http://mpra.ub.uni-muenchen.de/3689>. Acesso em: 30 jun. 2008.

______; REESE, Claudia. Is the future of the ATM past?. *Munich Personal RePec Archive Paper n. 9316,* 2008. Disponível em: <http://mpra.ub.uni-muenchen.de/9316>. Acesso em: 30 jun. 2008.

______; WOOD, Douglas. Information technology innovations and commercial banking: a review and appraisal from na historical perspective. *Economic History Series*, n. 0211002, Economics Working Paper Archive, 2002. Disponível em: <http://129.3.20.41/eps/eh/papers/0211/0211002.pdf>. Acesso em: 30 jun. 2008.

BELLOTTO, Alessandra. Clientes de baixa renda são o alvo. *Jornal do Brasil*, 31 mar. 2008a, p. A-17.

______. Microfinanças escondem oportunidades. *Gazeta Mercantil*, 31 mar. 2008b, p. B-1.

BLASS, Leila Maria da Silva. Automação bancária: práticas e representações. *São Paulo em Perspectiva* 8(4):81-89, 1993.

CARRINGTON, Mark; LANGUUTH, Philip W.; STEINER, Thomas D. *The banking revolution:* salvation or slaughter? London: Pitman Publishing, 1997.

CHAKRAVORTI, Sujit; KOBOR, Emery. Why Invest in Payment Innovations? *Emerging payments occasional papers series*. Chicago: Federal Reserve Bank of Chicago, June 2003.

CONSOLI, Davide. The dynamics of technological change in UK retail banking services: an evolutionary perspective. *Research Policy* 34(4):461-480, 2005.

______. The evolution of retail banking services in United Kingdom: a retrospective analysis. *CRIC Working Paper*, n. 13. The University of Manchester, Centre for Research on Innovation & Competition, 2003.

DINIZ, Eduardo Henrique. *Evolução e segmentação no perfil dos serviços bancários pela internet*. Relatório de pesquisa. São Paulo: FGV-EAESP, 2004.

______. *O uso da web pelos bancos:* comércio eletrônico nos serviços bancários. Tese (Doutorado). São Paulo: FGV-EAESP, 2000.

______; RODRIGUEZ, C. L.; FERRER, F. Influência governamental e estratégias institucionais na infusão de inovações em economias emergentes. *Revista de Administração de Empresas*, v. 47, p. 10-21, 2007.

______; SANTOS, Heloísa Mônaco dos. Processo de incorporação da internet em um banco brasileiro na perspectiva da teoria ator-rede. In: CATI – Congresso Anual de Tecnologia de Informação, São Paulo, *Anais*, 2006.

ENGEN, John. Mobile banking´s second act. *U.S. Banker*, New York, v. 117, n. 6, 2007, p. 34-37.

FEDERAÇÃO BRASILEIRA DE BANCOS (FEBRABAN). Na onda do M-Payment. *Revista CIAB Febraban*, n. 16, ano 3, p. 12-14, 2008.

FRISCHTAK, Cláudio R. Automação bancária e mudança na produtividade: a experiência brasileira. *Pesquisa e Planejamento Econômico*, Rio de Janeiro, v. 22, n. 2, p. 197-240, 1992.

______. *Evolução e segmentação no perfil dos serviços bancários pela internet*. Relatório de pesquisa. São Paulo: FGV-EAESP, 2004.

______. *O uso da web pelos bancos:* comércio eletrônico nos serviços bancários. Tese (Doutorado). São Paulo: FGV-EAESP, 2000.

INFOGILE TECHNOLOGIES. Mobile banking – the future. [Delhi, Hyderabad, London], August 2007. Disponível em: <http://www.infogile.com/pdf/ Mobile_Banking.pdf>. Acesso em: 20 nov. 2007.

IVATURY, Gautam. Using technology to build inclusive financial systems. *CGAP Focus Notes*, n. 32, 2006.

JANOWITZER, Rejane. A automação bancária no Brasil. *Conjuntura Econômica*, fev. 1986.

KUMAR, Anjali; NAIR, Ajair; PARSONS, Adam; URDAPILLETA, Eduardo. Expanding bank outreach through retail partnerships: correspondent banking in Brazil. Washington: *World Bank Working Paper*, n. 85, 2006. 50 p.

LAUKKANEN, Tommi et al. Segmenting bank customers by resistance to mobile banking. *International Journal of Mobile Communications*, v. 6, n. 3, p. 309-320, 2008.

LIMA, G. T. Evolução recente da regulação bancária no Brasil. *Temas de economia internacional*. Brasília: Ministério da Fazenda, Secretaria de Assuntos Internacionais, dez. 2003.

MALLAT, Niina; ROSSI; Matti; TUUNAINEN, Virpi K. Mobile banking services: adopting new and innovative mobile financial applications and service provisioning methods. *Communications of the ACM*, v. 47, n. 5, May 2004.

MORISI, Teresa. Commercial banking transformed by computer technology. *Monthly Labor Review*, Aug. 1996, p. 30-36.

MORRIS, Timothy. *Innovations in banking:* business strategies and employee relations. London: Croom Helm, 1986.

NAPOLITANO, Giuliana. Todos querem conquistar a baixa renda. *Exame*, São Paulo, v. 40 n. 17, p. 106-107, 30 ago. 2006.

PEEVERS, G.; DOUGLAS, G.; JACK, M. A. A usability comparison of three alternative message formats for an SMS banking service. *International Journal of Human Computer Studies*, v. 66, n. 2, p.113-123, 2008.

PETERS, Thomas J. *Rompendo as barreiras da administração.* Tradução de Maria Lúcia G. Leite Rosa. São Paulo: Harbra, 1993 (Título original: *Liberation management:* necessary disorganization for the nanosecond nineties).

RODRIGUEZ, Carlos L., DINIZ, Eduardo Henrique; FERRER, Florencia. Influência governamental e estratégias institucionais na infusão de inovações em economias emergentes. *Revista de Administração de Empresas*, v. 47, p. 10-21, 2007.

ROSALES, R. *Marco jurídico para as instituições de micro-crédito*. Seminário Internacional BNDES Micro-finanças, maio de 2000.

SHEN, Sandy et al. *Hype cycle for consumer mobile applications 2007.* Stamford: Gartner, Inc., July 5, 2007.

SIMPSON, Robin. *Mobile banking needs an ecosystem, as well as a platform, to succeed.* Stamford: Gartner, Inc., December 5, 2007.

SOARES, Marden Marques; MELO SOBRINHO, Abelardo Duarte de. *Microfinanças:* o papel do Banco Central e a importância do cooperativismo de crédito. Brasília: Banco Central do Brasil, 2007. 171p.

STAL, Israel Luiz. Bolsa escola como alternativa de inclusão social. In: VII CONGRESO INTERNACIONAL DEL CLAD SOBRE LA REFORMA DEL ESTADO Y DE LA ADMINISTRACIÓN PÚBLICA. Lisboa, Portugal, out. 2002.

STEINER, Thomas D.; TEIXEIRA, Diogo B. *Technology in banking:* creating value and destroying profits. Homewood, Illinois: Business One Irwin, 1990.

TIGRE, Paulo Bastos. *E-commerce readiness and diffusion:* the case of Brazil. Relatório de pesquisa, University of California at Irvine, Center for Research on Information Technology and Organizations, 2003.

______. *Gestão da inovação:* a economia da tecnologia no Brasil. São Paulo: Campus, 2006.

ULBRICH, Henrique J. G. Formação e Ocupação de Bandas para Telefonia Celular. *Teleco, 2008*. Disponível em: <http://www.teleco.com.br/tutoriais/tutorialbandcel/pagina_2.asp>. Acesso em: 11 fev. 2008.

WEISSBOUND, Robert. *Banking on technology:* expanding financial markets and economic opportunity. A report prepared for the Brooking Institution Center on Urban and Metropolitan Policy, the Financial Services Roundtable and the Ford Foundation, 2002. 42 p.

5 O Meio Inovador Interno e seus Condicionantes

Fórum de Inovação[1]

O surgimento de inovações nas organizações depende de um conjunto de fatores gerenciáveis, facilitadores ou inibidores das atividades pessoais e grupais para o desenvolvimento de novas idéias e sua implementação. Daí a importância de se olhar para os modelos de gestão das organizações para identificar os aspectos internos que facilitam ou inibem a criação de inovações em bases sistemáticas.

Inovação é a introdução de qualquer novidade ou nova idéia por uma organização. Inovação tecnológica é a introdução de novidades em produtos, serviços e processos de produção que incorporem novas soluções técnicas, funcionais ou estéticas com o objetivo de alcançar resultados específicos. Inovações organizacionais introduzem novidades que modificam a política, os processos administrativos, a maneira como as decisões são tomadas, a alocação de recursos, as atribuições de responsabilidades, os relacionamentos com funcionários, clientes e outras organizações, os sistemas de recompensas e motivação e outros elementos relacionados com a gestão de uma organização. A introdução de mudanças significativas na estrutura de uma firma é um exemplo de inovações organizacionais.[2]

---

1 Colaboraram neste capítulo: Antonio Carlos Teixeira Álvares, Denise Del Prá Netto Machado, José Carlos Barbieri, Marcos Augusto de Vasconcellos, Moysés Alberto Simantob, Silvana Pereira de Aguiar e Wilson Nobre Filho.

2 OCDE, 1997, p. 57.

As inovações tecnológicas e organizacionais não só têm sido tratadas como tipos diferentes de inovações, mas como se um não tivesse nada com o outro, resultando daí campos distintos de estudo. Van de Ven et al. discordam dos que crêem que esses dois tipos de inovações não podem ser comparados e dos que os enxergam como distintos, pois tal distinção conduz a classificações fragmentadas do processo de inovação, pois a maioria das inovações envolve componentes de ambos os tipos.[3] Além disso, não raro uma inovação tecnológica requer mudanças organizacionais e vice-versa. Tanto as inovações tecnológicas quanto as organizacionais requerem pessoas, materiais, instalações, equipamentos e outros recursos em diferentes níveis de decisão, do estratégico ao operacional, conforme o grau de novidade que elas trazem. Ambas necessitam para a sua viabilização articulações com pessoas e entidades externas, tais como clientes, fornecedores, instituições de ensino e pesquisa, órgãos governamentais e agentes de fomento.

Mesmo reconhecendo que se tratam de dois tipos diferentes de inovação, que ambos possuem dinâmicas diferentes e que faz sentido estudá-los de modo isolado, como tem sido feito desde sempre, neste estudo eles serão tratados como recomendam os autores citados. Tal proposta está de acordo com os objetivos de uma metodologia desenvolvida para identificar fatores constitutivos do meio inovador de organizações de qualquer natureza. Em outras palavras, para identificar fatores presentes numa organização que condicionam positiva ou negativamente a sua capacidade de realizar inovações de modo contínuo e sistêmico para obter resultados esperados. A metodologia tem como pressuposto que certos elementos passíveis de intervenção gerencial estão presentes nas organizações inovadoras, independentemente do seu porte e do setor em que atuam.

5.1 FATORES CONDICIONANTES DAS INOVAÇÕES

Os estudos sobre os fatores que condicionam positiva ou negativamente a realização de inovações nas empresas trouxeram respostas variadas, segundo as tradições de pesquisas, as empresas pesquisadas e as inovações analisadas. Um processo contínuo de geração de inovações administrativas e tecnológicas depende tanto de fatores internos quanto externos à organização. Fatores condicionantes externos das inovações tecnológicas já haviam sido reconhecidos desde há muito, dentre eles, a estrutura de

[3] VAN DE VEN et al., 2000, p. 34.

mercado, tais como tamanho da empresa, grau de concentração, barreiras à entrada e às saídas e outros componentes dessa estrutura. Outro tipo de condicionante externo é o ambiente nacional que pode exercer uma influência considerável, estimulando, facilitando, atrapalhando ou prevenindo as atividades inovadoras das empresas.[4] As normas sociais e culturais da sociedade também podem ser consideradas como fatores condicionantes externos.[5] Questões semelhantes também foram observadas para as inovações organizacionais. Sendo as inovações produtos do meio em que foram gerados, é óbvio que uma parte significativa do sucesso ou do fracasso de uma empresa em seu esforço inovador deve ser atribuída às características desse meio.

Do ponto de vista administrativo, pergunta-se qual modelo de gestão que favorece o surgimento de inovações, uma vez que qualquer inovação de algum vulto requer diversas atividades, consome recursos e envolve o esforço de pessoas alocadas em segmentos diferentes da organização, o que implica processos administrativos complexos e quase sempre conflituosos, nos quais as decisões são tomadas em situações de incerteza ou de risco elevados, os resultados demoram a chegar e sempre haverá ganhadores e perdedores dentro da organização, se não real, pelo menos na percepção de alguns de seus membros. Motivação, satisfação no trabalho, estímulo à criatividade, redução de conflitos entre gerências, liderança, comunicação interna, gestão de projetos de inovação, empreendedores internos, sistemas de recompensas e clima inovador são alguns temas relacionados com os modelos de gestão. E não há na literatura mais relevante sobre inovações quem não reconheça a importância do modelo de gestão como fator condicionante do ritmo e do tipo das inovações, bem como do ambiente externo à empresa, envolvendo entre outros elementos as características da indústria, as políticas públicas e a situação macroeconômica do país ou região.

A metodologia de estudo de organizações inovadoras do Fórum de Inovação procura isolar os fatores organizacionais que estimulam a formação de um ambiente propício à inovação em organizações de qualquer natureza e que podem ser gerenciadas, isto é, são passíveis de serem desenvolvidas por meio de gestão adequada. A metodologia teve como ponto de partida os dois métodos de estudo de organizações inovadoras resumidos a seguir.

---

[4] FREEMAN; SOETE, 1997, p. 295-311.

[5] MALECKI, 1997, p. 237-272.

Um desses métodos foi criado pela Universidade de Minnesota, nos Estados Unidos, denominado *Minnesota Innovation Survey* (MIS), com o objetivo de estudar inovações tecnológicas em organizações públicas, privadas e do terceiro setor.[6] Segundo esse método, o processo de inovação é estudado em múltiplos níveis, dentre uma diversidade de aspectos organizacionais, por meio de uma pesquisa multidisciplinar e longitudinal. Uma única metodologia de estudo deveria ser usada para generalizar ao máximo as conclusões abstraídas dos casos estudados. Assim, a equipe do MIS elaborou uma metodologia baseada nos cinco conceitos fundamentais presentes em sua definição de processo de inovação, a saber:

> o processo de inovação consiste em motivar e coordenar **pessoas** para desenvolver e implementar **novas idéias** através de **transações** ou relacionamentos com outras pessoas ou entidades, realizando as adaptações necessárias para atingir os **resultados** planejados, dentro de um **contexto** institucional em mudança.[7]

As palavras em negrito na definição acima formam os cinco pilares da metodologia. Em termos operacionais, os estudos do MIS começam com um levantamento histórico de casos de inovação selecionados. Depois, aplicam um questionário sobre o processo de inovação a ser respondido individualmente por cada participante da equipe responsável pelo processo de inovação, constituído de quatro segmentos:

1. fatores contingências e situacionais diretamente relacionados ao contexto, tais como o clima da organização, recompensas e escassez de recursos;
2. dimensões internas envolvendo questões sobre os conceitos fundamentais presentes na definição de processo de inovação mencionada anteriormente;
3. resultados percebidos e eficiência da inovação para levantar informações sobre os critérios que validam tanto as dimensões externas quanto as internas;
4. dimensões externas que abrangem o ambiente global e de transações onde a empresa se insere, bem como as pressões externas ao grupo e à empresa:

---

[6] Um programa de pesquisa que integra o Minnesota Innovation Research Program (MIRP) da University of Minnesota, descrito por Van de Ven et al. (2000, p. 21).

[7] VAN DE VEN et al., 2000, p. 36.

transações externas (dependência, formalização, influência, efetividade) e incerteza no ambiente (tecnológico, econômico, demográfico, legal).

As dimensões internas indicadas no item 2 tratam dos seguintes tópicos: idéias inovadoras; pessoas (competência, tempo investido, grau de influência sobre decisões, liderança); transações internas (padronização de procedimentos, freqüência de comunicação, freqüência de conflitos, métodos de resolução de conflitos); contexto ou clima de inovação, envolvendo o nível de risco assumido pela organização, liberdade para expressar dúvidas, nível de autoproteção, expectativa de receber sanções e avisos, escassez de recursos. Resumindo, essa metodologia procura encontrar os aspectos comuns aos casos estudados analisando a evolução histórica da inovação e a percepção das pessoas envolvidas em seu processo quanto às principais características e dificuldades encontradas na sua consecução.

O segundo método que deu elementos para o Fórum de Inovação é o *Innovation Premium,* criado pela Arthur D. Little, que procura responder as seguintes perguntas:

1. Como as empresas inovadoras inovam?
2. As empresas em análise são inovadoras?
3. Elas obtêm ou obtiveram resultados consistentes com a inovação?
4. Quais as práticas e procedimentos que caracterizam uma empresa inovadora?
5. Que tipo de ambiente empresarial facilita a inovação?

Para responder a essas perguntas, a Arthur D. Little realizou uma pesquisa global com quase 700 empresas no mundo inteiro de dez setores de atividades em diferentes regiões dos EUA, Canadá, América Latina, Europa e Ásia.[8] Nesse estudo, foram avaliadas inovações de produtos, de serviços, de processos e de negócios. As perguntas foram feitas à alta administração dessas empresas, os principais executivos, diretores de tecnologia, líderes de unidades de negócio e administradores de P&D, marketing, entre outros. As perguntas foram segmentadas em quatro blocos, cada um procurando respostas às seguintes questões:

[8] Estudo publicado por Jonash e Sommerlatte (2001).

1. Em que medida as empresas passaram a ter seu foco estratégico voltado para a inovação?
2. Quais os principais obstáculos que as empresas enfrentam para derivar valor da inovação?
3. Quais os fatores fundamentais para o êxito na derivação de valor econômico da inovação?
4. Em que medida as empresas de vanguarda avaliam hoje o sucesso da inovação?

Essa pesquisa usou um questionário para coletar informações como as listadas a seguir: porcentagem do lucro da empresa resultante da inovação; importância das metas de curto prazo *versus* metas inovadoras de longo prazo; nível em que a inovação é percebida como fator crítico de sucesso na empresa; resultados alcançados com a inovação comparados com as expectativas iniciais; postura em termos de inovação, por exemplo, reativa às exigências do mercado ou proativa para novas conquistas; utilização de medidas de desempenho das atividades de inovação; levantamento de indicadores de desempenho utilizados; áreas em que a empresa planeja inovar nos próximos anos e tempo de duração do ciclo de inovação.

5.2 A METODOLOGIA DO FÓRUM DE INOVAÇÃO

Tomando como referência as metodologias descritas anteriormente, o Fórum de Inovação desenvolveu uma metodologia para o estudo de empresas inovadoras com vistas a identificar os fatores condicionantes da sua capacidade de inovar em bases sistemáticas. Para isso foi elaborado um roteiro com etapas a serem cumpridas conforme a seguinte seqüência de procedimentos:

1. construção da *Linha do Tempo* da empresa, que é o levantamento histórico dos principais eventos possivelmente relacionados à construção do ambiente inovador na empresa;
2. levantamento do ambiente percebido para inovação pelos colaboradores internos da empresa, utilizando como roteiro o questionário da metodologia do *Innovation Premium*;
3. seleção das inovações de interesse e estudo detalhado de cada uma dessas inovações, utilizando como base o questionário MIS;

4. estudo comparativo dos fatores condicionantes do meio inovador encontrados nas diversas inovações estudadas na empresa.

Para a construção da linha do tempo busca-se os eventos técnicos, econômicos e gerenciais que de alguma forma propiciaram ou condicionaram o sucesso das inovações na empresa. Busca-se ainda o posicionamento global de mercado e as principais funções de adição de valor e integração, bem como o relacionamento entre inovações e os indicadores de sucesso da empresa. A listagem dos fatos históricos relevantes da empresa, organizados na forma de uma linha do tempo, permite a avaliação da inter-relação desses fatos com seus indicadores de sucesso. O levantamento histórico é orientado por questões como as seguintes: detalhamento dos principais eventos que marcaram as mudanças na empresa; percepção do pessoal da empresa envolvido sobre esses eventos; opiniões de outras pessoas externas a cerca dos eventos; o entendimento das pessoas envolvidas sobre as inovações que seriam estudadas; identificação de outros fatos inovadores que marcaram época na história da empresa; identificação de pessoas ou grupos que puxaram as inovações; crescimento da organização; entre outras. Tais informações permitem elaborar a linha do tempo que mostra os eventos importantes na consecução das inovações estudadas, confrontadas com o crescimento da empresa.

No estudo do Banco do Brasil, o levantamento do ambiente percebido para inovação foi feito com base em entrevista com cada um dos grupos que participaram das inovações estudadas, utilizando-se a análise de conteúdo das entrevistas gravadas para compreender o ambiente de inovação. O levantamento do ambiente percebido para a inovação visou identificar como a empresa avalia seus resultados com a inovação. Essas informações mostraram-se úteis para os pesquisadores conhecerem a empresa, as inovações estudadas, os principais processos utilizados e seus impactos no mercado, ajudando na interpretação dos fatores internos às empresas que permitem caracterizá-las como empresas inovadoras. Esses fatores internos são avaliados para cada inovação escolhida para estudo, por meio da aplicação de questionário baseado no modelo MIS. Os nove principais fatores internos condicionantes de um meio inovador estão resumidos no Quadro 5.1.

Quadro 5.1 Fatores Condicionantes do Meio Inovador Interno: resumo

Fator	Descrição	Tipo de influência	Forma de avaliação
1. Eficiência percebida com a inovação	Grau com que as pessoas perceberam como a inovação atendeu as expectativas sobre o processo e sobre os resultados.	Positivamente relacionado com o sucesso da inovação por meio da percepção dos participantes em relação aos resultados atingidos.	Satisfação com o progresso alcançado; eficiência na resolução de problemas; progresso identificado com expectativas; taxa de eficiência; inovação atendendo a objetivos da organização.
2. Incerteza sobre a inovação	A dificuldade e a variabilidade das idéias inovadoras percebidas pelas pessoas envolvidas no processo.	Quanto maior a incerteza, menor o índice de eficiência da inovação, mantidos constantes os outros fatores.	Conhecimento dos passos da inovação; escala de previsibilidade dos resultados; freqüência dos problemas; grau de repetição dos problemas.
3. Escassez de recursos	Pressão por carga de trabalho e competição por recursos.	Níveis moderados de escassez de recursos estão positivamente relacionados ao sucesso da inovação.	Peso da carga de trabalho; falta de tempo; competição por recursos financeiros e materiais e por atenção da administração; competição interpessoal.
4. Padronização de procedimentos	Processos são padronizados quando há um grande número de regras a seguir e estas são especificadas detalhadamente.	Quanto maior a padronização das regras e tarefas necessárias para o desenvolvimento da inovação, maior a eficiência percebida com a inovação.	Número de regras a serem seguidas para conceber e implantar a inovação; grau de detalhamento das regras e procedimentos.

Continua...

... Continuação

Fator	Descrição	Tipo de influência	Forma de avaliação
5. Grau de influência nas decisões	Grau de controle percebido pelos membros do grupo sobre o desenvolvimento do processo de inovação.	Está relacionado com o sucesso da inovação, pois as pessoas irão implementar com maior interesse e afinco as idéias construídas com sua participação e aprovação.	Influência na definição dos objetivos da inovação, do trabalho a ser feito, do financiamento e uso de recursos financeiros e do recrutamento de pessoal.
6. Expectativas de prêmios e sanções	Grau em que o grupo percebe antecipadamente que o bom desempenho será reconhecido.	Positivamente relacionado com o sucesso da inovação, pois está diretamente relacionado com a satisfação no trabalho e a motivação.	Chance de reconhecimento do grupo e do indivíduo; chances de reprimendas em grupo; chances de reprimendas individuais.
7. Liderança do time de inovação	Grau em que os líderes da inovação são percebidos pelos membros da equipe como promotores de um comportamento inovador.	Quanto maior o grau de liderança, mais os participantes do processo irão perceber a eficiência da inovação.	Encorajamento de iniciativas, delegação de responsabilidades, fornecimento de *feedback*, confiança nas pessoas, prioridade para o cumprimento de tarefas e manutenção de relacionamentos.
8. Liberdade para expressar dúvidas	Grau em que os participantes da inovação percebem pressões para estar em conformidade com o grupo e as normas da organização.	Quanto mais aberto o ambiente para as pessoas expressarem opiniões, mais elas perceberão a eficiência da inovação.	Críticas encorajadas; dúvidas manifestadas; liberdade para contrariar o que foi decidido
9. Aprendizagem encorajada	Grau em que os colaboradores percebem que o aprendizado e os riscos tomados são valorizados e os erros minimizados.	Indicadores de uma cultura organizacional que favorece a inovação.	Falhas e erros não geram interrupções na carreira; valorização do risco tomado; aprendizagem como prioridade na organização.

Para cada inovação estudada foram convidados colaboradores internos e externos da empresa que participaram da inovação, em uma amostragem com diversos níveis hierárquicos, dividindo-os em dois grupos: os que colaboraram na fase de *concepção* da inovação e aqueles que fizeram sua *implementação*. Os instrumentos de coleta de dados são questionários que orientam as entrevistas e observações *in loco*. O questionário para levantar informações relativas aos fatores resumidos no Quadro 5.1 foi então aplicado para cada grupo em separado, com respostas individuais dos participantes. Foi solicitado aos respondentes que procurassem retratar suas percepções individuais em função do tipo de participação na inovação. Para responder aos questionários foi eleita uma amostra composta de pessoas diretamente envolvidas com os casos de inovação em estudo. Procurou-se estratificar essa amostra entre líderes e liderados, garantindo uma diversidade de percepção do ambiente interno da empresa. Uma das adaptações necessárias à metodologia MIS deveu-se ao fato de que nas empresas estudadas as inovações deveriam atender à definição de inovação adotada pelo Fórum de Inovação: *novas idéias, com ação, gerando resultado*, ou conforme a expressão:

inovação = idéia + implementação + resultados[9]

Dessa forma, a inovação teria de ser algo já implementado, cujos resultados foram avaliados como positivos pelos envolvidos com a inovação. Essa metodologia permitiu, além do objetivo principal da pesquisa do Fórum, uma profunda reflexão dos executivos envolvidos no estudo, que possibilitou às empresas estudadas a definição de ações no sentido de melhorar o ambiente interno para torná-lo cada vez mais propício a inovações.[10]

Como se vê, a metodologia adotada nos estudos do Fórum de Inovação, como os que serão apresentados nos capítulos seguintes, considera que o meio inovador interno de uma empresa resulta de práticas de gestão adequado a um empreendimento de risco, como é o caso das inovações. Manter um ritmo constante de inovações é uma missão desafiadora para qualquer organização, não importa o setor em que atua ou os tipos de inovações envolvidas, sejam elas tecnológicas ou organizacionais. Em geral, as inovações com elevado grau de novidade requerem tempo, recursos e procedimentos

[9] BARBIERI; SIMANTOB, 2007, p. 88.

[10] As empresas estudadas por meio dessa metodologia foram a Brasilata, a Copesul e a Embrapa, as duas primeiras relatadas em BARBIERI, 2004 e a última em BARBIERI; SIMANTOB, 2007.

complexos, pois requerem diferentes atividades atribuídas a diferentes pessoas, dentro e fora da empresa, formando redes de relações interpessoais, que se tornam mais eficientes na presença dos fatores condicionantes do meio inovador interno considerados nessa pesquisa. Por serem fatores de natureza organizacional e passível de ações administrativas específicas, os resultados desses estudos permitem orientar os processos de avaliação do modelo de gestão adotado pela empresa de modo a favorecer a criação ou manutenção de um meio inovador interno compatível com as necessidades da organização em termos de inovações tecnológicas e organizacionais.

REFERÊNCIAS

BARBIERI, J. C. (Org.). *Organizações inovadoras:* estudos e casos brasileiros. 2. ed. Rio de Janeiro: FGV Editora, 2004.

BARBIERI, J. C.; SIMANTOB, M. A. (Org.). *Organizações inovadoras sustentáveis:* uma reflexão sobre o futuro das organizações. São Paulo: Atlas, 2007.

FREEMAN, C.; SOETE, L. *The economics of industrial innovation.* London: Wellington House, 1997.

JONASH, R. S.; SOMMERLATTE, T. *O valor da inovação.* Rio de Janeiro: Campus, 2001.

MALECKI, E. J. *Technology & economic development:* the dinamics of local, regional and national competitiveness. Edinburg: Addison Wesley Longman, 1997.

ORGANISATION FOR ECONOMIC CO-OPERATION AND DEVELOPMENT (OCDE). *Oslo manual:* proposed guidelines for collecting and interpreting technological innovation data. Paris: OCDE, 1997.

SCHUMPETER, J. A. La inestabilidad del capitalismo. In: ROSEMBERG, N. (Ed.). Economia del Cambio Tecnologico. México (DF): Fondo de Cultura Econômica, 1971. (Publicado pela primeira vez em 1928).

VAN DE VEN, A. H.; ANGLE, H. L.; POOLE, M. S. *Research on the management of innovation*: the Minnesota studies. New York: Oxford University Press, 2000.

6 Mapeamento Histórico do Banco do Brasil

Alexandre Stilben Medeiros
Elvio Corrêa Porto
Paulo Eduardo Lopes
Pérsio Alberto Mandel

A idéia de se colocar a trajetória do Banco do Brasil em uma linha do tempo remete inevitavelmente à origem singular dessa instituição e às implicações que isso tem na sua história e na do próprio País. O Banco do Brasil foi criado em 1808 por ato da coroa portuguesa, como uma das suas primeiras ações de governo na chegada ao Brasil. Embora de natureza privada, pois os subscritores das ações eram os principais comerciantes da corte, o Banco do Brasil foi controlado administrativamente por pessoas indicadas pelo rei e desfrutava de privilégios oficiais, tais como a exclusividade da emissão de títulos reais, isenção de tributos e o monopólio sobre a comercialização de diamantes e pau-brasil.

Entretanto, uma narrativa detalhada recuperando dois séculos de existência seria demasiado longa aos propósitos deste trabalho. O que é valioso mencionar neste momento é que, por sua origem, o Banco do Brasil sempre teve um forte papel institucional de ser um banco *de* governo que não só assistiu a toda evolução do País em termos econômicos, sociais e políticos, mas que também, por várias ocasiões, interveio ativamente em tais processos.

Contexto histórico

A chegada da família real modificou o contexto político, social e econômico da então colônia, apêndice das decisões metropolitanas. A sua transmigração para o Brasil significava uma ruptura interna nos setores políticos do velho reino e deu início a um processo de transição, que levou a antiga colônia à condição de império independente.

Impulsionada pelas reformas implementadas e contando com uma conjuntura internacional favorável, a economia brasileira conheceu uma espetacular expansão. O porto do Rio de Janeiro foi o principal centro de escoamento dos produtos exportados para a Europa (principalmente o açúcar, o tabaco e o algodão) e por onde passavam os bens importados necessários ao mercado interno (inclusive os escravos trazidos da África).

Por volta de 1820, com a normalização da produção exportadora das áreas concorrentes, esgotou-se o "boom" exportador. A independência do Brasil e o Primeiro Reinado ocorreram numa fase de retração econômica.

Na segunda metade do século, a lavoura de café reinseriu o Brasil nos fluxos econômicos internacionais e, internamente, deslocou o eixo econômico do Nordeste para o Sudeste, consolidando e reproduzindo o sistema que as elites agrárias tencionaram manter: o escravismo colonial.

Mas pressões da Inglaterra, à época a principal credora do País, levaram a um lento processo de extinção da escravatura, que minou os alicerces da monarquia e abriu caminho para o regime republicano.

6.1 ANTECEDENTES DA ATUAÇÃO INSTITUCIONAL PÚBLICA DO BANCO DO BRASIL

Como mostram seus antecedentes mais remotos, a instituição criada por D. João VI pouco tem a ver com a organização atual, pois aquele Banco do Brasil sofreu uma série de descontinuidades no transcorrer da sua história. Ainda no tempo da monarquia, o banco chegou a ser extinto em 1829 e, entre 1851 e 1853 o nome *Banco do Brasil* foi utilizado por um banco particular de depósitos e descontos criado por Irineu Evangelista de Souza, o Visconde de Mauá. Em 1853, por iniciativa do Ministro da Fazenda da época, o "Banco do Brasil de Mauá" compulsoriamente se funde com outra casa bancária do Rio de Janeiro, dando origem ao "segundo Banco do Brasil", satisfazendo uma necessidade sentida pelo governo de ter a emissão de moeda centralizada em uma única casa bancária. Embora fosse assegurada ao Imperador a nomeação de um acionista ao cargo de presidente do Banco do Brasil, seu funcionamento seguiu sem a interveniência governamental nas operações comerciais.

O monopólio como emissor de moeda se manteve por apenas quatro anos aproximadamente, quando a inspiração liberal do Ministério da Fazenda concedeu direito de emissão a outras instituições bancárias. Pouco tempo depois, em 1860, o direito de emissão volta a ser centralizado na figura do Banco do Brasil, que, em 1862 passa por nova fusão com outros dois bancos menores. Vale ressaltar que a autoridade ou autorização para emissão de meios monetários é um indicador importante da descontinuidade que caracterizou a função do Banco do Brasil como entidade monetária, principalmente no tempo do Império e da Primeira República. Desde a sua fundação, alternaram-se períodos em que ao Banco do Brasil se garantia à exclusividade da emissão com outros em que essa competência era compartilhada com outras casas bancárias, havendo ainda intermédios em que tal competência lhe fora totalmente retirada por ação governamental.

Contexto histórico

Nas duas décadas que se seguiram à abdicação de D. Pedro I (1829), sucedeu-se uma série de revoltas que incendiaram o Império. Em alguns episódios, o espírito foi puramente nativista e até separatista. Em outros, resultaram da explosão de conflitos de interesses regionais, evoluindo à sombra das idéias liberais. Foi o período das regências, fase em que as elites proprietárias tentaram apoderar-se das rédeas da Nação.

As conturbações político-sociais levaram à deterioração do quadro econômico. Assim, foi necessária a organização de um novo império, centralizado e forte, para dar forma e fazer funcionar o País – sem colocar em risco os interesses da aristocracia escravocrata. A unidade nacional, a integridade territorial e a escravidão seriam os pilares fundamentais do segundo reinado (1840-1889).

A defesa de um governo forte e centralizado desdobrava-se na defesa da necessidade da ampliação dos recursos financeiros, pela via do banco emissor único, de modo que se pudesse constituir um eficiente aparelho administrativo.

A essa tendência contrapunham-se as oligarquias provinciais, que, apontando os excessos emissivos provocados pela política financeira do governo central, defendiam seus interesses locais no congresso.

A história da política monetária brasileira no século XIX foi uma constante alternância entre, de um lado, o *metalismo* daqueles que defendiam a unidade de emissão e o ouro como padrão monetário e, de outro lado, o *papelismo* dos que queriam a multiplicidade de emissão e o padrão fundiário.

Estando a emissão vinculada à base de metais preciosos existentes em poder do banco, isso acaba por determinar uma crise na instituição por sua incapacidade de reunir os fundos necessários para cobrir o volume de emissão necessário ao financiamento total exigido pelo desenvolvimento econômico. Assim, em 1866 o banco enfrenta nova reformulação do seu papel e o seu direito de emissão é suspenso, voltando a funcionar como um banco de depósitos, descontos e empréstimos sobre hipotecas. O poder emissor é recuperado no final do período imperial, junto com outras 17 casas bancárias conforme autorizado pelo visconde de Ouro Preto, então ministro da fazenda. Nessa época a atuação do banco já se delineava como um instrumento de fomento econômico, embora sem exclusividade nessa função.

Já no período republicano, em 1892 o Banco do Brasil sofreu novo processo de fusão, agora com o Banco da República dos Estados Unidos do Brasil, passando a denominar-se oficialmente *Banco da República do Brasil*. Em 1905 se inicia a terceira e atual fase jurídica da instituição, em que a União com aproximadamente um terço das ações assume o seu controle e adquire o direito de nomear um dos quatro diretores do banco, que retoma a denominação de *Banco do Brasil*.

6.2 O BANCO DO BRASIL COMO AUTORIDADE MONETÁRIA NACIONAL

É no começo do século XX que o papel do Banco do Brasil ganha propósitos mais claramente alinhados aos de uma autoridade monetária oficial. Em 1920 o banco foi oficialmente autorizado a operar uma carteira de redescontos de títulos do mercado bancário e, no ano seguinte, inaugura a Câmara de Compensação de Cheques. A atribuição de funções normativas de governo ao Banco do Brasil acontece quando o Tesouro Nacional torna-se acionista do banco e ganha intensidade em 1923, quando a União assume o seu controle majoritário. O Banco do Brasil constitui-se definitivamente como um banco *de* e *do* governo. O monopólio emissor se transfere três anos mais tarde para a Caixa de Estabilização, criada para conter a valorização dos “Réis” e, assim, proteger os interesses dos exportadores, principalmente os cafeicultores e os produtores têxteis. Em 1930, extingue-se a Caixa de Estabilização e suas funções retornam ao Banco do Brasil, que readquire a função de preservar a estabilidade da moeda.

Contexto histórico

A imigração em massa ocorrida no final do século XIX e início do século XX foi um dos traços mais importantes das mudanças socioeconômicas ocorridas no Brasil.

A imigração européia, a constituição de um mercado interno e a formação de um núcleo urbano-industrial possibilitaram o surgimento e o desenvolvimento de uma nova camada média urbana, não dependente das oligarquias hegemônicas.

A formação do núcleo urbano-industrial também deu origem ao operariado. Mesmo limitados no que se refere às pressões que levaram à derrocada da oligarquia dominante na Primeira República, os movimentos sociais característicos do processo urbano-industrial indicaram o nascimento de uma nova lógica contestatória, impulsionadora das transformações que configuraram o Brasil contemporâneo.

A era Vargas, além de outros aspectos importantes, foi a alvorada das conquistas sociais, muito mais pelo poder reivindicatório dos movimentos do que pelas iniciativas de Estado.

Com a criação da Superintendência da Moeda e do Crédito (SUMOC) em 1945, o Banco do Brasil mantém funções de autoridade monetária, passando àquela superintendência outras atividades administrativas, entre as quais destacam-se: a fiscalização das instituições financeiras, o controle das taxas de juros, a determinação mensal das taxas de redescontos e de juros dos empréstimos a bancos, a autorização de empréstimos garantidos pelo governo e a compra e venda de ouro ou de cambiais. Em suma, as funções típicas de um banco central eram compartilhadas entre a SUMOC como o órgão normativo das políticas monetária e cambial, e pelo Banco do Brasil como órgão executivo.

As prerrogativas de autoridade monetária permitiram ao Banco do Brasil, por exemplo, manter-se na contra-mão das medidas recessivas promovidas entre 1947 e 1948 para o combate da inflação e desenvolver ações de sustentação de crédito, principalmente para a produção de bens de consumo. O conflito com a política governamental pode ser claramente evidenciado na seguinte afirmação contida no relatório do Banco do Brasil de 1948: "uma política anti-inflacionista não deve impedir a realização de empreendimentos necessários à preservação e ao desenvolvimento das oportunidades de emprego e da produtividade futura". Estando isento de manter limites técnicos e institucionais sobre o volume de seus financiamentos, o Banco do Brasil manteve nessa época uma política de empréstimos independente de reservas para suprimento das atividades. Ou seja, mesmo diante da política recessiva promovida pelo governo, o Banco do Brasil contribuiu para a sobrevivência de setores produtivos e acabou por fazer com que o seu então presidente fosse chamado a assumir o Ministério da Fazenda.

Novas transformações marcantes na atuação do Banco do Brasil como autoridade monetária só voltam a ocorrer pela promulgação da Lei de Reforma Bancária (Lei n. 4.595 de 1964) que, resumidamente, extingue a SUMOC e estabelece o Sistema Financeiro Nacional (SFN), criando o Conselho Monetário Nacional (CMN), o Banco Central do Brasil (Bacen) e outras instituições financeiras públicas. Efetivamente, na história recente do banco, esse foi um ponto de inflexão muito importante no sentido de gerar as condições que influenciaram os contornos estruturais e operacionais nos períodos seguintes. Especificamente a lei determinou a subordinação do Banco do Brasil ao CMN e, além disso, transferiu algumas de suas funções para a competência do Bacen, tais como emissão de moeda, controle do redesconto e dos depósitos de reservas obrigatórias, regulação das atividades bancárias, financeiras e dos capitais estrangeiros. Entretanto, essa nova configuração nomeou o Banco do Brasil como o instrumento de execução da política creditícia e financeira e principal executor dos serviços bancários de interesse do Governo Federal e agente financeiro do Tesouro Nacional, concedendo ao seu presidente um lugar efetivo no CMN. Ou seja, há o reconhecimento legal explícito do Banco do Brasil como um banco diferenciado, pertencente ao órgão máximo formulador das políticas da moeda e de crédito no País.

A condição de executor das operações bancárias do governo garantia ao Banco do Brasil a gestão da "conta movimento" com o Bacen. Essa conta representava um mecanismo de suprimento de recursos para operações de interesse governamental. Por meio de repasses do Bacen, o Banco do Brasil nivelava diariamente os desequilíbrios entre ativos e passivos, o que lhe garantia a conveniência de obter os recursos em volumes necessários para cobrir os gastos governamentais sem a necessidade de captação no mercado. Em outras palavras, a conta movimento assegurava ao Banco do Brasil o suprimento automático de recursos para as políticas do governo enquanto que indiretamente preservava o *status* de autoridade monetária para o banco na medida em que o ajustamento das suas contas representava uma emissão indireta de moeda. Mencione-se que, nesse aspecto em particular, a função do Banco do Brasil em nada se diferencia da que se lhe propôs nos tempos da corte imperial portuguesa, cujos déficits orçamentários eram cobertos por emissões daquela casa bancária.

Contexto histórico

O início do primeiro governo de Getúlio Vargas (1930-1945) foi marcado por uma grave crise econômica mundial. Para enfrentá-la, Getúlio adotou medidas como a compra e destruição de parte da produção excedente de café (garantindo a sustentação do preço do produto), o incentivo à expansão de novas fronteiras agrícolas para a produção de gêneros básicos a baixos preços e a substituição das importações pela produção interna, com o estabelecimento de uma indústria de base. O surto industrial então ocorrido propiciou grandes transformações na economia brasileira, redefinindo o papel do Estado como agente fomentador do desenvolvimento econômico.

Já sob a vertente liberal do pós-guerra, a direção econômica dada pelo governo Dutra (1946-1950) apontou a gradual abolição das práticas de intervenção estatal e protecionistas. Começava a retomada do livre-cambismo nas trocas internacionais. Mas a onda de importações decorrente esgotou as divisas do País, e o governo estabeleceu um sistema de restrições à importação de bens de consumo. Em contrapartida, estimulou sua produção no mercado interno, favorecendo o avanço da indústria nacional.

No retorno de Vargas (1951-1954), a política econômica obedeceu à estratégia do desenvolvimento industrial, a despeito das dificuldades cambiais e do agravamento das tensões sociais, conseqüências do processo inflacionário.

A abertura da economia ao capital estrangeiro se colocava como uma solução para o problema. Todavia, essa solução iria redefinir e aprofundar a dependência econômica do País.

Os privilégios associados à administração da conta movimento com o Bacen perduraram por mais de 20 anos, quando, em 1986, as reformas visando à estabilidade econômica do País incorporadas no chamado "Plano Cruzado" alteraram as bases de financiamento das contas públicas e determinaram o congelamento daquela conta. Na prática, o fim da conta movimento significava que o Tesouro não poderia mais se financiar pela utilização de recursos do Bacen repassados ao Banco do Brasil. O governo substituía o orçamento monetário pelo fiscal, liberando somente recursos com provisão orçamentária, diferentemente do que ocorria pelo uso da conta movimento que prescindia de provisão para a liberação de recursos. Essa nova sistemática trouxe uma situação delicada ao Banco do Brasil, que agora tem que captar recursos no mercado para as suas operações. Em contrapartida, foi dado consentimento ao Banco do Brasil atuar em todas as operações permitidas às instituições financeiras, ou seja, no segmento financeiro não monetário: o mercado de títulos e valores mobiliários. A partir daí, se sucedem transformações marcantes que evidenciam um redirecionamento estratégico do Banco do Brasil para a competição no mercado bancário por meio da criação de uma série de subsidiárias e de produtos inovadores.

6.3 RELACIONAMENTO COM O MERCADO: O BANCO DO BRASIL COMO BANCO COMERCIAL

Contexto histórico

Entre 1950 e 1980, a sociedade e a economia brasileiras passaram por enormes transformações. 64% da população vivia no campo em 1950, e 36% nas cidades; em 1980, a porcentagem rural era de apenas 33%, contra 67% de habitantes urbanos. Simultaneamente, o setor agropecuário se reorganizou em grandes empreendimentos que empregavam cada vez menos, com grande concentração de propriedade.

Num período de apenas 30 anos, duplicou o número de operários em relação ao total da população economicamente ativa, passando de 16,5% para 32,7%. Mudou também o perfil de ocupação do operariado, que migrou da indústria tradicional (têxtil e alimentícia) para setores mais avançados, como a indústria metal-mecânica e eletro-eletrônica. Ampliou-se também o setor terciário, empregado especialmente nos setores administrativos da máquina governamental, das empresas, da indústria financeira, bem como nos serviços em geral.

O acelerado processo de urbanização levou ainda a uma maior participação eleitoral: a porcentagem de eleitores passou de 22% da população, em 1950, para 48%, em 1982.*

Tais transformações estão na origem de novas demandas sociais – que se fizeram cada vez mais presentes na cena brasileira – por reformas que eliminassem a pobreza e oferecessem oportunidades aos contingentes excluídos do progresso econômico do País. No início dos anos 1960, dois grupos disputavam a hegemonia política para canalizar essas demandas: o liderado pelo PTB, herdeiro de Getúlio Vargas, que propunha reformas de base de caráter populista; e o liderado pela UDN, que defendia os interesses da antiga oligarquia agrária. Ambos se defrontavam com um cenário interno e externo que impunha desafios inéditos.

O Golpe Militar de 1964, embora inicialmente apoiado pelos setores conservadores, representou uma derrota para ambos os lados.

* SILVA, 1990, p. 351-384.

Basicamente, o retrospecto histórico do Banco do Brasil e de outras instituições financeiras públicas brasileiras nos tempos do Império – de que são exemplos às *caixas econômicas* e os *Montes de Socorro*[1] – evidencia que os governos brasileiros atribuíram ao banco o papel de *fomento econômico e creditício* à produção, enquanto que as demais instituições se destinavam mais a funções sociais, políticas, benemerentes e de apoio à economia popular por meio de empréstimos sobre penhor e estímulo à poupança das classes mais baixas. Mesmo assim, até a Proclamação da República, a atividade bancária no Brasil era considerada pouco desenvolvida, com leve exceção ao movimento verificado na província do Rio de Janeiro, capital do Império e principal centro econômico e político do País.

É, portanto, no período republicano que a atividade bancária no Brasil experimenta maior desenvolvimento. Porém, conforme já mencionado, a função comercial do Banco do Brasil se mantém influenciada pelo fato de continuar servindo tanto como órgão financiador do governo brasileiro quanto principal instrumento de implementação de políticas públicas. A ligação que existia entre o governo e o Banco do Brasil lastreava a confiança pública de que aquele banco não poderia falir. Para isso, contribuía o fato de que, desde 1892, o presidente, o vice-presidente e um dos diretores do Banco do Brasil – ainda Banco da República do Brasil – eram nomeados pelo Governo Federal. E embora a instituição permanecera privada até 1905, ou seja, sem a participação da União sobre o seu capital social, ela contava com grande volume de recursos oficiais para as suas operações.

A transformação do Banco do Brasil em sociedade de capital misto aprofunda a sua suscetibilidade aos interesses políticos e desenvolvimentistas do governo, interferindo negativamente quanto à capacidade em aceder aos mesmos mecanismos e apelos de captação de recursos utilizados pelas casas bancárias comerciais privadas. Essa situação perdura e se acentua no interregno constitucional iniciado em 1945 até o fim do período ditatorial militar, em que o modelo institucional definido para o Banco do Brasil conserva a natureza híbrida de banco de governo e banco comercial.

1 *Montes de Socorro* eram entidades responsáveis por emprestar dinheiro, sob penhor, para as camadas mais pobres da sociedade. Sua criação inspirou-se num modelo operante na Itália com o propósito de combater a agiotagem praticada nas casas particulares de penhor, também conhecidas como Casas de Prego, que mantinham os bens penhorados expostos num prego à entrada de seus estabelecimentos para atrair os possíveis interessados em adquiri-los em leilão.

A Lei da Reforma Bancária (1964) e a criação do Bacen (1965) retiraram do Banco do Brasil a atribuição da emissão de moeda, levando-o a atuar mais fortemente como um banco comercial. Como resultado, foram adotadas medidas inovadoras inspiradas no padrão norte-americano de relações com o mercado. Em 1966 o banco cria o *caixa-executivo*, inovando o atendimento aos correntistas para recebimentos e depósitos, seguindo a experiência dos *tellers*, do *Bank of America*. Grande parte do distanciamento físico que antes separava o caixa dos clientes fica assim eliminado, para o que houve também a necessidade de mudança no arranjo físico das agências. Na mesma linha e seguindo a mesma inspiração, em 1969 o Banco do Brasil introduz o *Cheque Ouro*, o primeiro cheque especial com garantia de cobertura, cuja marca por algum tempo se confundiu com o próprio produto, que passou a ser oferecido também por outras instituições bancárias. Outras inovações se seguiram como resultado de um processo de modernização promovido pelo banco para se ajustar à nova realidade de banco comercial: implantação de computadores, controle informatizado de depósitos, inauguração de agências no exterior e segmentação de agências (bateria, retaguarda, plataforma).

É com a perda de privilégios que decorre da tentativa de estabilização econômica de 1986 e as contrapartidas oferecidas ao Banco do Brasil para atuação no segmento financeiro não-monetário que a atuação do banco apresenta as mudanças mais significativas da sua história. Nesse momento, o Banco do Brasil se vê desprovido da cobertura de recursos que a conta movimento com o Bacen oferecia e parte para os mecanismos clássicos de captação de recursos comuns aos demais estabelecimentos bancários e financeiros do País. Em outras palavras, o Banco do Brasil inaugura um período em que a competição no mercado se configura como meio principal – talvez único – de garantir a sua viabilidade econômica, sua sobrevivência e crescimento. Esse é indubitavelmente um grande marco na atuação econômica do banco, pelo qual se dá a sua verdadeira penetração no mercado bancário brasileiro, com o desafio de conhecer a concorrência, desenvolver novos produtos e novas formas de relacionamento com os seus clientes. Assim, já no mesmo ano, o banco cria uma Distribuidora de Títulos e Valores Mobiliários (DTVM) e lança o programa *Verão Ouro*, com grande sucesso de marketing; o ano seguinte é a vez da Caderneta de Poupança Rural – ou *Poupança Ouro* – e da criação do *Banco do Brasil Financeira*, da empresa de *Leasing*, da *Corretora de Seguros e Administradora de Bens*, da administradora de cartões de crédito e do *Ourocard*, primeiro cartão de uso múltiplo no mercado. Destaca-se também nesse período a criação da *Poupança Verde*, direcionada à agricultura. A expansão nesse período culmina com a criação do *Banco de Investimentos*, cujas operações se iniciam no ano seguinte.

Mais especificamente, isso implica uma aproximação do Banco do Brasil aos padrões de atuação comuns aos demais bancos nacionais em termos de captação e financiamento das operações, e os seus resultados nesse período ficam à mercê das condições gerais da economia prevalentes a todos os bancos operantes no País. Dadas as condições conjunturais da época, isso significa que o Banco do Brasil, igualmente aos demais bancos e instituições financeiras, aufere significativos resultados do *floating* inflacionário. De fato, naquela época, os indicadores de preços assumiam proporções elevadíssimas, conforme pode ser observado na Tabela 6.1.

Tabela 6.1 **Inflação anual entre 1986 e 1994 - IGP-FGV**

Ano	Inflação	Ano	Inflação	Ano	Inflação
1986	65,04%	1989	1.782,85%	1992	1.157,84%
1987	415,87%	1990	1.476,71%	1993	2.708,39%
1988	1.037,53%	1991	480,17%	1994	909,67%

Fonte: FGV-DGD, 2007.

O lançamento do *Plano Collor*, em março de 1990, foi um marco na história da administração da dívida pública no Brasil. A partir do segundo semestre de 1990, a perda total de confiança na manutenção das regras e o crescimento dos índices de inflação levaram a uma exigência maior por prêmio de risco nas negociações primárias com títulos públicos, refletida no aumento das taxas referenciais de juros.

Já na década seguinte, no final de 1993, foi anunciado o Programa de Estabilização Econômica, que criava a Unidade Real de Valor (URV) como indexador da economia na transição do Cruzeiro Real para o Real. Tecnicamente, em poucos meses houve a necessidade de substituir a antiga moeda pela nova. A título ilustrativo, a conversão se deu na base de Cr$ 2.750,00 equivalentes a 1 URV/R$ em 1º de julho de 1994, o que torna ainda mais prodigioso o esforço de conversão numa operação considerada a maior do gênero já realizada no mundo e desempenhada pelo Banco do Brasil em curto espaço de tempo e em todo o território nacional.

Contexto histórico

Em todo o mundo, as mudanças se aceleraram nas duas décadas que antecederam o final do século XX. Os déficits no balanço de pagamentos dos EUA, que vinham crescendo desde os anos 1950, levaram à extinção informal do padrão ouro-dólar estabelecido no Tratado de Bretton Woods (1944) e, posteriormente, a uma globalização econômica pautada em grande parte pelo Consenso de Washington (1989) – conjunto de regras econômicas preconizado pelo Fundo Monetário Internacional (FMI). Esse receituário, imposto majoritariamente às nações emergentes que, sufocadas pela crise das dívidas externas da década de 1980, recorriam ao FMI, tornou-se emblemático do modelo político e econômico "neoliberal": âncora cambial, desregulamentação econômica, desestatização, livre-comércio, altas taxas de juros e estabilidade política compunham o ambiente ideal para que os países endividados atraíssem os capitais especulativos internacionais, buscando "fechar" as contas de seus balanços de pagamentos.

O Brasil passou por uma difícil transição política, após 21 anos de governos militares, com a volta dos civis ao poder e a promulgação de uma nova Constituição (1988). A sociedade exigia maior participação nas grandes decisões nacionais e, além de exercer o direito de voto, fortalecia o papel de novos grupos organizados (sindicatos não-atrelados ao governo, entidades de classe, ONGs etc.). No campo econômico, o esgotamento do modelo de crescimento centralizado e o financiamento externo, herdado dos militares, jogou o País nos braços do FMI, para fazer frente a um endividamento de mais de 50% do PIB e uma inflação de quase 250% ao ano (1985). Uma série de choques econômicos "heterodoxos" se sucederam entre 1986 e 1990 – Plano Cruzado, Plano Bresser, Plano Verão, Plano Collor – e envolveram três mandatos presidenciais – José Sarney, Fernando Collor (deposto em 1992 por *impeachment*) e Itamar Franco –, mas a inflação chegou a 2.700% em 1993. O Plano Real, lançado ainda no governo de Itamar (1994), representou o aprofundamento de medidas neoliberais implementadas inicialmente por Collor, notadamente um choque de oferta (abertura de importações de bens de consumo), ao qual se acrescentou a paridade cambial da nova moeda – o Real – ao Dólar. O sucesso do plano, que efetivamente logrou baixar a inflação (23,3% em 1995), foi o fator preponderante na eleição do então ministro da Fazenda, Fernando Henrique Cardoso, como sucessor de Itamar.

A estabilidade inaugurada pelo *Plano Real* traz uma nova realidade de mercado principalmente para as instituições financeiras que, em breve espaço de tempo, se viram tolhidas da possibilidade de realização de ganhos inflacionários. Também a sobrevalorização cambial que marcou aquele período representou uma pressão deficitária para o Banco do Brasil, que se encontrava em situação credora em relação ao dólar americano. Além disso, tal sobrevalorização desestimulou a atividade interna e o nível de inadimplência elevou-se consideravelmente.

Adicionalmente, há também o fato de que as mudanças econômicas promovidas pelo plano de estabilização incluíam a permissão para os bancos estrangeiros operarem em território brasileiro com igualdade de condições garantidas às instituições brasileiras, acentuando a competição interna no mercado financeiro.

Disso decorre um reposicionamento das relações com o mercado que, no caso do Banco do Brasil, se traduz em ações em várias frentes, como o aumento das tarifas por serviços prestados, a ampliação do leque de produtos e a exploração do potencial de vendas em sua rede de relacionamentos por meio da criação de novas empresas na área de seguros e capitalização em sociedade com empresas privadas, de que são exemplos a *Brasilprev* (1994), na área de previdência privada, a *Brasilcap* (1995), empresa de capitalização, a *Brasil Saúde* (1995), na área de seguro de saúde, a *Brasil Veículos* (1997), no ramo de seguro de veículos, e a *Brasilseg*, hoje *Aliança do Brasil* (1997) na área de seguros gerais. Essas aberturas em novos mercados, ao lado de outras medidas de caráter saneador da estrutura do banco a que se referirá mais adiante, elevam a importância desse momento na trajetória estratégica do banco como novo ponto de inflexão em que as relações internas sofrem profundas alterações.

Apesar dessa mudança de orientação, o Banco do Brasil ainda preserva a imagem de ser um banco de governo ou o banco do País. Em seu relatório anual de 1998, a palavra oficial do *Banco do Brasil* ainda assume a "condição de principal instrumento financeiro da União" (p. 7), confirmada na versão do ano subseqüente: "o Banco do Brasil é o agente financeiro da União, o principal parceiro do Governo Federal na execução de políticas públicas e na prestação de serviços essenciais às administrações públicas direta e indireta" (p. 33). E, menos enfaticamente, em 2003 se autodenomina "agente de políticas públicas" (p. 48).

Os ajustes continuaram nos anos subseqüentes. Desde abril de 2001 o Banco do Brasil adota a configuração de Banco Múltiplo, passando a atuar na mesma linha dos demais bancos brasileiros. Nesse mesmo ano, em continuidade à modernização iniciada em 1995, o Banco do Brasil aprova a nova configuração do conglomerado com o propósito central de agilizar o processo decisório, atribuir mais autonomia e segurança às decisões dos seus executivos e dar maior transparência ao seu sistema de responsabilidades institucionais perante todo o mercado e a sociedade. Assim, passa por nova reestruturação organizacional, envolvendo não só a adequação da rede de distribuição, mas também o ajuste da estrutura de pessoal para esse atendimento especializado. Com ela, o banco adota um modelo de negócio sustentado em pilares negociais, que são:

- Atacado, focado no mercado de médias e grandes empresas e segmento corporativo e investidores institucionais (seguradoras e fundos de pensão).
- Varejo é dedicado ao atendimento de pessoas físicas e micro e pequenas empresas.
- Governo atendendo os governos federal, estaduais e municipais – aí considerados os poderes Executivo, Legislativo e Judiciário – e autarquias com orçamentos vinculados ao Governo.

Como iniciativa mais recente de expansão dos serviços do Banco do Brasil e em sintonia flagrante com a aproximação ao grande mercado bancário de varejo, cabe mencionar a criação em 2003 do Banco Popular do Brasil (BPB), que objetiva a inclusão bancária da população nacional de menor renda que ganha até três salários mínimos, preferencialmente trabalhadores do setor informal, residentes de áreas urbanas e que não mantêm contas em outros bancos. Para isso, oferece produtos e serviços, tais como conta-corrente simplificada, crédito pessoal a taxas reduzidas e pagamentos diversos. Seus clientes são atendidos por meio de uma rede de correspondentes bancários criada entre estabelecimentos comerciais – supermercados, farmácias, lojas de material de construção, entre outros – de fácil acesso à clientela e que realizam todas as transações bancárias oferecidas pelo BPB.

O BPB iniciou suas operações em fevereiro do 2004 com a inauguração do primeiro ponto de atendimento no Distrito Federal. Ao final daquele mesmo ano, contava-se com um milhão de clientes em 5.530 pontos espalhados por 1.500 municípios do País, incluídas todas as capitais, e menos de uma centena de funcionários. Apesar dos prejuízos acumulados nos anos iniciais dessa operação, revela-se uma vez mais o caráter pioneiro do Banco do Brasil ao oferecer serviços a um segmento de crédito desconhecido pelo sistema financeiro até então.

6.4 O BANCO DO BRASIL COMO ÓRGÃO OFICIAL DE FOMENTO ECONÔMICO

A partir do final do século XIX, o Banco do Brasil passou a destacar-se como instituição de fomento econômico, sendo um grande instrumento de implementação de políticas públicas voltadas para essa finalidade. As primeiras linhas de crédito em 1888 foram utilizadas no recrutamento de imigrantes europeus para assentamento em lavouras de café, então sob o impacto da libertação da mão-de-obra escrava. Outro fato revelador dessa missão institucional liga-se ao fato de que no início do século XX, o Brasil era o único produtor de borracha no mundo, e o Banco do Brasil abre uma agência em Manaus – a sua segunda unidade – visando dar suporte à cultura e ao progresso econômico evidenciado na região.

Em 1937, com a criação da Carteira de Crédito Agrícola e Industrial (CREAI), o Banco do Brasil instituiu o crédito rural especializado e lançou as bases para o fomento da nascente atividade industrial brasileira. Na década de 1940 o Banco do Brasil ajudou o governo a incorporar milhares de hectares de terras ao processo produtivo. Naquele momento foram introduzidas e desenvolvidas culturas como a soja e o trigo, que viriam a se firmar como de fundamental importância para a economia nacional. Em 1941 instala a Carteira de Exportação e Importação do Banco do Brasil que, em 1953, foi substituída pela Carteira de Comércio Exterior (CACEX). No período pós-1945, o Banco atuou decisivamente também no desenvolvimento industrial, com destaque na implantação da Companhia Siderúrgica Nacional (CSN), um dos marcos mais significativos da industrialização brasileira.

Porém, a agricultura sempre foi o grande destaque da atuação do Banco do Brasil em relação às demais instituições de financiamento operantes no País. Isso, em tempos mais recentes, se reveste também pelo caráter inovador no oferecimento de serviços e produtos aos agricultores nacionais. Em 1978, o Banco do Brasil implanta um sistema de atendimento por meio de Postos Avançados de Crédito Rural, unidades de menor porte e custos reduzidos que visam oferecer suporte à produção rural em regiões que não comportavam a instalação de agências. Esse sistema de atendimento avançado ilustra bem dois aspectos importantes dentro da missão institucional do Banco do Brasil: dar cobertura nacional ampla e exercer a dianteira na condução de atividades relacionadas com as políticas públicas de caráter desenvolvimentista.

Outros produtos e serviços inéditos e de grande importância ilustram essa atuação destacadas, por exemplo, a Cédula de Produto Rural (CPR) e o Banco do Brasil – Leilão Eletrônico. Criada em 1994, a CPR é um título cambial negociável no mercado com aval do Banco do Brasil que permite ao produtor rural ou suas cooperativas obter recursos para desenvolver sua produção ou empreendimento, com comercialização antecipada ou não. Esse produto revolucionou e deu grande impulso às transações em bolsa de títulos de valores com lastro em *commodities* agrícolas e, em razão disso, foi eleito como uma das inovações exemplares para análise detalhada na consecução desse trabalho.

Já o Banco do Brasil – Leilão Eletrônico foi criado no ano seguinte e é um serviço mantido em parceria com a Associação Brasileira de Bolsas de Mercadorias e Cereais (ABM), pelo qual qualquer pessoa, física ou jurídica, pode oferecer ou adquirir produtos e serviços por meio das bolsas de mercadorias localizadas em vários pontos do País.

6.5 EXPANSÃO E ESTRUTURA

Como visto, a consolidação da imagem institucional desenvolvimentista do Banco do Brasil ocorre marcadamente a partir dos anos 1950, seguindo as diversas nuances de nacionalismo que embalaram as ordenações políticas internas desde então. Isso influencia a sua expansão tanto no âmbito interno como internacional. A integração nacional foi um dos grandes argumentos de desenvolvimento dos governos daqueles tempos, acompanhado pela expansão da rede de agências do banco oficial do governo. Esse processo tem seu primeiro coroamento em 1976, quando o Banco do Brasil inaugura a sua milésima agência. Dezoito anos mais tarde, a rede de agências no território brasileiro já era três vezes maior.

Para dar cobertura a todos os serviços ofertados e na implantação de políticas públicas, muitas vezes com exclusividade, a estrutura do Banco do Brasil sempre comportou altos contingentes funcionais. As relações trabalhistas dentro do Banco do Brasil denotavam um certo privilégio em relação às condições vigentes ao mercado de trabalho no Brasil, seja ele bancário ou mesmo relativo a outras indústrias. Isso tudo contribui para a atratividade do Banco do Brasil como oportunidade de desenvolvimento profissional, situação que perdurou por muitos anos e se fortaleceu na expansão interna e externa promovida principalmente nos anos 1970. Uma decorrência importante é a constituição de um quadro profissional de elevada especialização, com expressivos índices de colaboradores graduados e pós-graduados.

A expansão internacional do Banco do Brasil pode ser avaliada em termos das unidades mantidas no exterior. A primeira agência foi inaugurada em 1941, em Assunção, no Paraguai. Durante o esforço brasileiro na Segunda Guerra Mundial, o Banco do Brasil manteve uma agência móvel e escritórios na Itália com a missão de pagar à tropa e transferir numerário para o Brasil, além de atender à embaixada e aos consulados brasileiros. O estabelecimento de postos em outros países foi, no entanto, contido até 1966, e só a partir de 1967 o Banco do Brasil passa a atuar com maior impulso no plano internacional: agências e escritórios são abertos na América Latina; nos anos 1970 são inauguradas agências em Hamburgo, México, Londres, Tóquio, Nova York e Londres. Em pouco tempo, o Banco do Brasil soma 14 agências no exterior, além de várias associações externas. Em 1975, encontrava-se presente nos cinco continentes, com a criação dos escritórios de representação em Sidney, na Austrália, e em Lagos, na Nigéria. Em 1978 o Banco do Brasil inaugura sua agência em Cingapura.

Contexto histórico

O bem-sucedido combate à inflação e as reformas levadas a termo por Fernando Henrique Cardoso em seus dois mandatos (1995-2002), em especial no tocante à desestatização e à desregulamentação da atividade econômica, não foram suficientes para equacionar satisfatoriamente o endividamento do País (pois a abertura comercial e a valorização do Real resultaram em sucessivos déficits externos), nem para levar a economia a crescer. A formulação neoliberal preconizada por agências internacionais como o FMI jamais chegou a ser integralmente aplicada no Brasil: não houve desmonte do *Welfare State* (coisa que nunca chegou a existir por aqui), e a carga tributária atingiu níveis maiores do que nunca.

A consolidação da vida democrática e o amadurecimento dos atores políticos, no entanto, continuaram a avançar. Em 2002, após três tentativas anteriores frustradas, o ex-sindicalista Luiz Inácio Lula da Silva venceu as eleições presidenciais. Começou assim um período de novas esperanças para as classes trabalhadoras, em que, apesar das concessões feitas aos setores sociais conservadores, os excessos liberalizantes do governo anterior foram compensados por maior ênfase em políticas sociais. O maior desafio para Lula, já em seu segundo mandato, está em melhorar a qualidade geral da educação e aumentar a qualificação dos trabalhadores, preparando-os para integrar-se em um mercado de trabalho que exige mão-de-obra polivalente e de alto nível. Ao mesmo tempo, é preciso acelerar o crescimento, por meio do investimento em infra-estrutura e do aumento do emprego, avançando na distribuição da riqueza produzida.

Dando suporte ao comércio exterior, em 1980 eram 61 as unidades em operação fora do território nacional, e em 1982 o Banco do Brasil mantinha 70 unidades internacionais. Em 1985, observa-se uma retração na presença externa do banco com fechamento de 12 agências, e em 1989 somam-se 46 dependências no exterior.

Quando da perda de privilégios associados à conta movimento e também à estabilização econômica, o Banco do Brasil foi levado a promover ajustes consideráveis nas suas contas internas e na política de relações trabalhistas. Especificamente em relação ao quadro de pessoal, em 1995 o Banco do Brasil instituiu o Programa de Desligamento Voluntário (PDV), e as mesmas dificuldades levaram ao fechamento de grande número de agências, tanto no Brasil como no exterior.

A partir de então, o Banco do Brasil deu maior ênfase à expansão dos seus negócios, ao controle de custos operacionais, à busca da excelência na gestão de riscos e melhoria da composição da carteira de crédito, que confirmam o compromisso do Banco do Brasil em criar maior valor para os acionistas.

6.5.1 Tecnologia

A face tecnológica da atividade bancária está intimamente entrelaçada com o processo de automação dos serviços prestados. Nesse sentido, existem alguns aspectos importantes a serem considerados e que tiveram influência importante em toda a evolução do setor. Destaca-se inicialmente que até os anos 1960 o mercado bancário no Brasil era caracterizado pela existência de diversos pequenos bancos comerciais que em grande parte tinham atuação regional ou limitada a uma determinada praça. Com a reforma bancária de 1964, houve uma concentração no setor resultando em um menor número de casas bancárias e a respectiva expansão territorial das suas redes de agências. O começo da automação bancária brasileira se deu nessa época pela necessidade de consolidar as operações realizadas em áreas geográficas mais extensas. A solução foi o desenvolvimento dos Centros de Processamento de Dados (CPDs) e a importação de grandes equipamentos (*mainframes*) destinados a automatizar principalmente as operações de suporte (*back-office*). A lógica de processamento era a concentração das informações em redes de centros e sub-centros, os quais consolidavam as transações em processamentos tipicamente noturnos, em lotes ou *batches*.

Em meados dos anos 1970, o Brasil instituiu controles extremamente restritivos à importação de computadores, o que impulsionou os bancos a investirem mais intensivamente no desenvolvimento tecnológico autônomo para atender às próprias necessidades, principalmente aquelas relacionadas ao processamento descentralizado. No final daquela década, o agravamento do processo inflacionário torna-se outro fator de impulso à necessidade de automação bancária em razão de seu potencial para agilizar os procedimentos de compensação e minimizar as perdas monetárias decorrentes de demoras na liquidação das transações.

Mais adiante, as iniciativas econômicas de combate à inflação e a sucessão de planos voltados para tal finalidade deixaram claro que o foco da atividade bancária deveria considerar o fim dos ganhos inflacionários e buscar maior eficiência operacional e redução de custos no processamento das transações.

A trajetória particular do Banco do Brasil quanto às questões tecnológicas segue a tendência determinada por tais aspectos, mas também influenciada pelo seu papel institucional de autoridade monetária e banco de governo, que acarretou responsabilidades importantes e diferenciadas em relação aos demais bancos privados no Brasil. Por exemplo, cita-se o fato de o Banco do Brasil ser o órgão do Sistema Financeiro Nacional responsável pela compensação de cheques em todo o território brasileiro, atividade essa que se caracteriza naturalmente pelos altos volumes de processamento de informações, consideradas as dimensões continentais do País.

A informatização das atividades do Banco do Brasil segue caminho similar às demais organizações bancárias nacionais. Os principais eventos que ilustram essa evolução encontram-se no Quadro 6.1.

Quadro 6.1 **Principais eventos da evolução da informatização no Banco do Brasil**

Inovação tecnológica	Ano/Período
Cartão de papel perfurado	Década de 1940
IBM 1401/Bull NCR 301	1963
Computador com fita magnética	1967
Fita de papel perfurada	1969
Entrada de dados em disquete de oito polegadas	1977
Entrada de dados em fita cassete	1977
Sistema on-line centralizado	1986
Terminal para saldos e extratos	1986
Saques em terminais de auto-atendimento	1988
Microcomputador	1990
Transferências e aplicações financeiras em TAA	1992
Atendimento por fone/fax e *office-banking* (LD Banco do Brasil)	1994
Site Banco do Brasil na internet	1995
Auto-atendimento na internet para pessoa física	1996
Auto-atendimento na internet para pessoa jurídica	1999
Portal Banco do Brasil na internet	2000

Fonte: Relatório Anual Banco do Brasil (2004).

Seus primeiros quatro computadores foram instalados em 1964, sendo dois em São Paulo e dois no Rio de Janeiro. No ano seguinte, tem início o controle computadorizado de depósitos na agência da Cinelândia/RJ, e em 1968 tem início a escrituração de contas por computadores.

Em 1974, ao lado de outras instituições bancárias privadas e estatais, o Banco do Brasil participa como acionista fundador da Cobra Computadores – hoje Cobra Tecnologia – primeira empresa de informática do País. Em 1976 cria-se o primeiro Centro de Processamento de Serviços e Comunicações (CESEC) em São Paulo/SP, e pouco mais de dez anos depois seriam aproximadamente 20 centros semelhantes. A participação do Banco do Brasil na Cobra Tecnologia, hoje, é de 99,35%.

Até este momento, observa-se claramente que a implantação de políticas tecnológicas internas seguidas pelo Banco do Brasil responde ao traço característico de todo o setor, uma vez que os eventos mencionados impuseram a necessidade da centralização de processamento de informações em estruturas de alta capacidade e regionalizadas visando a cobertura das demandas de serviços de compensação em todo o território nacional. Também ilustram a consolidação de uma consciência de que a tecnologia computacional era uma necessidade incontestável ao setor e não poderia ficar à mercê de direcionamentos políticos outros que significassem algum risco de desenvolvimento da capacidade tecnológica disponível internamente ao País.

No início dos anos 1980, o Banco do Brasil desenvolve experimentalmente o projeto "Teresa" (*Terminal Real Time Stand Alone*), que lança o uso de cartões magnéticos para acesso a equipamentos off-line a serem usados pelo próprio usuário, com processamento em *batches* noturnos. É também dessa época o início do uso de computadores nas agências do Banco do Brasil. Só em 1985 o Banco do Brasil online é implantado, permitindo a movimentação de contas-correntes pelos próprios clientes em qualquer agência integrada.

Em 1990 o Banco do Brasil se associa ao Sistema 24 Horas, que permite o atendimento bancário automatizado fora do ambiente das agências. Ao mesmo tempo, inicia a implantação de terminais *cash-dispenser*, que permitem auto-atendimento ao cliente na retirada de dinheiro mediante o uso de cartão magnético. Nessa época ocorre a criação de agências totalmente automatizadas, com computadores, fax, telefone e internet ligados diretamente ao usuário, resolvendo problemas de pagamento ou transferências de dinheiro de um serviço a outro. Novamente o que se observa é uma adequação às tendências mais marcantes que permeiam toda a atividade bancária nacional, com investimentos que privilegiam o atendimento automatizado e descentralizado, visando à agilidade de transações com a necessidade cada vez menor da intervenção de funcionários do banco na prestação de serviços aos seus clientes. O processo de conexão on-line se completa em 1997, com 100% das agências do banco operando em regime de conexão on-line. Em 1998 o Banco do Brasil inaugura o seu Centro Tecnológico, posicionado entre os mais modernos e bem-equipados do mundo.

Fora do âmbito restrito ao banco, os anos 1990 assistem a popularização dos computadores pessoais, fator que favorece enormemente o próximo campo de expansão tecnológica para a atividade bancária em geral, que é o uso da internet como forma de acesso aos serviços bancários disponíveis. Em 1995 o Banco do Brasil inicia seu movimento de fornecer as comodidades de acesso doméstico à sua carteira de clientes pelo acesso via internet para transações e consultas diversas.

Em 1999, é lançado o Banco do Brasil *Personal Banking* por meio de computadores de mão, conhecidos como palmtops, sendo o primeiro banco no mundo a oferecer esse tipo de serviço. Naquela época, era possível realizar aproximadamente 60 transações por acesso remoto, como consultas a saldo, extratos, aplicações e empréstimos. O número de transações mensais realizadas pelos clientes do Banco do Brasil aumentou de 300 mil em 1998 para 4,8 milhões em 1999. Tal salto denota o sucesso dos investimentos efetuados no aprimoramento das capacidades tecnológicas do Banco do Brasil, bem como a eliminação do hiato tecnológico que anteriormente o distanciava das demais instituições bancárias brasileiras e mundiais. O lançamento do *Mobile* teve por objetivo criar um canal que não se restringisse apenas a consultas a saldos, extratos, aplicações e empréstimos, mas que possibilitasse uma série de serviços que se dispunha no *Personal Banking*.

Vale lembrar que a infra-estrutura tecnológica viabilizou a oferta em vários dos serviços diferenciados do Banco do Brasil, alguns já mencionados. Encontram-se nessa relação serviços tais como o Leilão Eletrônico, o Balcão de Agronegócios – um espaço de negócios para produtores realizarem transações on-line de produtos agropecuários, insumos, máquinas e equipamentos agrícolas –, acesso gratuito limitado à internet e o *Personal Banking*. Em 2000 expandiu sua atuação via internet com o lançamento do Portal Banco do Brasil (www.BancodoBrasil.com.br), consolidando-se como a instituição financeira brasileira com maior presença na rede mundial.

A visão do uso tecnológico para a melhoria operacional não ficou restrita ao campo dos serviços prestados ao mercado externo. Também a estrutura interna do

Banco do Brasil enxergou oportunidades importantes de uso para as facilidades que se tornaram disponíveis para o banco em todo esse esforço de adquirir a capacidade instrumental para competir nos mercados-alvos em condições no mínimo equivalentes à concorrência da iniciativa privada, agora incrementada pela presença de instituições bancárias de origem externa. O uso dos recursos das tecnologias de informação e telecomunicações para aumento da eficiência administrativa é exemplificado pela implantação dos processos de auditoria interna pela intranet. O processo de auditagem – planejamento, execução e acompanhamento das auditorias – ganha precisão e agilidade quando passam a ser realizados pela rede virtual, contribuindo não apenas para uma redução nos custos, mas também para melhor fluidez no acompanhamento de recomendações de auditoria e no próprio relacionamento entre a sede e as demais dependências do Banco do Brasil. Isso representa não apenas uma inovação tecnológica mas também uma inovação dos processos de auditoria e da forma de relacionamento da Auditoria Interna com a organização, constituindo fator de melhoria do processo de Governança Corporativa e da eficiência e eficácia da Auditoria Interna. Essa forma de proceder tornou-se referência nacional e, inclusive, mereceu crédito internacional dada sua relevância e os benefícios proporcionados, sendo outra das iniciativas inovadoras estudadas no âmbito geral deste trabalho.

6.6 A LINHA DO TEMPO

A sucessão dos eventos apresentados sumariza uma atuação institucional do Banco do Brasil marcada por vários momentos de crise em que foram necessárias intervenções políticas e financeiras dos governos das diferentes épocas para sustentar a viabilidade econômica do banco, gerando descontinuidades administrativas, de propósito e atuação. Também permite evidenciar o fato de que as "idas e vindas" do papel econômico do Banco do Brasil foram causadas principalmente pelas não menos freqüentes crises governamentais e se deram basicamente pela submissão do papel dessa instituição aos interesses de financiamento das contas do governo.

Vale lembrar que o Banco do Brasil foi uma instituição privada desde a sua criação até o início da República. Portanto, no que se refere à autoridade do Banco do Brasil no cenário econômico nacional como órgão ativo na formulação das políticas de moeda e crédito, pode-se dizer que, entre a sua criação e o início da República, apesar de algumas iniciativas de dotá-lo de poderes especiais, sua atuação institucional é fundamentalmente caracterizada pelo fato de o governo ser seu principal cliente e usar o banco como instrumento para cobrir os seus gastos e implementar políticas públicas.

Os marcos e os principais eventos que caracterizaram a história recente do Banco do Brasil encontram-se ilustrados na Figura 6.1. Essa ilustração gráfica praticamente resume os principais eventos descritos e os coloca em quatro perspectivas: tipo de atuação, modelo de negócio, motor econômico e orientação de mercado. Nele também estão identificados quatro momentos de ruptura, comentados a seguir.

O primeiro deles ocorre com a reforma bancária de 1964, em que a condição oficial do Banco do Brasil como autoridade monetária assume nova direção e lhe reserva um papel mais próximo da configuração de um banco comercial. Porém, a gestão da conta movimento se torna seu principal motor econômico e representa um privilégio que lhe alija das pressões competitivas de mercado, pela garantia da cobertura dos recursos necessários para financiar os gastos de governo. Nesse momento, o governo ainda permanece como seu maior e principal cliente.

O segundo marco são as reformas geradas no bojo da tentativa de estabilização econômica de 1986, pelo que se dá a consolidação do papel do Banco do Brasil como um banco predominantemente comercial, alheio a funções de regulação e de execução exclusivas de políticas públicas e, portanto, revertendo o seu papel anterior. A perda da gestão da conta movimento se apresenta como o evento que recentemente mais contribuiu tanto para a configuração estratégica do Banco do Brasil nos dias atuais como também pelo impulso ao salto tecnológico e nível de competitividade necessário ao realinhamento com as atividades de mercado. Sua orientação se volta ao mercado, e o público assume importância maior na atenção administrativa do banco a partir de então. Nesse período o *floating* inflacionário exercia influência fundamental na forma de operação do Banco do Brasil, de forma idêntica às demais empresas atuantes no mercado financeiro do País. Assim, as realizações e ações desenvolvidas à época se destinavam a expandir negócios em mercados que lhe eram novos, bem como a obter níveis de eficiência operacionais exigidos pela conjuntura econômica.

Esse caráter se acentua com o fim da inflação no início dos anos 1990, momento em que o Banco do Brasil, assim como praticamente toda a economia nacional, teve por necessidade uma drástica reorientação estratégica e profunda reorganização interna. O desligamento de grandes contingentes de colaboradores se alinha a uma atuação com maior agilidade. Nesse sentido, o que sobressai da atuação do banco a partir daquele momento é a conquista de uma posição de destaque no oferecimento de produtos e serviços tecnologicamente sofisticados, sendo que até poucos anos antes a vanguarda nessa área pertencia à concorrência.

Figura 6.1 Síntese do mapeamento histórico do Banco do Brasil

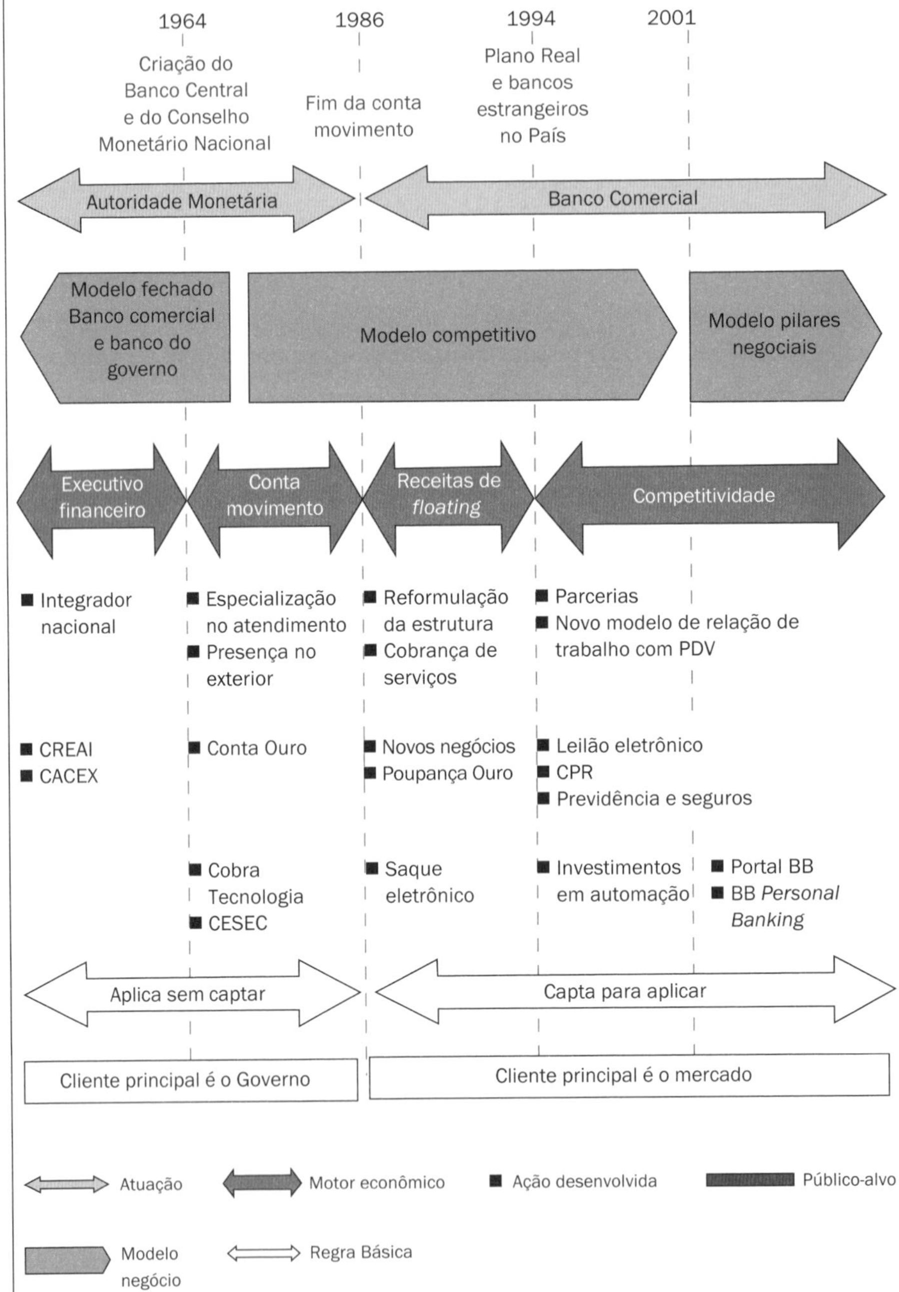

Fonte: Elaborada pelos autores.

Por fim, tem-se o período iniciado em 2001, quando o Banco do Brasil adota a estrutura baseada em pilares negociais e a configuração de Banco Múltiplo, definitivamente orientado para fazer frente à concorrência do mercado com maior agressividade. Todas as ações iniciadas em função da estabilização econômica introduzida pelo Plano Real estão praticamente consolidadas, e o Banco do Brasil aplica suas competências inovadoras agora em função da satisfação dos clientes pessoais e/ou corporativos, buscando maior independência quanto à forma de atuar, primordialmente, de banco governamental.

6.7 GESTÃO DA RESPONSABILIDADE SOCIAL

Em junho de 2004, o Banco do Brasil assumiu o compromisso com o Ministério do Meio Ambiente para desenvolver uma agenda cujas ações evidenciariam o comprometimento da empresa com o desenvolvimento sustentável de seus negócios. O ato veio ao encontro de todo um trabalho realizado pelo BB, desde 2003, voltado para a definição de princípios e estratégias de responsabilidade socioambiental. Percebendo a aderência de suas intenções estratégicas com os princípios da Agenda 21 Global, o Banco do Brasil estabeleceu sua Agenda 21 Empresarial.

O Banco assumiu, com essa iniciativa, o papel orientador e catalisador no processo de criação das agendas 21 empresariais em nível nacional, estimulando outras empresas a se engajarem na questão. O Banco assinou, ainda, protocolo com o Ministério do Meio Ambiente no sentido de disseminar a Agenda 21 nos projetos de Desenvolvimento Regional Sustentável.

A partir da criação de uma área interna do banco, instituiu-se uma equipe matricial, denominada de *Grupo RSA*, com representantes das vice-presidências do Banco do Brasil, da diretoria de marketing e comunicação, da unidade de estratégia e organização e da Fundação Banco do Brasil, a fim de que as definições sobre o tema pudessem ser debatidas e compartilhadas com toda a organização.

Entender-se-ia a postura de responsabilidade socioambiental como o compromisso e o mérito do banco como um todo, decorrendo daí a necessidade de engajamento e comprometimento das lideranças e do corpo funcional com o desenvolvimento, acompanhamento e avaliação do processo de adoção de valores nas práticas administrativas e negociais do Banco do Brasil. Como resultado desses esforços, foram desenvolvidos e aprovados pelo seu conselho diretor o Conceito e a Carta de Princípios de Responsabilidade Socioambiental.

Contexto histórico

O Painel Intergovernamental sobre Mudança Climática (IPCC) da Organização das Nações Unidas divulgou em 2007 informações que tiveram grande impacto sobre a opinião pública. Neles, pela primeira vez, a comunidade científica internacional estabelece uma relação clara entre a ação humana e o aquecimento global, prognosticando efeitos devastadores já a curto prazo, ao longo dos próximos 100 anos. A boa notícia é que medidas corretivas podem diminuir o alcance dos prejuízos, desde que todas as nações cooperem.

As soluções passam pela mudança de paradigmas científicos. Ainda apegada a conhecimentos compartimentados em áreas estanques, a ciência tradicional não pode mais descrever a complexidade de fenômenos que afetam o planeta como um todo. Para lidar com eles, hoje muitos cientistas preconizam o desenvolvimento de abordagens interdisciplinares.

A ecologia, nome dado em 1866 pelo naturalista alemão Ernest Haeckel ao estudo das relações dos animais e plantas com o ambiente, foi uma das primeiras tentativas de constituir um conhecimento nessas novas bases. Incorporando progressivamente contribuições da biologia, geografia, teoria dos sistemas, cibernética e disciplinas sociais, a nova ciência tem vocação para a síntese entre as mais variadas áreas.

Aos poucos, a visão ecológica ganhou força e começou a transpor os muros acadêmicos e originar práticas conservacionistas. Desde 1872, quando os Estados Unidos criaram a primeira reserva florestal do mundo, inúmeras iniciativas vêm conseguindo ampliar as áreas de preservação e os recursos destinados a estudos socioambientais. Fundaram-se ONGs, como o Fundo Mundial para a Natureza (WWF) e o Greenpeace, que atuam em escala global e dispõem de centenas de milhões de dólares para investir. A imprensa reserva cada vez mais espaço para divulgar problemas e soluções ambientais. A sociedade cobra ações efetivas dos governantes.

A definição de um conceito e de uma carta de princípios de responsabilidade socioambiental para o Banco do Brasil se fez importante para fundamentar e direcionar as ações e movimentos voltados à internalização da cultura de responsabilidade socioambiental no conglomerado.

Assim, evidenciou-se a intenção estratégica do Banco do Brasil em conciliar o atendimento aos interesses dos seus acionistas com o desenvolvimento de negócios social e ambientalmente sustentáveis, mediante a incorporação daqueles princípios a seus produtos e serviços, negócios e rotinas administrativas.

Além disso, explicitou-se o interesse em contribuir para o desenvolvimento de um novo sistema de valores para a sociedade, que tem como referencial maior o respeito à vida humana e ao meio ambiente, condição indispensável à sustentabilidade da própria humanidade.

Contexto histórico

As primeiras propostas dos ecologistas focalizavam exclusivamente aspectos físicos e biológicos das regiões estudadas, mas hoje existe a consciência de que os grupamentos humanos não podem ser excluídos dessa abordagem. A lógica da sociedade industrial tradicional – voltada para o aumento contínuo da produtividade, a busca por novos consumidores e a promoção de padrões de vida pautados por alto consumo – leva inelutavelmente à superexploração dos recursos naturais. A inserção econômica de muitas comunidades se faz pela extração predatória das matérias-primas locais, em geral transferidas *in natura* e a preços aviltantes para processamento pela grande indústria. Evidenciava-se a necessidade de se ampliar as discussões sobre o meio ambiente, passando a considerar os impactos da ação humana e, conseqüentemente, as políticas socioeconômicas que regulam e estimulam tal ação. Enfim, era preciso repensar o modelo de desenvolvimento vigente.

No estudo conhecido como Relatório Brundtland, apresentado na ONU em 1987, definiu-se pela primeira vez o conceito de *desenvolvimento sustentável*: aquele que "atende as necessidades do presente sem comprometer a capacidade das gerações futuras de atenderem as suas, por meio da sustentabilidade do desenvolvimento, que implica uma mudança nas relações econômicas, político-sociais, culturais e ecológicas". Esse trabalho passou a servir de parâmetro para muitas das causas em defesa do meio ambiente e de um progresso mais equilibrado.

O movimento de resistência às catástrofes ambientais, agregado à consciência emergente do agravamento da pobreza e da fome do mundo, levou a ONU a organizar a Conferência das Nações Unidas para o Meio Ambiente e o Desenvolvimento – conhecida como "Cúpula da Terra" ou "Rio-92" – em junho de 1992. Foi a maior reunião do gênero realizada até o momento.

Resultou dessa conferência a *Agenda 21*, que se apresenta como um grande guia para a promoção de ações que estimulam a integração entre o crescimento econômico, a justiça social e a proteção ao meio ambiente.

O Pacto Global foi criado pela ONU para ajudar as organizações a redefinirem suas estratégias e ações a fim de que todas as pessoas possam compartilhar dos benefícios da globalização. Reconhecendo a importância ética do Pacto Global, o Conselho de Administração do Banco do Brasil autorizou a sua adesão em novembro de 2003.

Diante da preocupação com o impacto socioambiental de grandes projetos financiados com recursos creditícios, o Banco do Brasil decidiu por aderir aos Princípios do Equador, conjuntos de políticas e diretrizes a serem observadas na análise de projetos de investimento de valor igual ou superior a US$ 10 milhões. Essas diretrizes tem como base critérios que versam sobre avaliações ambientais, proteção a habitat naturais, gerenciamento de pragas, segurança de barragens, populações indígenas, reassentamento involuntário de populações, propriedade cultural, trabalho infantil, forçado e/ou escravo, projetos em águas internacionais e saúde e segurança no trabalho.

O Banco do Brasil, em fevereiro de 2005, foi o primeiro banco oficial no mundo a integrar o grupo de instituições financeiras que aderiu aos Princípios do Equador.

As instituições financeiras possuem um papel fundamental no cumprimento da política ambiental, uma vez que podem atuar de forma preventiva em projetos de financiamentos.

Contexto histórico

O Brasil tem empreendido esforços significativos para estabelecer um programa de governo com a finalidade explícita de fazer a transição para o desenvolvimento sustentável, em consonância com os objetivos e as metas traçadas pela Agenda 21 Global.

Em 1997, uma comissão presidida pelo Ministério do Meio Ambiente elaborou a *Agenda 21 brasileira*, uma plataforma de 21 ações prioritárias em torno dos seguintes eixos: economia da poupança na sociedade do conhecimento; inclusão social para uma sociedade solidária; recursos naturais estratégicos, ou seja, água, biodiversidade e florestas; governança e ética para a promoção da sustentabilidade.

Em 2002, conseqüência direta da Rio-92 e da Conferência de Estocolmo de 1972, ocorreu a Cúpula Mundial sobre Desenvolvimento Sustentável, comumente chamada de "Rio+10", em Johannesburgo, na África do Sul. Buscou formular um plano de ação factível, onde se detalharam objetivos alinhados aos princípios definidos na Rio-92, destacando-se os problemas relacionados com a globalização, evidenciando-se que os benefícios e os custos a ela associados estão distribuídos desigualmente. Alertou-se para o risco de a pobreza gerar o descrédito dos sistemas democráticos, favorecendo o surgimento de sistemas ditatoriais.

A atividade do setor bancário pode complementar a ação que vem sendo adotada por empresas do setor produtivo que já aplicam práticas ambientalmente saudáveis, muitas vezes antecipando-se às próprias exigências e normais legais, em resposta ao aumento da conscientização da sociedade.

Assim, o Protocolo Verde vem ao encontro dessas expectativas da sociedade. Trata-se de uma carta de princípios para o desenvolvimento sustentável firmada por bancos oficiais em 1995, na qual se propõem a empreender políticas e práticas que estejam sempre e cada vez mais em harmonia com o objetivo de promover um desenvolvimento que não comprometa as necessidades das gerações futuras.

Desde sua criação, em 2005, o Banco do Brasil faz parte do grupo de empresas selecionadas para compor o Índice de Sustentabilidade Empresarial (ISE) da Bolsa de Valores de São Paulo. O índice, utilizado como referência para o fundo de investimento BB Ações Índice de Sustentabilidade Empresarial, foi elaborada a partir de uma metodologia da Fundação Getulio Vargas e do apoio financeiro do *Internacional Finance Corporation* (IFC) e reúne empresas que se pautam pelo respeito ao meio ambiente, responsabilidade social e indicadores financeiros saudáveis.

Como forma de inserir comunidades menos favorecidas em processo produtivo que garanta a seus membros trabalho e renda a partir do aproveitamento das potencialidades da região, o Banco do Brasil criou a estratégia negocial de Desenvolvimento Regional Sustentável (DRS).

6.7.1 Desenvolvimento Regional Sustentável

O Desenvolvimento Regional Sustentável é uma estratégia negocial que busca impulsionar o desenvolvimento sustentável de regiões brasileiras onde o Banco do Brasil está presente.

A estratégia do DRS representa, assim, importante contribuição do Banco do Brasil para a efetivação das políticas estruturais do Programa Fome Zero, do Governo Federal. Trata-se de um novo modelo de negócios que considera a viabilidade das atividades produtivas em suas dimensões econômica, social e ambiental, respeitada a diversidade cultural. A estratégia busca a geração de trabalho e renda, por meio do apoio de práticas que valorizam as vocações e potencialidades locais em atividades rurais e urbanas tão diversas, como a ovinocaprinocultura, a apicultura, o artesanato e a reciclagem de lixo, atuando principalmente no fortalecimento do associativismo, dos mini e pequenos empreendedores, das cooperativas e da agricultura familiar.

Além de gerar trabalho e renda inclusiva e participativa, a estratégia DRS busca garantir a sustentabilidade das atividades produtivas, multiplicando as oportunidades de negócios para as agências do Banco do Brasil.

O DRS utiliza a metodologia participativa e construtivista que se baseia no processo de "concertação", ou seja, na orquestração, articulação e mobilização de atores socioeconômicos (parceiros), que podem ser da área governamental (municipal, estadual ou federal), da iniciativa privada e da sociedade civil, com ou sem fins lucrativos.

Contexto histórico

O papel econômico representado pelas corporações, em escala global, converteu-as em forças vivas dos acontecimentos planetários.

Hoje, a gestão empresarial que tenha como referência apenas os interesses dos acionistas revela-se insuficiente no novo contexto: é preciso uma gestão balizada pelos interesses e contribuições de um conjunto maior de partes interessadas. Também os riscos ambientais tornaram-se cada vez mais determinantes para o negócio. A gestão inadequada das questões ambientais pode causar perdas financeiras irreparáveis para a empresa e, em decorrência, para os bancos.

A preocupação das instituições financeiras com as questões ambientais ocorreu inicialmente como forma de evitar a responsabilização legal por danos ambientais produzidos por bens que eram recebidos como garantia e empréstimos. Gradativamente, os bancos começaram a acreditar que o que é bom para o meio ambiente poderia também ser bom para eles. Em 1997, o BankAmerica Corporation foi o primeiro banco dos EUA a aderir aos princípios da CERES, um código de éticas ambientais desenvolvido por uma coligação de investidores, companhias e grupos ambientalistas.

No Fórum Econômico Mundial, em Davos, em 31 de janeiro de 1999, o Secretário-Geral das Nações Unidas, Kofi Annan, desafiou os líderes empresariais mundiais a apoiar e adotar o *Pacto Global*, tanto em suas práticas corporativas individuais quanto no apoio a políticas apropriadas. A iniciativa tem como objetivo mobilizar a comunidade internacional para a promoção de valores fundamentais nas áreas de direitos humanos, trabalho, meio ambiente e combate à corrupção.

Ao longo de sua história, o Banco do Brasil sempre se posicionou como uma empresa a serviço do País. A serviço não apenas do crescimento econômico, mas do desenvolvimento humano e social das comunidades onde se insere e com as quais se relaciona. Mais recentemente, seu compromisso com o Brasil ganhou impulso. O

Banco do Brasil assumiu e disseminou, por toda a sua cadeia de negócios, princípios de responsabilidade socioambiental que estão levando ao aperfeiçoamento de seus produtos, programas e serviços.

Sua atuação na área do crédito já alcançou números significativos. São, até setembro de 2007, 3.987 planos de negócios realizados e 331 mil famílias envolvidas em 3.838 municípios do País. Foram liberados R$ 356 milhões para a região Norte, R$ 585 milhões para a região Nordeste, R$ 187 milhões para a região Centro-Oeste, R$ 197 milhões para a região Sudeste e R$ 111 milhões para a região Sul. Foram financiadas, por exemplo, as atividades de floricultura, fruticultura, piscicultura, biodiesel e a pecuária leiteira.

6.7.2 Cidadania Empresarial

O Banco do Brasil também se enquadrou nas ações de Cidadania Empresarial, ações com peso crescente na estratégia corporativa do BB e que fortalecem suas práticas definidas pelo Governo Federal. O Banco do Brasil procura atuar em sinergia com as macropropostas para a área social. Somar esforços é a sua premissa.

Assim, especialmente nos últimos anos, foi dada grande ênfase ao Fome Zero. O Banco do Brasil vem atuando nos quatro eixos articuladores dessa estratégia (ampliação do acesso ao alimento, fortalecimento da agricultura familiar, geração de emprego e renda, articulação e mobilização).

Entre as ações em curso destacam-se: segurança alimentar e nutricional, alfabetização de jovens e adultos, complementação escolar para crianças e adolescentes, inclusão digital, disseminação de tecnologias sociais, fortalecimento da agricultura familiar, melhoria das condições de vida em comunidades quilombolas e indígenas, ampliação do acesso à leitura e à cultura, estímulo ao voluntariado, entre outras.

Perante um cenário de demandas urgentes e amplas, o Banco do Brasil renova seu compromisso de ser um banco a serviço das populações mais vulneráveis e do desenvolvimento do País. Suas ações sociais marcam presença em todo o território nacional, valendo-se da capilaridade da empresa e da experiência de seu funcionalismo. A Fundação Banco do Brasil, como braço social da corporação, é um dos principais agentes na promoção dessas iniciativas.

REFERÊNCIAS

BANCO DO BRASIL S/A. *História do Banco do Brasil*. Coordenadoria de Comunicação Social do Gabinete da Presidência, 1988.

BANCO DO BRASIL S/A. *Relatórios Anuais de 1944 a 1964*. Banco do Brasil, diversas datas.

BASILE, Marcello Otávio N. de C. O Império brasileiro: panorama político. In: LINHARES, Maria Yedda (Org.). *História geral do Brasil*. 9. ed. Rio de Janeiro: Campus, 2000.

BEAUCLAIR, Geraldo. *Raízes da indústria no Brasil*. Rio de Janeiro: Studio F&S, 1992.

DIAS, Maria Odila da Silva. 1822 – Dimensões. In: MOTA, Carlos Guilherme (Org.). *A interiorização da metrópole*. 2. ed. São Paulo: Perspectiva, 1986.

FAUSTO, Boris. *História concisa do Brasil*. 2. ed. São Paulo: Edusp, 2006.

FURTADO, Celso. *Formação econômica do Brasil*. São Paulo: Companhia das Letras, 2007.

GOMES, Laurentivo. *1808:* como uma rainha louca, um príncipe medroso e uma corte corrupta enganaram Napoleão e mudaram a história de Portugal e do Brasil. São Paulo: Planeta do Brasil, 2007.

MATTOS, Ilmar Rohloff. *O tempo Saquarema:* a formação do Estado Imperial. 3. ed. Rio de Janeiro: ACCESS, 1996.

MELO FRANCO, Afonso Arinos; PACHECO, Cláudio. *A história do Banco do Brasil*. Banco do Brasil S/A, 1979. v. 1.

MENDONÇA, Sonia Regina. Da "Revolução de 30" ao Estado Novo. In: LINHARES, Maria Yedda (Org.). *História geral do Brasil*. 9. ed. Rio de Janeiro: Campus, 1990.

______. Estado e sociedade: a consolidação da República oligárquica. In: LINHARES, Maria Yedda (Org.). *História geral do Brasil*. 9. ed. Rio de Janeiro: Campus, 1990.

ROCHA, Justiniano José. *Ação; Reação; Transação* – Panfleto político – primeira metade do século XIX.

SILVA, Francisco C. T. da. A modernização autoritária. In: LINHARES, Maria Yedda (Org.). *História geral do Brasil*. 9. ed. Rio de Janeiro: Campus, 1990. p. 351-384.

VIOTTI DA COSTA, Emilia. *Da Monarquia à República*. 8. ed. São Paulo: Editora Unesp, 1998.

VISCONDE DE ITABORAÍ. Relatório apresentado à Assembléia Legislativa em 1850. *A história do Banco do Brasil*. Banco do Brasil S/A, 1979, v. II.

WILCKEN, Patrick. *Império à deriva:* a Corte Portuguesa no Rio de Janeiro 1808-1821. Rio de Janeiro: Objetiva, 2005.

7 Inovações de Sucesso

Antonio Campelo Ferreira Filho
Jean Carlo Viterbo
João Carlos de Souza Pinto
José Carlos Vaz
Pérsio Alberto Mandel
Raul Francisco Moreira
Rudinei dos Santos
Victor Hugo

As inovações de grande repercussão do Banco do Brasil contam-se às centenas, sendo que algumas já foram mencionadas no capítulo anterior, como é o caso do cartão de crédito. Por isso foi difícil escolher as que seriam relatadas neste capítulo. Optou-se pelas seguintes: Auditoria Interna pela intranet, o Banco de Bolso e a Cédula de Produto Rural. A primeira, como foi dito no primeiro capítulo é uma inovação de processo que provocou uma mudança significativa no próprio papel da auditoria, passando de uma vigilância para a inteligência do negócio. A segunda inovação relatada refere-se a uma inovação no modelo de negócio do Banco do Brasil, que trouxe uma nova concepção de atendimento bancário. A Cédula de Produto Rural é uma inovação de produto que trouxe benefícios importantes para a agricultura brasileira. Para a escolha dessas inovações foram considerados os seguintes critérios: o grau de novidade que elas representaram para o setor financeiro, a complexidade da sua implementação e os resultados alcançados para o Banco, seus clientes e para a economia brasileira. Esses critérios decorrem da própria definição de inovação do Fórum de Inovação da FGV-EAESP, como pode-se ver no Capítulo 1. Como se verá com mais detalhes a seguir, essas inovações resultaram de um meio interno constituído de pessoas motivadas e capacitadas que propicia a iniciativa e recompensa os esforços.

O meio inovador criado pelo Banco do Brasil está plenamente alinhado às tendências internacionais, em que os investimentos são orientados para estimular e aumentar as atividades de pesquisa, desenvolvimento e inovação, com base na intensiva e contínua capacitação dos colaboradores, somada a busca por mudanças que criam valor econômico e social para a competitividade das empresas. Em recente pesquisa, realizada pela Universidade de São Paulo e Agência Brasileira de Desenvolvimento Industrial (ABDI), que compara as estratégias de inovação em sete países, em que foram ouvidos 140 depoimentos de governantes, gestores, empresários e acadêmicos, há uma forte tendência em pensar as alavancas do desenvolvimento, como ciência, tecnologia, inovação e educação, como questões essenciais não parceláveis. O retalhamento dessas alavancas dificulta a construção de contextos favoráveis ao florescimento da inovação, tanto dentro das organizações quanto no ambiente externo. Essa lição parece ter sido bem aprendida pelo Banco do Brasil.

Assim, as inovações estudadas pelo Fórum e relatadas a seguir nos propiciam refletir sobre um todo maior e mais complexo do fenômeno da inovação em organizações. Inspiram o pensamento de longo prazo e a multiplicação de práticas que engajam novos indivíduos a manifestarem novas possibilidades de construir conhecimento e explorar novas oportunidades de crescimento para o negócio.

A missão de cada Inovação de Sucesso não é o coroamento do resultado alcançado, ao contrário, é encorajar a autonomia, provocar a imaginação, favorecendo o que nos acostumamos chamar de meio inovador.

7.1 AUDITORIA INTERNA PELA INTRANET

O Plano Real (1994), abrangendo as áreas fiscal, monetária e cambial, além de um mecanismo de desindexação da economia, caracterizou-se pelo aumento no nível de taxas de juros e pela sobrevalorização do câmbio, esta decorrente do afluxo de capital em razão do diferencial entre os juros domésticos e os internacionais. O impacto no Banco do Brasil foi imediato, exigindo ações de adaptação em várias áreas. Buscou-se o aumento de receitas com a cobrança de tarifa por serviços prestados, a ampliação do leque de produtos oferecidos, a exploração do potencial da rede de vendas e o fortalecimento da atuação em áreas até então menos exploradas pelo banco, como seguros e capitalização.

Entre 1995 e 1996, o Banco do Brasil é reestruturado para se adaptar à nova conjuntura advinda do Plano Real e da conseqüente queda da inflação que afetou todo o sistema bancário. Para adequar o quadro de pessoal, foi lançado o Programa de Desligamento Voluntário (PDV), que resultou na redução de 13.388 funcionários. No primeiro semestre de 1996, o banco enfrentou o desafio de expor a todos a grave situação em que se encontrava. Com a adoção de medidas saneadoras e de regularização de antigas pendências de crédito, fechou 1996 com prejuízo de R$ 7,6 bilhões. No mesmo ano, o banco realizou chamada de capital no valor de R$ 8 bilhões. Implementou, ainda, um maciço programa de investimentos em tecnologia, como mostrado no Capítulo 3.

Em 1997, após adoção de medidas rigorosas para conter despesas, ampliar receitas e ajustar a estrutura administrativa e operacional, o banco voltou a apresentar lucro: R$ 573,8 milhões. O banco demonstrou sua capacidade de adaptação às exigências do mercado, oferecendo novas opções de crédito a grupos segmentados de clientes e produtos modelados de acordo com a nova realidade econômica. O Banco do Brasil tornou-se líder na área de mercado de capitais, varejo e seguridade.

Com todo esse cenário de mudanças, inicia-se uma nova etapa na gestão do Banco do Brasil. O novo paradigma de gestão estratégica da organização cria demandas por novas informações. Tudo isso impacta diretamente o posicionamento e atuação de sua área de Auditoria Interna. De um foco mais voltado para auditoria nas agências de sua rede operacional, em que a tônica era a confrontação das práticas com as instruções definidas pelos níveis superiores de gestão do banco (direção geral), a Unidade de Auditoria Interna passaria a ter como objetivo principal a produção de informações relevantes para os níveis estratégicos da organização, colocando-se, em termos de governança corporativa, efetivamente mais próxima dos órgãos colegiados superiores da empresa. Como corolário de todo esse movimento, a metodologia e o instrumental por meio dos quais se executam os procedimentos de auditoria interna sofreriam alterações importantes no Banco do Brasil.

7.1.1 Auditoria com foco em agências

Até por volta de 1996, a atuação da Auditoria Interna tinha como seu objeto temático principal ("foco") a rede de agências. O instrumental básico de trabalho era composto pelos chamados "papéis de trabalho" (PTs), em que o auditor interno compilava dados e informações, transformando-os no recipiente dos registros relevantes que iriam embasar seu relatório. Os PTs compreendiam um conjunto de formulários e questionários, que eram preenchidos à mão pelos auditores durante o período de visita às agências. Com o apoio deles, era feita uma "varredura" operacional, que permitia ao auditor interno avaliar a performance da unidade auditada, identificar não-conformidades e apontar processos e controles que precisavam de melhoria. A coleta, compilação e registro dos dados e das informações nos papéis de trabalho, somadas à produção do relatório e demais documentos de auditoria, poderiam significar a estadia do auditor interno por cerca de 30 dias na agência, com reflexo inevitável na rotina normal da dependência. Em agências de grande porte, era normal a presença de uma equipe de três auditores dedicados durante cerca de 40 dias.

A recuperação posterior de informações obtidas ou geradas durante o trabalho realizado – conclusões, recomendações emitidas, fatos graves apontados, conteúdo do relatório final, além dos testes e comprovações constantes dos papéis de trabalho – era feita manuseando-se os documentos em papel, como também era manual o controle sobre o acompanhamento dos prazos para cumprimento de recomendações. De uma maneira geral, tanto os administradores das dependências como os auditores internos tinham que encontrar as informações nos próprios documentos físicos, buscando as referências para localização de determinado assunto sem apoio de outro recurso que não a sua própria memória. Apesar de os resultados dos trabalhos (diagnósticos sobre as agências auditadas e recomendações de auditoria) serem encaminhados às instâncias superiores (superintendências), na verdade era a própria agência quem utilizava mais intensamente essas informações, uma vez que era a administração local a última responsável para dar tratamento aos achados de auditoria.

Em um movimento posterior, as informações coletadas pelos auditores nos trabalhos das diversas dependências viriam a ser consolidados – em novos documentos, ainda em papel – por algumas das gerências de auditoria, obtendo-se uma visão regionalizada. A partir dessa visão, um grupo de pessoas, na sede da auditoria, em Brasília, iria compilar novamente os resultados, em novo documento, para encaminhar à alta administração da empresa. Com esse processo, a informação era fracionada, lenta e descentralizada, o que dificultava o seu uso para fins de planejamento e ação estratégico-preventiva pelas instâncias tática (superintendências estaduais e regionais de agências) e estratégica (diretorias e gerências de produto) do Banco do Brasil.

7.1.2 Auditoria com foco em processos

O ano de 1997 trouxe mudanças bastante significativas para a Auditoria Interna do Banco do Brasil. Três fenômenos merecem destaque: (i) o aumento do quadro de auditores internos; (ii) a flexibilização do perfil para admissão de novos auditores; e (iii) a incorporação de novas ferramentas de trabalho. O aumento de pessoal deu-se por meio de recrutamento via concurso interno, que resultou na multiplicação por dois do contingente de auditores. A carreira na Auditoria Interna, que antes se iniciava basicamente com o ingresso de gerentes de agências ou detentores de outros cargos de semelhante nível hierárquico, passou por uma reformulação, num processo que resultou na criação das figuras do auditor assistente e auditor júnior, e que passavam a ser recrutados a partir de um perfil bastante diferente do anterior.

A Unidade de Auditoria Interna decidira adotar a estratégia de desenvolver internamente – a partir de funcionários ainda com pouca experiência, mas com perfil profissiográfico adequado e, acima de tudo, bem "conectados" com as modernidades tecnológicas – as competências que seriam necessárias para a atuação ótima da auditoria no contexto empresarial da época. Paralelamente a essa flexibilização do perfil de admissão na auditoria, um movimento forte de automação dos trabalhos começava a tomar corpo: o uso maciço de *notebooks*, que aposentavam definitivamente a máquina de escrever e acabavam com a disputa pelos poucos computadores disponíveis para trabalho à época, e a substituição dos papéis de trabalho impressos por formulários eletrônicos, inicialmente disponíveis para preenchimento nos próprios *notebooks*.

Conquanto não houvesse mudança significativa no conteúdo dos papéis de trabalho, e nem no foco de auditoria (ainda predominava a auditoria na rede de agências do País), a tecnologia empregada já facilitava a realização do trabalho, o registro dos resultados e a recuperação posterior da informação. Ao conjunto de papéis eletrônicos de trabalho, organizados em um aplicativo desenvolvido com a ferramenta Excel, chamou-se Auditoria Sem Papel (ASP). Embora o novo processo já viesse a facilitar sobremaneira a organização e realização dos trabalhos, como ainda não estava integrado em uma rede on-line, havia a necessidade de armazenamento e transmissão dos arquivos magnéticos respectivos, em disquete, para permitir consolidações e recuperação posterior de informações. Tais transferências de informações, à época, eram morosas, sujeitas a extravio, ou mesmo impossíveis de se realizar em agências de localização remota. A grande explosão da comunicação, a rede internet, ainda dava seus primeiros passos no mundo empresarial brasileiro.

Nesse final de anos 1990, ao tempo em que a ferramenta ASP auxiliava os auditores em seus trabalhos em campo, a Auditoria Interna ainda desenvolvia – em linguagem Visual Basic – o sistema Automação dos Trabalhos de Auditoria (ATA), ferramenta da qual passava a fazer uso para gestão e realização dos trabalhos de auditoria, em que se registravam os trabalhos planejados e realizados, auditores alocados, processos e unidades do banco examinadas, testes aplicados, resultados obtidos, entre outros.

Em 1999, estabeleceu-se o início de outra mudança fundamental, que iria marcar para sempre a Auditoria Interna: agora não apenas nos quadros e nas ferramentas de trabalho, mas na **visão e no foco** dos procedimentos e trabalhos da auditoria. Abandonava-se definitivamente a visão reativa, de ênfase na verificação de conformidade, com informação descentralizada e foco nas agências. E foi no núcleo gestor da Auditoria Interna do Banco do Brasil (seu Comitê de Administração) que surgiu e começou a se materializar a estratégia de adotar a visão preventiva de atuação da auditoria. Essa dinâmica evolutiva tornou-se um marco regulatório, que agregou para o Banco do Brasil – de forma definitiva – uma abordagem proativa de sua área de Auditoria Interna. O **"foco em agência"** fora trocado pelo **"foco em processos"**. A visão reativa, baseada na verificação e advertência quanto ao "cumprimento da norma", tinha a norma como seu preceito-chave, enquanto a visão proativa, que se instalava, admitia a "análise do risco", sendo o risco o seu preceito-chave. Os processos cujos riscos significassem ameaça ao alcance dos objetivos da empresa passaram a ser o objeto de atenção da Auditoria Interna. Nesse processo de mudança o risco ficou entendido como:

> "... cada fenômeno com o potencial de prejudicar o alcance efetivo de alguma meta quantitativa ou qualitativa, de áreas específicas ou da organização como um todo..."

Uma profunda alteração na estrutura da Auditoria Interna se sucedeu, para dar lugar à nova estratégia de atuação. Foram criadas gerências de auditoria específicas, com especializações nos principais processos empresariais do Banco do Brasil, dentre outros: Crédito, Negócios Internacionais, Canais e Transações Eletrônicas; Contabilidade; Mercado Financeiro e de Capitais; Operações de Varejo; Tecnologia da Informação. Essa nova abordagem proveio do desejo de valorizar os esforços da auditoria, concentrando-os em fenômenos com impactos que extrapolassem o simples universo de uma agência. Os níveis estratégicos da organização e tático passam a perceber a atuação da Auditoria Interna mais próxima dos macroprocessos empresariais. Quanto à atuação na rede de agências do País, a auditoria passa a trabalhar com amostras de dependências, focando a análise, em cada uma selecionada na amostragem, de processos específicos e previamente determinados (em geral, duplas de auditores faziam a avaliação dos processos em visitas que duravam cerca de cinco dias em cada agência). A auditoria passaria a compreender com maior profundidade o *status quo* dos principais processos do Banco do Brasil, de uma forma que lhe permitisse contribuir mais efetivamente no aperfeiçoamento da gestão de riscos e controles internos sobre esses processos.

A primeira evolução desse novo processo de auditoria culminou com uma nova metodologia batizada de Auditoria Geral Consolidada (AGC), em que, por meio de tratamento mais sistematizado e analítico da informação coletada nos diversos níveis da organização, a Auditoria Interna estaria elevando a qualidade da informação produzida e que seria apresentada e discutida com os escalões decisórios da empresa. O foco da auditoria definitivamente se voltara para a identificação e avaliação de riscos, cujas conclusões pudessem produzir valor agregado (resultados) para a organização. Nesse ínterim, o sistema ATA praticamente deu lugar ao aplicativo AGC. Os diferenciais obtidos com a nova metodologia incluíram a elevação da qualidade da informação, que inclusive vinha de auditorias de diferentes processos, oriundas de diferentes locais, o que possibilitava a prática de *benchmarking* interno. Também promoveram uma mudança de cultura, pois os auditores internos passaram a focar, mais do que nunca, nas contribuições da auditoria para os níveis tático e estratégico da organização.

No que diz respeito às ferramentas de apoio e automatização do trabalho, o "foco em processos" foi inicialmente operacionalizado por meio dos sistemas AGC e ATA, desenvolvidos sob coordenação da equipe interna de informática da Auditoria Interna. Sumariamente, tratava-se de aplicativos desenvolvidos em linguagem Visual Basic, com banco de dados Access, cujos registros eram preenchidos pelos auditores durante a coleta dos dados. Comparado às ferramentas anteriores, esses sistemas permitiam melhor tratamento e interpretação dos dados (consolidação, emissão de relatórios etc.).

Pode-se perceber, então, que desde 1999 a Auditoria do Banco do Brasil, por meio da visão preventiva e do novo foco de atuação, e ainda com apoio dos novos aplicativos, tornava possível registrar e recuperar suas avaliações sobre o desempenho de processos, desde o nível operacional (agências), passando pelo nível tático (comparativo entre superintendências estaduais e regionais), chegando até o nível estratégico. Com isso, passou a abordar junto às áreas gestoras constatações relevantes sobre os processos que estavam trazendo riscos ao alcance dos objetivos estratégicos da organização, pois:

"... o que mais interessa para cada gestor é a linha de processo e informações que cada um deles controla..."

A prática da visão preventiva, com atenção para os riscos dos processos, rapidamente fez os gestores perceberem que muitas das constatações trazidas pela Auditoria Interna tinham efeito não apenas nas agências da amostra auditada, mas, sim, em nível nacional. O direcionamento adequado das informações de auditoria possibilitava que, uma vez tratadas as fragilidades identificadas, no nível corporativo, mesmo as dependências que não houvessem passado pelo processo de auditoria seriam beneficiadas com as medidas corretivas e preventivas que viessem a ser tomadas, em razão do foco no "processo", e não mais na "unidade" auditada.

7.1.3 Abordagem proativa

O resultado dos trabalhos da Auditoria Interna, que antes era percebido com ares de vigilância, passou, com a mudança de atuação, a ser percebido com ares de "inteligência de negócios". Agora a auditoria avaliava riscos, direcionando recomendações com providências corretivas e preventivas a serem adotadas, não apenas para os níveis operacionais, mas para as várias superintendências, gerências de produto e diretorias da organização.

Essa postura proativa da Auditoria Interna, que não mais focava apenas a verificação de fatos do passado, mas avaliava riscos visando resguardar o futuro da empresa, transformou os conceitos centrais da abordagem. As constatações de auditoria, que antes possuíam um viés de "não-conformidade", passavam a ser tratadas sob dois ângulos: (i) como "falhas", quando retratavam unicamente lacunas no cumprimento de algum procedimento operacional previsto, sem maiores conseqüências para o processo como um todo; e (ii) como "fragilidades", quando refletiam deficiências ou ausências capitais nos processos organizacionais, que estavam a expor a empresa a riscos não controlados/admitidos, fragilidades essas que, por vezes, eram a causa da ocorrência generalizada de determinada falha no nível operacional. Invariavelmente, o tratamento das fragilidades detectadas pela auditoria deveria se dar a partir de ações dos gestores de negócios, tanto no nível tático como no estratégico da organização. A convivência com esses dois "conceitos", de falha e fragilidade, iria contribuir para a alteração do modo de trabalhar e de refletir sobre o trabalho dos auditores internos do Banco do Brasil.

Em termos de gestão da informação obtida e produzida, a Auditoria Interna, porém, ainda se via às voltas com dificuldades para imprimir uma maior integração entre os diversos trabalhos, para disseminar a cultura que trazia nova visão e foco para os trabalhos do auditor interno, bem como sofria o impacto da lentidão e burocracia nos processos de consolidação/transmissão de dados e documentos produzidos.

7.1.4 Auditoria pela intranet

A auditoria do Banco do Brasil, diante de uma abrangência geográfica que compreendia mais de 4.800 dependências no País, além de cerca de 30 unidades no exterior, ainda que trabalhasse com amostragem de agências, carecia de um sistema informatizado novo, que atendesse às demandas de gestão e execução dos trabalhos com a velocidade e confiabilidade requeridas. O Comitê de Administração da Auditoria Interna, a quem cabia a gestão estratégica da unidade, bem como o acompanhamento global dos diversos trabalhos e da atuação de suas gerências de auditoria, designou, em sua sede, um Gerente de Divisão como responsável pela concepção e implantação de um novo sistema de automação da Auditoria Interna. Coube, assim, à Divisão de Instrumentalização e Informatização da Auditoria a tarefa de capitanear todo o processo de construção de uma nova ferramenta, baseada no ambiente intranet, que deveria estar aderente à nova visão e ao novo foco de atuação da Auditoria Interna. A nova ferramenta teria a árdua missão de permitir a concretização, em sua plenitude, da nova metodologia de trabalho instalada. Estava claro que, sem uma arquitetura da informação adequada e sem um instrumental de trabalho ágil e moderno, seria mais difícil atingir o salto de qualidade desejado e consolidar o novo paradigma de atuação.

Nessa direção, o Gerente de Divisão designado foi quem liderou os esforços, tendo sido responsável pela gestão das atividades e pelas articulações necessárias para: a realização de um diagnóstico completo da situação vigente; o redesenho do processo de realização e gestão de auditorias; a definição e especificação dos parâmetros e requisitos do novo sistema; e o acompanhamento do processo de desenvolvimento.

O Comitê de Administração da Auditoria Interna quase sempre era representado por um de seus Gerentes Executivos, o qual tinha responsabilidade pelas áreas de metodologia e de instrumentalização de auditoria e cumpria o papel de "patrocinador do projeto", aprovando as ações, oferecendo os recursos necessários para o desenvolvimento e implantação da inovação e exercendo a devida cobrança sobre o desenvolvimento do projeto. Para assegurar que o processo de desenvolvimento e implantação acontecesse, a liderança do projeto teve um papel preponderante, interagindo com as diversas unidades envolvidas da própria auditoria e das demais áreas do Banco. Esse esforço sinalizava para a equipe o comprometimento da liderança com as mudanças. O novo sistema deveria facilitar a comunicação entre os mais de 400 profissionais da Auditoria Interna, alguns dos quais lotados fora do País, gerenciar os recursos e informações da Auditoria, além de permitir o acompanhamento e o monitoramento on-line dos trabalhos e das recomendações de auditoria.

A eficiência do processo de auditoria seria maior, haveria redução dos custos de produção dos trabalhos e era prevista a diminuição da quantidade de relatórios e demais documentos de auditoria sob a forma impressa, pela disseminação da criação e publicação de documentos por meio eletrônico. O processo de auditoria, ao ser operacionalizado no novo sistema, deveria integrar virtualmente todas as dependências da corporação com a Unidade de Auditoria Interna, respeitadas as políticas de permissão de acesso e de segurança, bem como proporcionar o intercâmbio de mensagens e documentos eletrônicos entre elas. Com isso pretendia-se que o banco viesse a ganhar em termos de otimização dos processos de tratamento e solução de fragilidades, de implantação e aperfeiçoamento de mecanismos de controle interno e de identificação e gestão de riscos, aos quais seriam conferidos ainda maior eficiência e eficácia do que os processos de auditoria anteriores o permitiam.

> "... para este novo procedimento mais crítico não cair no descrédito, os dados obtidos tinham que ser inquestionáveis. Entretanto, a informação ainda fluía numa velocidade aquém das necessidades do fechamento dos procedimentos de auditoria nos moldes da AGC..."

Para a Unidade de Auditoria Interna, seria a oportunidade de integração de todos os processos da auditoria, como: planejamento, execução, consolidação e monitoramento de trabalhos e acompanhamento de recomendações. A criação de um ambiente de trabalho virtual possibilitaria ainda a organização eletrônica dos documentos e relatórios de auditoria, bem como permitiria habilitar auditores e outros usuários a acessar as informações de auditoria a qualquer tempo e em qualquer lugar dentro da organização. Outras oportunidades identificadas incluíam a exploração de recursos como: auditoria por imagem de documentos, videoconferências e fóruns de discussão via salas virtuais de conversação na intranet.

Com o cenário e os objetivos bem identificados, foi vislumbrada a utilização da intranet corporativa como a solução de rede ideal para o trânsito das informações por entre as dependências envolvidas, incluindo os altos escalões da empresa. A solução, em princípio, atenderia bem à necessidade de interação com os principais "clientes internos" da auditoria. A essa altura, a maior parte das dependências do banco já possuía acesso à intranet.

Nessa época (1999), porém, o direcionamento de desenvolvimento de aplicativos da empresa ainda estava fortemente voltado para soluções em computador de grande porte, o que não atendia às expectativas da Auditoria. Assim, mesmo sabendo de antemão que não poderia contar com um apoio mais forte da área de tecnologia e que não dispunha em seu quadro próprio de pessoal com a formação técnica necessária para empreender o desenvolvimento, a Auditoria Interna decidiu iniciar os estudos para desenvolvimento de uma solução na intranet. Até então, a auditoria tinha, na intranet, somente um portal para publicação e divulgação de informações institucionais e de notícias e orientações ao seu público interno, além de um aplicativo, isolado, por meio do qual o Comitê de Administração acompanhava poucas informações (apenas administrativas) sobre os trabalhos em andamento. O líder do projeto decidiu, então, dentro de sua divisão, formar uma equipe que se dedicaria durante a maior parte de sua jornada de trabalho ao novo projeto.

O projeto também deveria ter em conta que, pela natureza dos trabalhos de auditoria, o sistema deveria ser competente para resguardar o sigilo e o controle de acesso às informações que nele seriam armazenadas, uma vez que a atividade de auditoria interna é regida por normas e controles que precisavam continuar a ser atendidos. Os trabalhos foram desenvolvidos definindo-se basicamente duas subequipes: a primeira se ocupava mais do modelo de dados, da metodologia, da definição dos padrões e da prospecção de tecnologias passíveis de serem aplicadas ao processo, enquanto a segunda equipe era responsável pelo desenvolvimento do sistema baseado nos padrões definidos.

O grupo teve que administrar a realidade de desenvolver um sistema enquanto as atividades da área continuavam. As equipes não estavam exclusivamente dedicadas à implantação da nova solução, uma vez que era necessário que se cuidasse do sistema vigente que, até então, ainda estava em uso por cerca de 400 auditores espalhados pelas dependências do Banco do Brasil. Inicialmente, foi construído um modelo conceitual, considerando a infra-estrutura existente na empresa: 32% das agências já eram conectadas à rede intranet, e estava havendo uma evolução gradativa do número de agências conectadas, tanto que, em 2001, quando da implementação da inovação, 90% das dependências já se encontravam conectadas.

O grupo passou a projetar a tecnologia necessária para que as informações pudessem estar disponíveis a todo tempo e em qualquer lugar onde houvesse auditores, que poderiam, de qualquer dependência, por meio da conexão do *notebook* à rede, alimentar as informações diretamente na base de dados do servidor localizado em Brasília. A partir daí, o grupo mapeou o contexto de tecnologia no Brasil e as ferramentas de linguagem disponíveis. Em si, essa etapa já se revestiu de grande dificuldade, porque em 1999 a intranet corporativa do Banco do Brasil estava no início de desenvolvimento e havia várias limitações tecnológicas. Buscou-se, então, uma parceria com a Diretoria de Tecnologia do banco, que proveu suporte indicando e testando algumas ferramentas de desenvolvimento para o ambiente intranet.

A existência de colaboradores na Auditoria Interna com conhecimentos específicos em desenvolvimento de sistemas e linguagens de programação para intranet contribuiu para formar uma boa parceria com a Diretoria de Tecnologia, nesse campo, uma vez que a própria área de tecnologia do banco tinha interesse em investir num projeto de intranet corporativa para o banco, que se apresentava como a forma ideal e mais moderna de integração e comunicação entre suas diversas unidades. Embora houvesse áreas àquela época que já contavam com intranet própria, como a Diretoria Internacional e a Diretoria de Controladoria, o projeto da Auditoria Interna seria a primeira grande experiência do Banco do Brasil de uso da intranet em rede nacional, integrando todas as unidades do banco, interligando funcionários on-line na realização de seus trabalhos. A parceria estabelecida definia que a própria Auditoria Interna desenvolveria o sistema, que seria parâmetro, em diversos aspectos, para a padronização do desenvolvimento de intranet pela tecnologia. Essa forma de atuação permitiu à Auditoria Interna participar ativamente da construção do sistema, com sugestão de ferramentas, bem como a adoção e definição de conceitos. Mas também causou problemas, pois a linguagem de programação definida pelo grupo de concepção acabou sendo diferente da que foi adotada e padronizada pela Área de Tecnologia, quando 80% do sistema já se encontrava desenvolvido. O grupo teve que praticamente refazer todo o trabalho de codificação. É consenso, entretanto, que, mesmo o grupo tendo de rever diversos padrões, a decisão de passar o sistema para a nova linguagem foi acertada.

Os integrantes do projeto pesquisaram o assunto profundamente durante um ano e meio, a partir de 1999. Como o sistema era totalmente novo, não havia padrões de referência, o que acarretou a criação e o desenvolvimento de quase todos os padrões necessários ao sistema. No início do processo de desenvolvimento sequer havia a base de dados criada e, conforme já relatado, era pequena a participação da área de Tecnologia na criação do modelo, o que exigiu uma alta dedicação do grupo. A preparação dos técnicos da Auditoria Interna constituiu-se num processo interno de estudo e pesquisa, amplamente auto-instrucional. Ser autodidata era condição *sine qua non* para participar do projeto. Livros e livros, páginas e páginas de internet foram consumidas, em português e em inglês, para apropriação do conhecimento que faria do Projeto Intranet da Auditoria Interna uma realidade. O modelo operacional adotado pelo grupo foi o de implementar pequenas melhorias, conforme os padrões fossem sendo criados. Isso agregava conhecimento ao processo e aumentava a motivação dos integrantes do grupo. O ambiente criado era altamente influenciador para a geração e implementação das idéias do grupo, e isso era estimulado por encontros periódicos de toda a equipe, quando o conhecimento era compartilhado e o processo era reajustado.

Um aspecto delicado para a implantação da inovação dizia respeito aos testes necessários, pois estes viriam a envolver várias tarefas, que precisavam ser bem coordenadas, como: (a) definição do trabalho de auditoria que seria submetido a teste-piloto; (b) desenvolvimento de testes de auditoria (papéis de trabalho) que seriam aplicados; (c) dimensionamento e seleção dos elementos amostrais para aplicação dos testes de auditoria; (d) orientação e treinamento para os usuários que seriam os participantes do teste-piloto; (e) manutenção de uma equipe de plantão para atendimento a dúvidas e resolução de problemas durante os testes; (f) desenvolvimento de um aplicativo específico para monitoramento à distância da evolução dos trabalhos que compunham o teste.

A autonomia do grupo foi um dos fatores críticos para o sucesso do projeto, na realização de testes necessários. O primeiro teste enfatizou o conceito de trabalhar à distância, com base de dados centralizada. Essa forma de trabalhar era inédita nos processos de auditoria e foi considerada um dos maiores desafios que o grupo teve, ou seja, quebrar a resistência dos auditores na utilização do novo sistema, já que muitos deles enfrentariam dificuldades naturais em trabalhar fazendo registros em tempo real, o que representava uma mudança radical com relação aos métodos tradicionais com os quais estavam habituados. Os auditores precisariam ser convencidos dos ganhos com o novo sistema. Existia uma cultura arraigada de utilizar instrumentos físicos e ambiente off-line, pois quase tudo ainda era impresso. O papel, para muitos, ainda era o meio natural de registro e guarda das constatações, conclusões e evidências de auditoria. Mesmo com as informações disponíveis no sistema, havia situações em que, por temerem falhas ou perda de dados, as pessoas imprimiam os registros. Na seqüência, o grupo do projeto coordenaria ainda um teste abrangendo a execução de uma auditoria em agência do exterior (Chile).

Outro grande obstáculo ao projeto era que a transmissão dos dados só podia ser feita no sentido das bases de trabalho, espalhadas no País, para a sede (Brasília), e algumas agências não possuíam estrutura adequada para a transmissão, ou o tráfego era "pesado" demais para a rede. Como a tecnologia de comunicação vinha sendo implementada e aperfeiçoada aos poucos na rede de dependências do Banco do Brasil, a equipe já sabia que não poderia contar com 100% de disponibilidade de rede nos primeiros meses do projeto. Para contornar a situação, o grupo teve que adotar a sistemática de gravar os dados localmente e, de acordo com a disponibilidade da rede, fazer a transmissão para a sede em momentos mais oportunos.

Com os resultados dos testes iniciais, o grupo se sentiu encorajado a construir o primeiro protótipo do sistema. A partir dele, outros testes foram realizados. Um deles, crucial, abrangeu a aplicação de testes de auditoria simultaneamente em mais de 50 bases diferentes no País, com consolidação em tempo real na sede, em Brasília, pela equipe coordenadora do trabalho de auditoria. Houve um planejamento intenso pelas diversas unidades da auditoria envolvidas quanto à definição dos tipos de teste de auditoria que seriam aplicados, à montagem da amostra de dependências e ao estabelecimento dos objetivos esperados. Foi desenvolvido um plano de comunicação que alcançaria todas as dependências envolvidas no teste. Em caso de falhas não previstas ou se o auditor (operador) não soubesse como proceder em determinadas situações, haveria risco de perda de trabalhos ou de informações.

A parceria com a tecnologia (especialmente quanto à disponibilidade das bases de dados e dos servidores de intranet) e com as demais áreas envolvidas foi vital para o sucesso da inovação. Prova disso foi a experiência relatada anteriormente, pois os testes de auditoria aplicados e registrados pelos auditores tinham que apresentar qualidade impecável, uma vez que não haveria condições de refazê-los. À medida que o auditor realizava os testes de auditoria em uma dependência, o sistema consolidava as informações com as das demais dependências e permitia gerar relatórios parciais sobre o andamento e resultados até então obtidos com os trabalhos, para serem apresentados à administração da auditoria.

7.1.5 Mudança de paradigma

Ainda não era costume, a essa altura, o acesso diário por parte dos funcionários ao ambiente da intranet da auditoria; o acesso e uso da intranet passavam a ser um aspecto crítico para o sucesso da inovação. O "menu de aplicações" foi desenvolvido de forma a ser construído dinamicamente, de acordo com os acessos lógicos que fossem concedidos aos usuários. Assim, cada usuário teria seu próprio menu, formado a partir da liberação dos conteúdos de acordo com o nível de acesso a ele atribuído, ou seja, o conceito implantado foi o de "customização de menus" de acordo com o perfil do usuário, o que era outra novidade na construção de intranets no Banco do Brasil.

Em 31 de dezembro de 2001, suportado por um forte plano de comunicação e preparação de auditores e demais usuários, o sistema ATA teve seu uso encerrado e, além disso, foi "retirado do ar" o portal de intranet anterior, que, como já tratado, era utilizado basicamente como ferramenta para divulgar institucionalmente a Auditoria Interna do Banco do Brasil (estrutura, missão, funções, responsabilidades etc.) e como *broadcast* para encaminhamento de notícias e orientações internas às unidades ligadas ao departamento. A partir de 2002, a auditoria pela intranet entrava definitivamente em operação no Banco do Brasil.

O novo site da Auditoria Interna surgia e passava, de pronto, a servir como uma ferramenta de comunicação e gerenciamento de documentos. Foram publicados formulários e papéis de trabalho on-line para que os auditores pudessem incluir, alterar e excluir informações em tempo real. A cada dia que passava, as capacidades do sistema aumentavam, vindo a tornar-se um conjunto integrado de aplicativos para gestão de auditoria, permitindo ao departamento a organização de toda a documentação de auditoria on-line e o gerenciamento de *workflow*. As principais alterações provocadas pela implantação do processo de gestão e execução de auditorias pela intranet estão listadas no Quadro 7.1.

Respostas que antes poderiam levar até seis meses para serem obtidas, isso após um árduo e longo trabalho manual de compilação e consolidação de dados, agora estão disponíveis rapidamente. O ganho de velocidade e a qualidade das informações permitiram a agilidade na tomada de decisões pelas áreas de gestão da Auditoria Interna e do Banco do Brasil. Hoje é possível à diretoria executiva, aos conselhos, aos diretores, enfim, a todas as esferas de administração no âmbito do Banco do Brasil, ter uma visão abrangente a respeito das constatações e trabalhos de auditoria, de uma forma rápida e eficiente. Pelo acesso à intranet a organização passa a acompanhar on-line os relatórios, as recomendações, as ações em andamento e os prazos estipulados. Para a auditoria, o conjunto de aplicações integradas na intranet permitiu o acompanhamento global e, se desejado, individual dos trabalhos realizados, planejados e em andamento. Os processos de planejamento, acompanhamento da produção operacional e gestão administrativa do departamento foram enormemente facilitados.

Quadro 7.1 Resumo das Contribuições da Auditoria pela intranet

Atividades	Antes da intranet	Depois da intranet
Planejamento da auditoria	- Centralizado em Brasília, com custos maiores devido ao deslocamento de funcionários.	- Parcialmente descentralizado, com registros pelas próprias unidades regionais, via intranet, e conseqüente redução de custos.
Realização de auditorias em âmbito nacional	- Troca de planilhas eletrônicas e de bancos de dados Access entre a sede e as gerências de auditoria.	- Todos os registros passaram a ser realizados e consultados na intranet.
Alterações de *software*	- Distribuição de versões pela sede. - Recepção e atualização de versões pelos usuários.	- Realizadas somente nos servidores intranet, com efeitos imediatos para todos os usuários.
Consolidação de trabalhos	- Transmissão de arquivos para Brasília, após o final dos trabalhos e/ou em períodos pré-determinados (mensal ou trimestralmente).	- Totalmente feita na intranet, a qualquer momento.
Acompanhamento de recomendações	- Feito por aplicativos específicos e planilhas. - Comunicação entre a auditoria e demais dependências feita por meio de troca de correspondências e ligações telefônicas. - Apuração/levantamento da situação geral das recomendações poderia levar até cinco dias.	- Feito na intranet, on-line. - Comunicação entre auditoria e demais dependências feita na intranet, dispensando a troca de outras formas de correspondências. - Levantamento on-line da situação geral das recomendações.
Emissão de relatórios gerenciais e prestação de contas para órgãos fiscalizadores	- Dependente de consultas feitas pela sede e informações prestadas pelas gerências de auditoria.	- Relatórios gerenciais e de prestação de contas, gerados automaticamente na intranet.
Usuários dos sistemas informatizados	- Apenas funcionários da Auditoria Interna.	- Funcionários de todas as dependências do Banco do Brasil. - Possibilidade de extensão do acesso a usuários de órgãos fiscalizadores e de auditorias independentes.

Continua...

... Continuação

Atividades	Antes da intranet	Depois da intranet
Segurança da informação	- Armazenamento temporário de dados em *notebooks* e estações *desktop* nas gerências de auditoria. - Possibilidade de perdas de dados por falhas de *hardware.* - Possibilidade de vazamento de informações por furto ou extravio do *notebook.*	- Armazenamento de dados centralizado. - Maior controle sobre o acesso aos dados. - Reduzida quase a zero a possibilidade de perdas de dados. - Armazenamento de dados local apenas temporariamente em caso de indisponibilidade eventual da intranet.
Relatórios de auditoria	- Arquivados nas gerências de auditoria. - Consultas dependentes de solicitação à gerência da auditoria emissora.	- Disponíveis aos interessados no âmbito da Auditoria Interna, com controle de acesso.
Acompanhamento dos trabalhos de auditoria	- As ferramentas existentes eram insuficientes para monitorar o andamento dos trabalhos e gerenciar o estágio de cumprimento do Planejamento da Auditoria Interna.	- Monitoramento on-line. - Obtenção de informações gerenciais diretamente na intranet. - Acompanhamento do Planejamento da Auditoria Interna facilitado.
Testes de auditoria	- Criação de testes e eventuais correções envolviam o desenvolvimento e a distribuição de aplicativos específicos e sua baixa e instalação por parte dos usuários.	- Testes criados diretamente na web e imediatamente disponíveis para usuários. - Correções eventuais passam a ser feitas on-line, sem troca de correspondências e distribuição de aplicativos.
Base de informações	- Baixa disponibilidade e atualizações intempestivas.	- Alta disponibilidade e atualizações on-line, constituindo uma importante fonte de pesquisa para subsidiar decisões estratégicas e realização de novos trabalhos de auditoria.

Fonte: Dados levantados pelos autores com informações fornecidas pela auditoria do Banco do Brasil.

O que poderia ser apenas uma ferramenta capaz de abrigar o recém-concebido modelo de auditoria, com sua visão nova e um novo foco de atuação, acabou se transformando no grande impulsionador de mudanças profundas na forma de trabalhar e na cultura dos auditores. O trabalho colaborativo, integrado, interdependente e on-line fez com que a comunicação da auditoria fosse otimizada, tanto internamente, entre seus colaboradores, quanto com as demais unidades da empresa. Hoje não há dúvidas de que, sem o apoio dessa ferramenta de gestão, o sucesso da quebra de paradigma iniciada em 1999 não teria sido atingido tão facilmente.

Para falar especificamente do foco de auditoria em riscos e em processos capitais para a organização, foi graças à arquitetura da informação e ao modelo de trabalho implantados na intranet que os auditores foram estimulados a refletir sobre a contribuição que o trabalho de auditoria vinha dando à empresa e a consolidar uma quebra de paradigma que, de tão relevante, ficará registrada para sempre na história do departamento.

7.1.6 Aprimoramento do processo de auditoria

A intranet para a Auditoria Interna definitivamente não está limitada a ser apenas uma fonte de comunicação, consulta e disseminação de informações gerenciais, mas é hoje tratada como um verdadeiro sistema operacional, sem o qual os auditores não teriam como realizar e registrar suas atividades com a mesma eficácia. Internamente, o novo sistema propiciou o aprimoramento do processo de auditoria, que passou a dar maior ênfase à avaliação dos "riscos" para os negócios, apoiado na redução do orçamento de custeio, do tempo de processo e do pessoal envolvido. Praticamente todos os processos operacionais, de gestão, administrativos, de comunicação interna e outros do departamento estão agora automatizados. Mesmo o processo de definição de amostras de dependências a serem auditadas foi alterado, pois antes a amostragem era feita considerando como elemento amostral unicamente as agências, e a partir de então estaria baseado em critérios de amostragem que levavam em conta os processos sob auditoria. Mesmo contando com auditores espalhados por todo o Brasil e no exterior, a produtividade da área aumentou, pois o novo sistema, além de promover com sucesso a integração da auditoria com seus diversos "clientes" e colaboradores, aperfeiçoou o planejamento, a execução e o acompanhamento das atividades da Auditoria Interna.

A escolha da tecnologia também gerou resultados importantes para a organização, na medida em que serviu de modelo para outros sistemas em uso no Banco do Brasil. Ainda, o fato de as bases de dados não mais ficarem armazenadas localmente e, portanto, não necessitarem ser replicadas, contribuiu para a segurança, retenção e rápida recuperação das informações.

Para a equipe envolvida com o projeto, um resultado de destaque foi a capacidade demonstrada de obter sucesso trabalhando em grupo fortemente motivado e focado em resultados, mesmo tendo que desenvolver um projeto de sistema concomitantemente com as demais atividades do dia-a-dia, que implicavam a manutenção dos aplicativos anteriores. O grupo se sentiu forte e preparado para responder a qualquer mudança necessária nos sistemas e processos de auditoria, pois adquiriu *expertise* e amplo conhecimento das atividades e do sistema.

Para os administradores da Auditoria Interna, a inovação possibilitou a gestão integral dos processos do departamento. Passou a ser possível a obtenção de respostas instantâneas para questões como:

- Quais os tipos de auditoria foram/estão sendo realizados?
- Qual auditor está trabalhando em qual projeto?
- Quantas horas foram consumidas por cada projeto?
- Que unidades da amostra já foram analisadas?
- Quais testes de auditoria/papéis de trabalho já estão respondidos?
- O que/quanto falta para conclusão de determinado trabalho?
- Quais processos e riscos foram/estão sendo auditados?
- Quais os resultados apurados?
- Quais as responsabilidades pelas ações e soluções?
- Quais as ações que estão em curso e quais os prazos de conclusão?
- Como está o cumprimento do Planejamento Anual de Auditoria?
- Que treinamentos foram/estão sendo realizados pelos auditores?
- Quais fragilidades e falhas foram detectadas, qual o nível de relevância de cada uma delas e que recomendações foram emitidas?
- Quantas e quais recomendações estão vencidas ou a vencer nos próximos dias, por diretoria responsável, e/ou por prazo de vencimento, e/ou por nível de criticidade?

Os objetivos que haviam sido definidos no início do projeto eram verdadeiramente ousados. Foi especialmente a coragem e dedicação de todos os envolvidos com a inovação que fez com que os seguintes objetivos fossem alcançados:

- centralização da base de dados;
- monitoramento dos trabalhos on-line;

- redução de custos;
- melhoria da comunicação;
- apoio on-line ao auditor;
- geração e distribuição de conhecimento e informação;
- agilização dos trabalhos de auditoria;
- melhoria da segurança da informação;
- otimização da gestão dos trabalhos;
- interação com os clientes;
- treinamento remoto;
- flexibilização do uso e construção do instrumental de auditoria;
- incentivo ao trabalho colaborativo;
- aumento da disponibilidade da informação;
- eliminação da distribuição de *software;*
- redução da burocracia;
- redução da impressão em papel;
- redução do impacto de mudanças;
- apoio à decisão baseado em informação;
- estruturação da informação da auditora interna;
- aumento da previsibilidade dos trabalhos;
- otimização do uso e do controle dos recursos da auditoria.

A lista dos objetivos alcançados, quando se trata de atividades e processos altamente regulamentados, como os de auditoria, bem como os reconhecimentos recebidos pela Auditoria Interna em níveis nacional e internacional, realçam que a nova forma como o Banco do Brasil conduz estrategicamente a atividade de auditoria se traduz em confiança e credibilidade, tanto externamente como nos quadros dos auditores e executivos do Banco do Brasil.

7.2 AUTO-ATENDIMENTO PELO CELULAR: O BANCO DE BOLSO

No início do século XXI o Banco do Brasil identificou um novo caminho estratégico no relacionamento com seus clientes no varejo, ou seja, o de investir em novos canais que propiciassem outras possibilidades que não apenas a dependência junto à rede de agências. Foi nessa ocasião que nasceram canais importantes para o Banco, dentre eles a própria internet. Paralelamente, o mercado brasileiro de telefones celulares crescia, principalmente com a massificação dos aparelhos pré-pagos. Em 2004, eram 60 milhões de assinantes, e o mercado já demonstrava potencial para superar a marca de 100 milhões de usuários. A evolução da tecnologia também já indicava que a interação com o cliente, por meio do celular, poderia ser feita de uma forma segura e eficiente, a fim de criar um novo conceito de relacionamento entre o banco e seus clientes. É exatamente essa nova estrada de comunicação, ainda em fase de consolidação, que coloca o Brasil num cenário altamente favorável para suportar o surgimento de uma nova forma de relacionamento entre pessoas e de pessoas para empresas ou vice-versa, baseada quase que exclusivamente no uso desses novos dispositivos móveis e suas respectivas ferramentas de negócios.

Nesse contexto, o uso do celular como instrumento de relacionamento e realização de transações financeiras passou a ser denominado a quinta onda de evolução do atendimento bancário, tendo como pano de fundo o processo evolutivo da digitalização do atendimento bancário, duramente alcançado graças a um intenso investimento da indústria financeira em tecnologia e inovação, seja por meio da construção e consolidação de grandes redes de terminais ATMs – iniciada a partir de 1996 – ou pela própria ampliação do uso da *internet*. No entanto, essa nova onda é considerada como de grande potencial de expansão no longo prazo, capaz de ultrapassar largamente o uso das soluções de *internet banking*, como é conhecida hoje – acessada a partir de computadores pessoais e ampliando-se naturalmente para um processo de convergência tecnológica em volta do uso intensivo de dispositivos móveis. A solução WAP foi considerada a primeira geração de *mobile banking* que com outras tentativas de soluções móveis anteriores a 2003 falharam em alguns dos requisitos críticos a esse tipo de solução, quais sejam: disponibilidade, segurança, interatividade/desempenho da aplicação e preço. Mas o público ainda estava se acostumando às mudanças a partir da inovação na automatização bancária nos últimos 13 anos, e o *internet banking* teve início em 2000. Por isso, o projeto *Mobile*[1] não veio de uma demanda do mercado, mas de uma oportunidade visualizada pelo Banco do Brasil.

7.2.1 Antecedentes

O Banco do Brasil já mantinha convênios para o desenvolvimento de aplicações comerciais para inovações tecnológicas. O Centro de Tecnologia de Software (CTS) da

[1] Esse era o nome interno da inovação Banco de Bolso.

Universidade de Brasília nasceu em 1998, fruto da informatização das agências que ocorria por meio de aplicações em JAVA. O CTS era formado por ex-funcionários do Banco do Brasil, alguns técnicos da UnB e do mercado. As operadoras, com forte crescimento de mercado, já esboçavam meios para auferir receitas adicionais com a transmissão não apenas de voz, mas de dados entre usuários, visto que o minuto da ligação se tornaria uma *commodity*, com margens reduzidas no preço, devido ao alto nível de concorrência entre as operadoras. A partir do final de 2002 a Diretoria de Tecnologia (DITEC) do Banco do Brasil tomou contato com aplicações em GSM e todas as suas vantagens em termos de segurança e performance. Analisando tecnicamente esse novo contexto, a DITEC deu sinal para o CTS aprofundar os estudos que já conduzia sobre a aplicabilidade de serviços por meio do GSM. No início do projeto *Mobile*, o papel do grupo CTS foi fundamental, pois o Banco do Brasil ainda não tinha um grupo de funcionários próprios para terem dedicação exclusiva aos estudos e desenvolvimento do projeto. Mas o CTS era auxiliado por um grupo interno do Banco do Brasil, grupo o qual articulou pessoas e recursos externos, sob sua supervisão e assistência, para aprofundar os estudos iniciais.

Antes de 2003, as aplicações para sistemas móveis abertos estavam pré-desenvolvidas pelo Banco do Brasil (junto com a IBM) na plataforma JAVA para *palmtops*. A tecnologia GSM estava preste a entrar no Brasil e os devidos contatos foram feitos com as operadoras de telefonia (Oi e Tim), que disponibilizariam essa tecnologia no Brasil. As demandas pela inovação do *mobile banking* nasceram no seio desse grupo de gerentes e técnicos da Área de Tecnologia do Banco do Brasil. Mas pairava no banco um certo ceticismo sobre canais de negócios pelo celular em virtude dos insucessos exibidos pela tecnologia WAP, já comentado.

O desafio era criar um canal virtual móvel sem as vulnerabilidades de segurança do WAP e que não se restringisse apenas para consulta de extratos e pagamentos de convênios, mas que servisse para toda uma série de serviços análogos ao que se dispunha no *internet banking*. Segundo a visão da equipe da DITEC que conduzia os estudos iniciais, os esforços passaram do *status* de "prospecção tecnológica" para o de "projeto" a partir do momento em que houve o envolvimento da Área de Negócios do Banco do Brasil (início de 2003), por meio da Diretoria de Varejo do Banco do Brasil (DIREV), tendo então ocorrido uma reunião com a Oi, que respondeu às proposições entregues pelo banco para a aplicação da tecnologia GSM no *mobile banking* com uma velocidade superior à das outras operadoras. Foi importante o impulso dado pela DITEC e pelos parceiros externos, o que acarretou na aprovação e no direcionamento estratégico pela DIREV. Com o *status* de projeto, a equipe de tecnologia demandou formalmente mais recursos para as tarefas que saíam da fase de incubação para a de desenvolvimento, recebendo, então, aporte mais direcionado, mas ainda não exclusivo, de recursos humanos e materiais do banco.

A liderança do projeto foi compartilhada entre a DITEC e a DIREV, de acordo com suas *expertises*. Foram várias pessoas que contribuíram com parcelas pequenas e sazonais ao projeto. Segundo as estimativas do Banco do Brasil, a soma do esforço pulverizado dessas diversas pessoas equivaleria ao esforço de três ou quatro pessoas com dedicação exclusiva, durante aproximadamente 36 meses. No entendimento da equipe interna do projeto *Mobile*, não adiantaria, naquele momento inicial, dedicar muitas pessoas ao projeto tendo em vista que a própria tecnologia, por ser muito nova no Brasil, estabelecia uma inércia para avanços mais rápidos e significativos que demandassem maiores contingentes de homens-hora.

O coordenador do grupo CTS, sendo um ex-funcionário do banco, começou atuando como coordenador do projeto, articulando com as diferentes esferas do banco e com os parceiros. Com o desenvolvimento do projeto, tornou-se necessário que essa coordenação passasse a ser exercida por um gerente da área de tecnologia para dar impulso às tarefas dentro da DITEC. O serviço foi lançado em setembro de 2003, nove meses depois do engajamento da DIREV no processo. Não foi um processo cujo andamento tenha sido previamente planejado.

7.2.2 Vislumbrando oportunidades

Havia um forte sinal de uma oportunidade de inovação em serviços possibilitada pela adaptação de uma tecnologia. Mas não havia certeza da efetividade de adaptação tecnológica ou da aceitação do mercado. Sequer havia o que podia ser entendido como "a visão genérica do todo". Contudo, a cada pequeno passo dado, o projeto ia confirmando as pressuposições da equipe, ou, ainda, as dificuldades faziam com que os parâmetros fossem re-programados. Dessa forma, o projeto foi sendo estruturado ao passo em que era desenvolvido, e novos rumos para ele eram visualizados, diminuindo os riscos do que era solucionado e incorporado, dando luz a novos riscos que emergiam, porém, cada vez menores frente à aprendizagem que era paulatinamente acumulada.

Já que o processo crescia de uma forma contínua e com atividades periódicas de análises e correções, os conflitos eram pouco críticos e negociados à medida que iam ocorrendo, com o envolvimento de todos os participantes. O maior desafio ao desenvolvimento do projeto não era representado por conflitos pontuais nos aspectos de tecnologia, segurança ou formato do produto, mas, sim, pela flexibilização necessária por parte dos envolvidos para que a articulação da parceria entre as diversas empresas e áreas não ficasse comprometida por um nível de compreensão inadequado, ou, ainda, pelas diferenças de cultura organizacional e de paradigmas tecnológicos ou de valor entre as empresas. É fundamental destacar o grande mérito da operadora Oi nas trocas significativas de métodos internos de trabalho em função da criação do *mobile banking*.

Poucos conflitos de tecnologia apareceram, e os conflitos sobre a natureza do negócio não aconteceram. Contudo, um grande impacto foi causado por uma revolução no posicionamento do Banco do Brasil em relação às suas estratégias de marketing até então adotadas. Em setembro de 2003, a DIREV sugeriu à Diretoria de Marketing e Comunicação do Banco do Brasil (DIMAC) que o lançamento da solução fosse revestida com o contexto de inovação e busca por aspectos de modernidade. A DIMAC autorizou então a realização dos primeiros anúncios com a assinatura do banco em conjunto com a operadora de telefonia celular, estratégia esta até então muito pouco utilizada para o uso de ferramentas de mídia massificada, fazendo com que a ação fosse vista pela equipe do projeto como algo revolucionário no *modus faciendi* histórico do banco.

Após essa fase, dada a visibilidade alcançada, o projeto passou a ter *status* de projeto corporativo e teve seu escopo ampliado no intuito de transformar o celular numa ferramenta de relacionamento entre o banco e o cliente e vice-versa, principalmente com o avanço no uso das soluções de negócios baseadas em SMS (*Short Message Service*), além de absorver a missão de estudar e implantar os produtos e serviços de micropagamentos baseados em tecnologias móveis, esta última considerada a nova fronteira de inovação no processo de utilização de dispositivos móveis como ferramentas para realização de operações financeiras, denominado *mobile payments*.

Dificuldades pequenas, mas freqüentes, eram relativas à cultura e à comunicação entre as pessoas das diferentes empresas. Mas o processo poderia ter tido mais velocidade não fossem as dificuldades resultantes da inércia oferecida pela imaturidade intrínseca da aplicação da tecnologia. O projeto demorou quase um ano para migrar da Oi e estabelecer a sua segunda parceria de forma simultânea com as demais operadoras, tempo dentro do qual se conseguiu fazer com que as diferentes diretorias do Banco do Brasil abraçassem a idéia do projeto. Havia uma possibilidade latente de um projeto desse tipo ser eventualmente descontinuado, pois as expectativas não eram grandes no início, as tarefas ainda não eram consideradas prioritárias para nenhum departamento dentro do Banco do Brasil e não havia cobranças por parte das instâncias superiores. A cobrança só veio formalmente após estabelecer-se o "projeto formal". Mas a vontade dos empreendedores do projeto em fazê-lo acontecer, sendo eles respaldados pelos patrocinadores da instância superior, nutriu a sua condução dentro do Banco do Brasil e junto aos parceiros.

7.2.3 Vencendo desafios

A tática utilizada pela equipe gestora do projeto *Mobile* para vencer os desafios foi a de esperar o projeto obter aprendizagem e tomar corpo junto aos promotores gerenciais das diferentes empresas, dar a visibilidade adequada junto ao mercado, principalmente à imprensa especializada para, então, apresentá-lo ao corpo executivo do Banco do Brasil sob a imagem de uma parceria estratégica com as operadoras de telefonia, parceria a qual evidenciaria o Banco do Brasil na posição de vanguarda da inovação do *mobile banking* no Brasil. A idéia era fazer com que o projeto, após obter o *status* de "estratégico", ganhasse o respaldo das diferentes diretorias do Banco do Brasil para que elas preconizassem dentro de suas metas internas a transposição das dificuldades que viriam frente ao crescimento desse serviço inovador. Ou seja, a inovação não foi apresentada como "mais uma tentativa de serviço oferecido via celular". Ela foi apresentada como uma parceria estratégica entre o Banco do Brasil e as operadoras de telefonia celular do Brasil, inclusive com acordos de exclusividade, confidencialidade e protocolos de intenções, para se confirmar a posição de vanguarda de empresas que são inovadoras na colocação de produtos e serviços para atender a demandas reprimidas dentro dos seus mercados de atuação.

Uma atuação conjunta da DIREV e da Diretoria Jurídica (DIRJUR) foi necessária para se criar os protocolos de intenção e acordos de exclusividade propostos pelo Banco do Brasil aos parceiros, algo ainda sem precedente específico no Brasil. A inovação, que antes transcorria a organização no sentido de baixo para cima, agora vinha de cima para baixo. Hoje o banco tem um corpo executivo responsável formalmente pela gestão das parcerias que o *mobile banking* passou a ter frente à diversidade de produtos e serviços que poderão ser oferecidos por meio dessa inovação, que é vista como algo mais complexo do que um canal de colocação de serviços, e como um novo conceito para o banco e seus clientes atuarem rumo aos seus interesses.

Foi então que no início de 2006, após a conclusão da primeira fase de estruturação das parcerias com todas as principais operadoras do mercado nacional, que a DIMAC, num esforço conjunto com a equipe do projeto, sugeriu à alta administração do banco a criação de um conceito de marketing e uma campanha de mídia que pudesse apresentar, de uma forma integrada e tanto para o mercado em geral como aos clientes do banco, as vantagens de conveniência e modernidade que o Banco do

Brasil passava a disponibilizar por meio do acesso facilitado às operações bancárias a partir de qualquer operadora e qualquer tipo de aparelho celular, independente de sua tecnologia. Nasce, então, o conceito **Banco de Bolso**, até então o primeiro conceito de marketing atrelado ao uso da tecnologia móvel para acesso a bancos, permitindo, assim, que o Banco do Brasil se posicionasse no mercado como o primeiro banco a estar integrado com todas as operadoras do mercado, a operar com todas as tecnologias móveis disponíveis e o primeiro a "empacotar" essas ações num único conceito de marketing que visa traduzir a conveniência como fator-chave para acesso e utilização dos produtos e serviços bancários.

A metodologia de desenvolvimento e gestão da inovação promovida no banco pelas Áreas de Tecnologia e de Varejo, por meio do projeto *Mobile,* determinou um modelo de atuação que hoje é seguido por outras áreas do banco para a inovação em segmentos diversos, por meio da sinergia estratégica com outras empresas de *expertises* complementares às do banco. Hoje, tanto o seu corpo executivo quanto o nível gerencial e das operadoras percebem que houve na época inicial uma forte sensibilidade ao futuro quanto às valiosas parcerias sinérgicas entre o banco e as operadoras de telefonia. Essa inovação é mista, pois envolve inovação de conceito, de negócio e de tecnologia, e nasceu num campo que tinha evidente potencial, mas era um campo nebuloso. Hoje ela é percebida como uma forma valiosa de ambos os lados unirem forças para se anteciparem a uma eventual concorrência potencial, visto que, no Japão, por exemplo, as operadoras de telefonia já obtiveram a permissão do Banco Central daquele país para serem operadoras autônomas de meios de pagamento.

A falta de recursos humanos no número que seria desejável foi gerenciada por meio de uma priorização da integração das operadoras ao projeto. A estratégia foi a de composição entre o nível de relacionamento prévio da operadora, enquanto cliente do Banco do Brasil (menor peso), e a velocidade de resposta da operadora. Cada acordo com uma nova operadora implicava num pioneirismo do Banco do Brasil em relação a uma dada tecnologia de transmissão de dados. Isso gerou algum conflito, porque de um lado cada operadora tinha interesse em maximizar a penetração de sua tecnologia no projeto com o mínimo de alterações, e do outro lado, o banco tinha que zelar para que as tecnologias das diferentes operadoras atendessem a todos os clientes com padrões harmonizados de interface, independentemente da operadora que esse cliente usasse. Isso demandou um alinhamento estratégico dos interesses do banco e das operadoras no que se refere à tecnologia, à forma de lançamento do serviço e à estratégia de negócios. Essa foi a maior dificuldade para o desenvolvimento da inovação nos seus aspectos de tecnologia e de negócios, pois exigiu customização de aplicações e negócios para cada operadora, com exaustivas reuniões das equipes para operacionalização.

7.2.4 Inovando em negócios

Para efeito deste estudo, a inovação do caso *Mobile* é uma **inovação de negócio**, pois criou um modelo de articulação, responsabilidades, ônus e remuneração para diversos atores envolvidos (clientes, banco, operadoras, parceiros) que exigiu inclusive o delicado equilíbrio entre um mínimo de padrão comum desejado pelo banco (no lado do cliente) e uma customização mínima, para cada parceiro, no lado das operadoras, derivada de uma inovação de conceito, pois efetiva um novo padrão para o relacionamento do banco com os seus clientes (a operação móvel e interativa). Não havia no mercado financeiro brasileiro um modelo de negócio que suportasse a disponibilização de soluções financeiras por meio de dispositivos móveis. Este caso contempla uma inovação tecnológica por adaptação de uma tecnologia que simplesmente não tinha experiência de sucesso amplo no setor financeiro em nenhum lugar do mundo. Poucos bancos no mundo haviam iniciado um projeto-piloto similar de *mobile banking*, mas ainda em pequena escala e com operações básicas.

Com todas as inovações que o projeto *Mobile* instituiu, associadas a outras inovações muito significativas para nichos específicos do mercado e do banco (por exemplo, a criação da Cédula de Produto Rural e a reestruturação das metodologias de auditoria interna, e considerando-se que a campanha publicitária *Banco do Brasil. Seu banco de bolso* se constituiu como um dos principais investimentos de marketing no decorrer do ano de 2006, houve um processo de valorização da marca do Banco do Brasil como um todo, conforme mostrou a pesquisa *Brands Analytics*, apresentando uma evolução de valor da marca Banco do Brasil de US$ 973 milhões em 2005 para US$ 2,04 bilhões em 2006 – evolução de 110% no período.[2]

Ao propor o *mobile banking* para o corpo executivo, elevando e argumentando consistentemente essa idéia sob a égide de um conceito estratégico de marketing, emergiram uma diversidade de esforços, competências e comprometimentos em vários níveis e setores da organização, de uma forma bastante sinérgica. Isso trouxe grande robustez ao projeto para que ele suportasse os desafios que enfrentaria quando

[2] Pesquisa publicada na *Revista Isto é Dinheiro* de maio de 2007.

da passagem da fase de concepção para a fase de implantação do projeto-piloto junto à primeira operadora de telefonia e conseqüentes testes no mercado. Havia um desconforto por parte dos profissionais das áreas internas do Banco do Brasil de que a ponta do sistema não identificava os qualificadores de banco **moderno e inovador**. Eram relativamente poucos os funcionários que conheciam a amplitude, profundidade e significância que muitas das inovações originadas no Banco do Brasil trouxeram para a atividade bancária no Brasil.

Na opinião de alguns desses gestores do Banco do Brasil, outros bancos menos inovadores conseguiam fixar na ponta do sistema a imagem de serem mais modernos e mais inovadores, por meio de suas campanhas publicitárias e de suas ações de treinamento interno e de posicionamento estratégico de marketing. Esse desconforto fez com que esses gestores despertassem no corpo executivo do Banco do Brasil a necessidade de incluir esses atributos na estratégia de manutenção da sua imagem institucional no que concerne não apenas aos produtos e serviços oferecidos, mas também nos treinamentos, nas campanhas publicitárias e nas ações de marketing da empresa.

O projeto *Mobile* também contribuirá para que, nas campanhas comemorativas dos 200 anos do Banco do Brasil, seja enfatizada junto com a imagem de tradição, a imagem de inovação e modernidade, tendo como meta a fixação dessa outra face do banco de forma clara e respaldada junto não apenas aos clientes do banco, mas também junto aos funcionários na ponta do sistema: as agências. Inclusive, essa intenção foi um dos atributos que os gestores do projeto *mobile banking* utilizaram para sensibilizar o corpo executivo em prol do projeto e em prol de um eventual compartilhamento da imagem corporativa com outra empresa. O argumento que os gestores do projeto levantaram era de que seria interessante para o banco associar a sua marca com a marca de uma empresa jovem (Oi), muito moderna e inovadora no seu nicho de mercado e que tinha uma marca bem percebida por ser muito bem trabalhada junto ao público interno e externo.

O Banco do Brasil foi inovador na automatização bancária no Brasil, pois foi o primeiro banco a implementar o auto-atendimento via terminais ATMs nas agências em larga escala, em 1995. Foi o primeiro a implementar o *internet banking* em larga escala, em 2000, bem como o primeiro banco a implementar em escala o *mobile banking* no Brasil, em 2003.

Importante ressaltar que outras oportunidades inovadoras de negócios surgiram a partir da implementação desse novo conceito no mercado. A maior parcela dos telefones celulares fabricados hoje no Brasil são compatíveis com as tecnologias WAP 2.0 e JAVA (J2ME), que são as necessárias para a interatividade inerente ao conceito "Operações de Bolso". Isso possibilitará uma nova série de negócios de interatividade, de acordo com esse conceito de Operação Móvel envolvendo informação, entretenimento, comodidade e segurança. Um exemplo disso é o recém lançado "*Visa Mobile Pay*", que permite o pagamento de qualquer compra realizada com o cartão Visa utilizando apenas o telefone celular. Na América Latina, o serviço é pioneiro.

7.3 CÉDULA DE PRODUTO RURAL

Grande parte da população brasileira acredita que o produto mais importante do Brasil Colônia tenha sido o ouro e o diamante. Porém, segundo cálculos de Roberto Simonsen, entre 1500 e 1822, o Brasil registrou o equivalente a 536 milhões de libras esterlinas em saídas de mercadorias. Segundo tais cálculos, ouro e diamantes teriam respondido por 170 milhões (32%), enquanto que o açúcar teria chegado a 300 milhões (56%). Tais números trazem uma primeira informação fundamental: nosso país, que tem nome de árvore, veio do germe da cana. No ano de 1600, o País produziu 18 mil toneladas de açúcar nos 200 engenhos que possuía. Nos engenhos holandeses de Pernambuco, o ganho médio era de 50% ao ano sobre o capital investido. No primeiro quarto do século XIX, o açúcar de beterraba começa a aparecer como um poderoso concorrente, tanto que nunca mais deixou de ser produzido pelos europeus e outros povos. Em 1910, o açúcar respondeu por apenas 10% da receita cambial brasileira.[3]

A primeira remessa de frutos do café para Lisboa partiu do Maranhão, em 1731. Foi em direção ao sul, chegando ao Rio de Janeiro poucas décadas antes da chegada da família real em 1808. O impulso veio quando o príncipe regente D. João, preocupado com o erário e incomodado com a quantidade de nobres desocupados que perambulavam pela corte, resolveu dar-lhes ocupação. Distribuiu sesmarias e ordenou que plantassem café. O produto já era a coqueluche dos grandes pontos de encontro de Paris e Londres e tinha expansão de mercado impressionante. A primeira grande explosão da cultura ocorreu no vale do rio Paraíba. Devido às condições naturais, veio acompanhando o curso desse rio pelo Estado de São Paulo. Esse Estado não teve importância na economia colonial e, em 1800, tinha a farinha de mandioca como o principal produto de exportação. De braços dados com a indústria ferroviária

[3] FURTADO, 2002.

(que tinha cafeicultores como principais acionistas), o café explodiu a economia de São Paulo. Em 1860, produzia 3 milhões de sacas anuais. Em 1880, 5 milhões de sacas. No final do século XIX, uma crise de superprodução prejudicou o setor.[4]

Em 1905, o estoque brasileiro parado era de 11 milhões de sacas de café. Isso era 70% do consumo mundial de um ano. O preço havia desvalorizado 50% comparado a sete anos antes. Mesmo assim, graças às políticas e subsídios governamentais para a valorização do café, a produção brasileira crescera quase 100% entre 1924 e 1929, mas o volume das exportações não crescia, sinal evidente de problemas por vir. A quebra da bolsa em 1929 fez o preço cair outros 30% em um único dia. Mas nem a depressão dos anos 1930 solapou o ciclo expansivo do café na época. A mão do governo segurou a produção, comprando a preços que não cobriam os custos, mas dava fôlego. A cada ano, 25% da produção era simplesmente queimada, numa tentativa de recuperar preços. Entre 1931 e 1943 (13 anos), queimaram-se 78 milhões de sacas, suficientes para suprir oito anos de demanda nacional em níveis da década de 1990. Parou-se de queimar café em 1944. Ainda assim, em 1952, o café representou 70% das exportações brasileiras. Na safra 1959/1960, o Brasil, que já armazenava 43 milhões de sacas, colheu o recorde de 36 milhões de sacas. Algo bem incoerente com os 40% de penetração no consumo mundial, que era de 24 milhões de sacas anuais. Uma correção mais drástica só veio na década de 1960, reduzindo o número de plantas de 4,3 para 2,3 bilhões no País entre 1961 e 1968, aliada a uma intensa campanha para o consumo interno, que saltou de 5,4 milhões de sacas em 1960 para 8,3 milhões em 1969. Os pesados subsídios cessaram em 1970.[5]

Desde o último quarto do século XIX, outra euforia ocorria no agronegócio brasileiro: a borracha. A galopante revolução industrial colocou a tonelada do produto a 640 libras esterlinas em 1910 (pico de preço). Naquele ano o café trouxe 385 mil contos de réis para o Brasil (quase 25 milhões de libras esterlinas), representando pouco mais de 40% das nossas exportações. No mesmo ano, a borracha trouxe 377 mil contos, quase 40% das exportações totais. Produziram-se 42 mil toneladas, aqui, em 1912. Paralelamente, crescia a produção de látex em Cingapura, um projeto britânico iniciado na década de 1870, ironicamente contribuído com o transplante de mudas brasileiras de seringueira. Em 1919, das 423 mil toneladas produzidas no mundo, apenas 34 mil saíram do Brasil, e o preço havia caído 70% em relação a nove anos

[4] COELHO, 2001.

[5] COELHO, 2001.

antes. Contudo, a fonte natural já não dava conta da demanda mundial por borracha, e foi então que a forte concorrência com o produto sintético, após a segunda guerra, deu um golpe significativo no crescimento da indústria brasileira do látex.[6]

7.3.1 Um novo padrão para a produção agrícola

Em 1900, nossa população era de 17 milhões de pessoas. Em 1950, 51 milhões, com mais de 80% vivendo nas pouco mais de 2 milhões e propriedades rurais que somavam menos de 8.400 tratores. A célula produtiva típica era a propriedade de subsistência familiar. Depois da Segunda Grande Guerra, o Brasil iniciava um novo ciclo de crescimento econômico, agora puxado pela urbanização e pela industrialização. A produção no campo crescia, porém mais lenta que a necessidade de abastecimento alimentar da população urbana e de suprimentos para os diversos tipos de indústria que germinavam no País, impulsionadas por políticas desenvolvimentistas do Estado.

Na década de 1950, além da inerente busca pelo lucro, empresas multinacionais se enveredavam em mercados de crescimento interessante, recebendo o auxílio de seus governos de origem para mostrar a superioridade do modo de produção capitalista frente ao rival modelo socialista. Diversas indústrias de bens de consumo e de suprimentos a outras indústrias se instalaram no Brasil. Para acelerar o crescimento econômico, na década de 1960, o governo militar realizou a ocupação de grandes áreas do Centro-oeste: a agropecuária deveria fazer crescer a produção, a exportação e o consumo de insumos como fertilizantes, defensivos e equipamentos. Em 1965, foi lançado o primeiro programa oficial de estímulo ao uso de fertilizantes. Em 1960, quando se iniciou a fabricação nacional, havia cerca de 63.000 tratores de rodas operando nos campos brasileiros. A produção anual atingiu o pico em 1976 (mais de 64 mil tratores de rodas). As indústrias recomendam dez anos ou dez mil horas de vida útil, mas no Brasil o sucateamento é postergado, o que fez a frota operante de tratores de rodas atingir 551 mil unidades em 1985.

Voltando à década de 1960, o Brasil apresentava no contexto interno a intensa manifestação dos seguintes fatores: urbanização, industrialização e o interesse dos militares para elevar a produção agrícola de grande escala, no intuito de elevar o País a uma potência também no sentido agropecuário. Além desses fatores, o contexto externo trouxe, naquela e na década seguinte, os fatores que deram a ignição para o

[6] FURTADO, 2002.

monumental crescimento apresentado pelo agronegócio brasileiro, cujos representantes mais característicos foram a soja e a cana, explicados a seguir.

7.3.2 A revolução da soja

Embora a soja tenha o seu plantio no Brasil reconhecido desde 1882, no Estado da Bahia, ela só pegou a partir da década de 1940, como insumo para a indústria de tintas e graxas no Estado do Rio Grande do Sul. Das 61 mil toneladas colhidas em 1951 no Rio Grande do Sul, 31 mil foram para a Europa e para o Japão. As donas de casa brasileiras ainda preferiam a banha suína para cozinhar. O Estado semeou 72 mil hectares em 1955. O interesse do governo federal em diminuir a importação de trigo, reduzindo seu custo, colocou a soja como cultura alternante daquele. A soja aproveitaria os insumos dispensados no solo quando do cultivo do trigo, daria renda extra para condicionar um preço de venda mais baixo para o trigo na origem e fixaria nitrogênio no solo para próximo plantio de trigo. Por questões de mercado internacional e de produtividade interna, essa relação simbiótica refletiu resultados menos proeminentes para o trigo do que para a soja, que se ampliou para 2,2 milhões de hectares no Brasil em 1972. A soja já era dirigida para o consumo humano (óleo), mas principalmente animal (ração). Em 1971, a soja teve cotação média de US$ 112 por tonelada, e em 1972, US$ 125 dólares por tonelada.[7]

O ano de 1973 trouxe o fator externo mais marcante na história da soja. O El Niño espantou as anchovas do litoral do Peru. A indústria mundial de ração, que era dependente do farelo de peixe peruano, elegeu a soja como substituta na alimentação de aves e suínos dos países desenvolvidos. Entre abril e junho de 1973, a cotação da soja pulou de US$ 150 para US$ 600. Naquele ano, a soja e seus derivados responderam por quase US$ 1 bilhão nas exportações brasileiras, o que representava 15% das exportações totais e não veio abaixo dos 10% nos dez anos seguintes. Em 1975, geadas localizadas em vários pontos do Paraná e de São Paulo minguaram a esperança dos cafeicultores, que arrancaram mais de 500 milhões de pés de café, a maior parte substituída pela soja (até o início da década de 1980, cerca de 80% do plantio concentrava-se na região Sul). Em paralelo, ocorria o milagre econômico que injetava, por meio do crédito rural, cerca de US$ 5 bilhões ao ano para o campo e US$ 10 bilhões para a indústria e o comércio ligados ao agronegócio. Na década de 1980 o

7 COELHO, 2001.

governo federal trouxe também a política de garantia de preços mínimos para grãos e subsídios materiais e fiscais para indústrias correlatas ao agronegócio. Resultado para a soja: entre 1950 e 1990, a área total cultivada no Brasil, para as diversas culturas, passou de 19 milhões para 55 milhões de hectares, multiplicando-se quase três vezes. A área cultivada com soja multiplicou-se 120 vezes, de 100 mil hectares para 12 milhões.[8] Em seu livro *O Brasil da soja,* Geraldo Hasse resume bem o fenômeno:

> "Balizada por um *slogan* poderoso – Plante que o governo garante – a economia da soja, subsidiada no campo e na cidade, sustentou por muitos anos a migração de sulistas para o centro do Brasil, a ponto de desenvolver ali uma nova civilização de feição urbana e base rural, e também gerou recursos para a montagem de uma forte infra-estrutura agroindustrial. (...) Foi durante o ciclo febril da soja (1970-82) que deslanchou no Brasil a produção de óleos vegetais, adubos, sementes, produtos químicos, máquinas e implementos, rações, frangos e suínos. Também se desenvolveram inúmeros serviços nas áreas de armazenagem e transportes. Um ágil comércio se organizou em torno da produção agrícola de cidades tradicionais ou recém-fundadas. Restaurantes de beira de estrada, agências bancárias, lojas, oficinas, transportadoras, postos de combustível e diversos outros negócios brotaram como parte da cadeia agroindustrial..."[9]

7.3.3 A revolução da cana-de-açúcar

Em 1930, Pernambuco respondia por 63% do açúcar feito no Brasil. O predomínio nordestino na produção de açúcar perdurava aliado ao apoio do governo federal, mas a superioridade tecnológica dos paulistas avançava. Veio o choque do petróleo em 1973. A primeira reação foi a idéia de substituir o óleo diesel no Brasil por diesel de origem vegetal, pois o açúcar tinha altas cotações internacionais naquele momento. Mas ao cair de US$ 1.600 para US$ 300 por tonelada em menos de dois anos, veio a forte intenção de substituir a gasolina, e não o diesel, por combustível vegetal. Veio então o Pró-álcool em 1975, com esforço do governo para a instalação de destilarias. Em 1979, foram fabricados menos de 5 mil carros a álcool no Brasil, frente a um milhão de carros a gasolina. Em 1985, 96% dos carros novos vendidos eram movidos a álcool. Entretanto, o choque inflacionário da segunda metade da década trouxe preços baixos para os produtores, falta de crédito para o plantio e dívidas nas usinas. Faltou produto

---

[8] COELHO, 2001; HASSE, 1996.

[9] HASSE, 1996.

nos postos e o consumidor se assustou. Em 1997, produziram-se 1,9 milhão de carros a gasolina e menos de 1.300 carros a álcool. Mas a pesquisa inerente ao Pró-álcool trouxe mais produtividade ao campo, elevando de 46 para 69 toneladas de cana por hectare e toda a coleção de resíduos do processo tem hoje um destino produtivo, seja para adubo, fertilizante, geração de energia (bagaço) ou até celulose.

7.3.4 Um pouco da história do crédito rural no Brasil

Tudo indica que, no século XX, a primeira tentativa bem-sucedida de organizar uma política agrícola de suporte, envolvendo concessão de crédito, sustentação de preços e formação de estoques, foi o Convênio de Taubaté, firmado em 25.02.2006, pelos presidentes de São Paulo, Minas Gerais e Rio de Janeiro. Contraindo endividamento externo, o governo paulista exerceu duas operações de compra, acumulando mais de 11 milhões de sacas de café (mais da metade do estoque mundial) que, com a geada de 1918, foram vendidas com grandes lucros. Em 1921, seria a vez do governo federal adquirir 4,5 milhões de sacas. Os recursos vieram da recém criada carteira de redescontos do Banco do Brasil e de alguns empréstimos externos. A operação rendeu grandes lucros em 1924. Estimulado, o Congresso aprovou um programa bastante abrangente de defesa permanente não só do café, mas de toda a agropecuária. Em virtude da mudança de governo em 1923, o programa foi abandonado e transferido para o Estado de São Paulo, que criou o Instituto de Café de São Paulo, que acumulou 20 milhões de sacas até 1929, quando veio o *crack* e o instituto veio a ruir.[10] Partindo dessa época, Carlos Nayro Coelho propõe uma evolução da política agrícola no Brasil em quatro fases, descritas a seguir.[11]

a) Fase da agricultura primitiva (1931-1965)

Inicia-se com a criação do Conselho Nacional do Café em 1931, pelo Governo Provisório, assumindo as atribuições do Instituto Paulista do Café. Foi substituído pelo Departamento Nacional do Café em 1933. Queimou 78 milhões de sacas entre 1931 e 1943. Importante dizer que exerceu política restritiva à superprodução com intuito de equilibrar o mercado. Em 1943 é criada a Comissão de Financiamento da Produção (CFP), presidida pelo Ministro da Fazenda e integrada pelo Ministro da Agricultura, Ministro da Indústria e Comércio, Ministro do Trabalho e um repre-

[10] VENDRAME, 2001; BANCO DO BRASIL, Diretoria, ano não indicado; FURTADO, 1991.

[11] COELHO, 2001.

sentante das Forças Armadas, com objetivo de tratar das questões relacionadas com a garantia de preços na comercialização. O término da Segunda Guerra Mundial abre novas perspectivas para o Brasil, pelo fato dele ter acumulado reservas cambiais e não ter tido sua economia destruída, no tocante ao desenvolvimento econômico com a redução da dependência das contas externas ao café. O período de 1950/1960 é caracterizado por pesados investimentos em infra-estrutura e com a implantação de indústrias de bens de consumo duráveis, com pouco impacto na política agrícola e nas exportações. Mas em 1964, o governo federal tinha 67 milhões de sacas de café estocadas (mais que o consumo mundial do ano). Ao diminuir o ritmo das subvenções, a participação do Brasil nas exportações mundiais caiu de 54% para 38%.

A primeira tentativa de institucionalizar uma política agrícola para o financiamento do setor de grãos no País foi a Carteira de Crédito Agrícola e Industrial do Banco do Brasil (CREAI). Mas o País não tinha um mercado financeiro que servisse de veículo para a captação de recursos privados para a CREAI. A tarefa ficou por conta do capital público, por meio da Carteira de Redescontos (CARED). Mas o interesse público pelo café era muito maior, ignorando o potencial do Brasil para a produção de grãos. Resultou uma crise de abastecimento em 1962. Então o Estado criou meios para administrar o abastecimento, criando a Cia. Brasileira de Alimentos (Cobal), a Cia. Brasileira de Armazenamento (Cibrazem) e a Superintendência Nacional de Abastecimento (Sunab) para o controle de preços finais. A Comissão de Financiamento de Produção (CFP), já existente por conta do café, garantia preços mínimos aos produtores de grãos e concedia empréstimos para a comercialização interna dos produtos. Entre 1953 e 1965, ela adquiriu 3,7 milhões de toneladas de grãos. Mas as medidas foram insuficientes para elevar as exportações.

b) Fase da modernização da agricultura (1965–1985)

A partir de 1964, houve uma mudança na condução da política macroeconômica do Brasil. Foi então estabelecida como meta prioritária o combate à inflação por meio do uso de instrumentos de política fiscal e monetária, e passa-se a dar mais ênfase no aumento e diversificação das exportações como forma de desenvolvimento do País. A equipe econômica entendia a agricultura como fornecedora de divisas e de mão-de-obra necessárias à construção e funcionamento do parque industrial. Para alavancar as exportações, veio um programa de modernização. Foi criado o Sistema Nacional de Crédito Rural (SNCR) e a Embrapa. Os recursos vinham do orçamento fiscal. Parou-se com a emissão da CARED. O novo sistema tinha a premissa de capilaridade geográfica e atenção ao pequeno e ao médio produtor. O SNCR foi o modelo criado por meio da Lei n. 4.829, de 05.11.1965, com objetivos de estimular o incremento ordenado dos investimentos rurais, inclusive para armazenamento, beneficiamento e industrialização dos produtos agropecuários; favorecer o custeio oportuno e adequado da produção e a comercialização de produtos agropecuários; e incentivar a introdução de métodos racionais de produção, visando o aumento da produtividade, a melhoria do padrão de vida das populações rurais e a adequada defesa do solo.

O Decreto-Lei n. 79, de 19.12.1966, instituiu as normas para fixação de preços mínimos e execução das operações de financiamento e aquisição de produtos agropecuários em substituição à Política de Garantia que vinha sendo executada. A Política de Garantia de Preços Mínimos (PGPM) era executada pela CFP por meio das operações de Aquisições do Governo Federal (AGF) e de Empréstimos do Governo Federal (EGF).

As Aquisições do Governo Federal (AGF) foram destinadas a garantir o preço mínimo dos produtos amparados por meio da sua compra direta de produtores e suas cooperativas e de compras indiretas decorrentes da liquidação dos Empréstimos do Governo Federal com Opção de Venda (EGF/COV). Esse instrumento tinha por objetivo o estímulo à ampliação da fronteira agrícola, por meio de subsídios ao custo do transporte que era de responsabilidade da Comissão de Financiamento da Produção (CFP).

Os Empréstimos do Governo Federal (EGF) foram destinados a financiar a estocagem e beneficiamento primário dos produtos para propiciar a sua venda em ocasião mais oportuna, aumentar o poder dos produtores e reduzir as oscilações de preços com os seguintes instrumentos:

- Empréstimos do Governo Federal com Opção de Venda (EGF/COV). Quando do vencimento, caso o preço alcançado pelo produto não fosse suficiente para pagar o empréstimo, o governo assumia o saldo devedor do empréstimo, transformando em AGF.
- Empréstimos do Governo Federal sem Opção de Venda (EGF/SOV). Quando do vencimento, caso o preço alcançado pelo produto não fosse o suficiente para o pagamento do empréstimo, o governo não assumia o saldo devedor, e o produtor tinha que saldar o empréstimo.

A opção EGF/COV era a preferida dos produtores e foi amplamente utilizada, tendo em vista que com a ausência de garantia de preço da opção EGF/SOV o produtor era obrigado a vender o produto dado em garantia ao preço de mercado e cobrir as despesas de estocagem. Os incentivos contribuíram para elevar substancialmente a área plantada, o volume das safras colhidas e viabilizar a colonização dos estados do Paraná, Mato Grosso do Sul, Mato Grosso, Goiás, Tocantins e Rondônia.

Nessa fase o Banco do Brasil atendia integralmente à demanda apresentada por produtores rurais e cooperativas, sem a necessidade de prévia alocação de recursos por parte do Tesouro Nacional. Sobre os financiamentos, eram cobrados juros fixos, sem indexadores. Em 1967, 23% do total de crédito agrícola era suprido pelos depósitos à vista e o restante era suprido por empréstimos via Banco do Brasil e por meio de repasses e redescontos aos agentes do SNCR. Na época de implantação da SNCR, o Banco do Brasil já representava 54% do total do crédito rural, chegando ao máximo de 79,2% em 1979. O plano era que o suprimento de recursos do Banco do Brasil deveria ser realizado prioritariamente por depósitos à vista. Entretanto, com esse recurso em declínio em função das taxas de inflação, o orçamento monetário passou a responder como principal meio de financiamento, ou seja, o suprimento de recursos para a execução da PGPM. Houve então a necessidade de acerto da disponibilidade de recursos e as necessidades de financiamento dos programas do Governo. Para isso o Banco Central criou a Conta Movimento. Desde a compra dos produtos, recolhimento de tributos, pagamentos das despesas com a guarda e conservação dos estoques até a remoção para armazéns estratégicos, tudo era feito pelo Banco do Brasil.

O crédito rural, junto com a Política de Garantia de Preços Mínimos (PGPM), tornou-se o principal instrumento de política agrícola, seguindo uma tendência secular de concentrar a capacidade operacional do governo, em termos de políticas e programas em instrumentos de curto prazo. O crédito de **investimento** daria estímulo à mecanização, correção do solo e irrigação. O crédito de **custeio** permitiria a compra de insumos como fertilizantes e sementes, e o crédito de **comercialização** serviria para transportar o produto paulatinamente, evitando a concentração de oferta na época da safra. Entre 1966 e 1985, foram aplicados, a preços e 1997, US$ 219 bilhões ao todo, que foi subdividido em 59% para crédito de custeio, 17% para crédito de investimento e 24% para crédito de comercialização. Comparando com o modelo norte-americano, este deu ênfase ao desenvolvimento de infra-estrutura (estradas rurais, armazéns, eletrificação, sistema multimodal de transportes) e de conhecimento (educação e pesquisa). O grande mérito dessa fase no Brasil foi a expansão das fronteiras agrícolas (principalmente no cerrado), a grande elevação da produção (de 25 para 56 milhões de toneladas) e a revolução da soja, que colocou o País em destaque mundial desse mercado (17%).

c) Fase de transição da agricultura (1985–1995)

A crise inflacionária desse período e os ajustes econômicos determinaram drástica diminuição da oferta de crédito oficial para a agricultura. Caindo de US$ 14,2 bilhões em 1985/1986 para US$ 7,3 bilhões em 1992/1993. Importante apontar que apesar disso a produção brasileira foi pouco afetada, já que em 1986/1987 foi de 64,8 bilhões de toneladas (US$ 220 por tonelada) e em 1993/1994 foi de 75,8 bilhões de toneladas (US$ 98 por tonelada). A explicação é que os produtores migraram para o crédito privado, por meio principalmente de venda antecipada da produção, o que se configurou num endividamento do setor rural (por causa da indexação).

Apesar da Política de Garantia de preços mínimos ainda vigorar, ela também perdia a sua força. As aquisições do governo federal caíram de 12,9 milhões de toneladas em 1987 para 2,8 milhões de toneladas em 1995, tendo inclusive não mais adquirido soja a partir de 1988. Foi um período de forte redução da intervenção do governo na agricultura. Isso ocorreu devido ao desgaste da PGPM na administração dos estoques governamentais e à própria dinâmica do processo de modernização e inserção da economia brasileira do agronegócio no mercado internacional, que passou a exigir instrumentos mais ágeis no mercado, mais modernos administrativamente e operacionalmente mais orientados para o mercado.

d) Fase da agricultura sustentável (1995 em diante)

A partir de 1965, o setor agrário brasileiro passou por fases alternantes de exagerados paternalismos ou rigorosas restrições para concessão de crédito. A crise do endividamento agrícola explodiu em 1995 e revelou algumas "mazelas" do sistema, como o excesso de interferência política, tanto na concessão de créditos como na anistia e prorrogação de dívidas. Segundo dados do Banco do Brasil, em maio de 1999, o saldo dos empréstimos ao setor rural contabilizava 701.658 mutuários, com uma dívida total de R$ 24 bilhões. Destes, os 2.178 mutuários com empréstimos acima de R$ 1 milhão (0,31% dos mutuários) somavam R$ 8,9 bilhões de reais em dívidas (37%), enquanto que 513.658 mutuários com empréstimos de até R$ 10 mil (73%) somavam R$ 1,4 bilhão em dívidas (5,9%).

Três mudanças profundas ocorreram no Brasil a partir de 1995. A primeira foi o abandono dos princípios de protecionismo na condução da política comercial. A segunda foi a transformação de uma economia comandada pelo Estado em uma economia mais orientada para o mercado por meio de um ambicioso programa de privatizações, e a terceira foi um amplo programa bem-sucedido de estabilização econômica. A nova administração reformulou os instrumentos da política agrícola, como Crédito Rural, Seguro Agrícola, Preços Mínimos, Contratos de Opções, programas de desenvolvimento tecnológico e um amplo programa de renegociação da dívida rural. O Programa de Contrato de Opções foi implementado em 1997 para fornecer aos participantes do processo de comercialização, em especial aos produtores, oportunidade para que eles pudessem desenvolver estratégias pessoais na venda de seus produtos e ter maior flexibilidade diante das eventuais mudanças nas condições do mercado. Foi desenhado para substituir a PGPM em algumas áreas e produtos.

A estratégia de reestruturação do Sistema Nacional de Crédito Rural desenvolvida pelo novo governo foi baseada em três pontos: (i) a securitização das dívidas, para permitir que produtores afetados pelo endividamento (fruto principalmente da indexação da segunda metade dos anos 1980) pudessem retomar o acesso ao crédito; (ii) desindexação dos encargos financeiros, compatibilizando-os com encargos de outros países; e (iii) estimular os financiamentos privados para reduzir a dependência do sistema produtivo em relação ao crédito oficial.

A securitização derivou da Lei n. 9.138 de 29.11.1995 e consistiu em alongamento de prazos (até dez anos) com prestações anuais e juros de 3% aa.[12] Foi estabelecida, ainda, a equivalência em produto para pagamento da dívida. Com relação ao estímulo dos financiamentos privados, as estimativas realizadas em 2000 apontavam que seriam necessários R$ 45 bilhões para se financiar toda a atividade agrícola (R$ 25 bilhões para custeio, R$ 13 bilhões para investimento e R$ 7 bilhões para comercialização). Até meados da década de 1980, a participação do governo federal cobria todas as necessidades de financiamento do setor. Com o estímulo ao financiamento privado, esse quadro mudou paulatinamente sendo que, a partir de 1994, ano em que foi criada a Cédula de Produto Rural (CPR), as mudanças passaram a ser mais intensas.

7.3.5 A Cédula de Produto Rural e seus reflexos no agronegócio brasileiro

Com a suspensão da Conta Movimento em 1986, o sistema governamental de financiamento por garantia de preço mínimo não estava obtendo os resultados esperados, pois com ele o governo era responsável pela compra de toda a produção que o mercado não adquiria. No início da década de 1990, o Banco do Brasil começou a enfrentar problemas com os custos de carregamento dos EGF prorrogados, que dificultavam a liquidação dos empréstimos, pois o elevado volume de produtos

[12] BRASIL, 1995.

vinculados em EGF, no Banco do Brasil, acarretou na escassez de recursos oficiais para sua transformação em AGF.

Para tentar mudar essa situação, o Banco do Brasil foi ao mercado encontrar soluções que estimulasse o crédito privado. Nessa época, a Diretoria de Crédito Rural do Banco do Brasil possuía o Departamento de Comercialização de Produtos Agropecuários (DEAPE), ao qual foi dada a responsabilidade pelo desenvolvimento de novos instrumentos que levassem a um novo modelo de comercialização. Esse departamento desenvolveu um projeto no qual o Banco do Brasil deveria adotar o posicionamento de uma agência de mercado, com atuação descentralizada e desenvolvendo forma de comercialização eletrônica via bolsas de mercadorias, por meio de leilões eletrônicos.

O processo de concepção e desenvolvimento da CPR no Banco do Brasil pode ser dividido em três fases: (i) a criação da CPR; (ii) a sua institucionalização junto ao governo; e (iii) a sua implantação em caráter pioneiro, pois foi o primeiro banco a operar e até hoje (2008) lidera os negócios com a CPR.

a) A criação da CPR

Da forma como vinha sendo comercializada antecipadamente a produção agropecuária brasileira, sobressaíam as modalidades a seguir, as quais eram mecanismos alternativos aos recursos exclusivamente governamentais para o crédito rural:

a) **Venda antecipada ou "soja-verde"** – consiste na venda, pelo produtor ou cooperativa, de sua produção agropecuária futura mediante recebimento do valor da venda no ato da formalização do negócio e pagamento em produto na colheita e, também, vendas antecipadas em que o recebimento do valor da venda se dá na mesma data estipulada para a entrega do produto.

b) **Troca-troca** – é a troca que o vendedor de insumos realiza com o produtor rural ou sua cooperativa, fornecendo os insumos necessários à formação da lavoura, em troca do compromisso do produtor de lhe entregar, em produto na época da colheita, o valor correspondente à transação.

Como mostra Gallassi (2002), essas modalidades se desenvolveram diante da escassez de crédito via sistema bancário e que são mecanismos informais a semelhança do escambo. Por exemplo, as operações troca-troca, que consistem na troca direta de insumos e serviços por produtos agrícolas a serem entregues na época da colheita, são comuns em relação à soja na Região Centro-oeste e à cana-de-açúcar no Sudeste, como informa o autor.[13] Essas operações de venda a termo são realizadas por meio de contrato, com base no Código Comercial Brasileiro, mas apresentam as seguintes inconveniências:

a) Exigem a formalização do negócio por meio de escritura pública, quando houver necessidade de acolhimento de garantia hipotecária.
b) Exigem a presença do vendedor e do comprador para a formalização do negócio.
c) O ritual de formalização do negócio é complicado e oneroso.
d) Não permite ao credor transferir os seus direitos para terceiros, exceto se realizada por meio de escritura pública.
e) A concessão de fiança ou a realização de seguro-garantia (performance) exige a formalização de contrato à parte entre o fiador e o afiançado, ou entre a seguradora e o segurado, nos casos de seguro-garantia.
f) A execução judicial do vendedor para fins de exigir-lhe o cumprimento de sua obrigação é efetuada por meio de ação ordinária, de tramitação demorada.
g) Não permite a inclusão de seguro contra frustração de safra.
h) Não viabiliza a criação de mercado secundário e nem a comercialização em bolsas de mercadorias.

Gallassi (2002) mostra com riqueza de detalhes os problemas e as limitações dessas alternativas baseadas em troca decorrentes da escassez de crédito para as atividades agropecuárias. Diante disso, relata o autor, foi criado pela Bolsa de Cereais de São Paulo o Certificado de Mercadoria com Emissão de Garantia (CM-G), cujo principal objetivo era possibilitar aos produtores rurais a obtenção de recursos por meio da venda futura de sua safra, além de incentivar a introdução de métodos racionais no sistema de comercialização por meio de bolsa, criando condições favoráveis para a auto-regulação do mercado.[14] A CM-G é um título não endossável, negociado na Bolsa de Cereais e Mercadorias, cuja emissão pode ser feita pelo produtor ou sua cooperativa, pelo beneficiador ou indústria e pelo detentor da mercadoria. A liquidação se dá pela entrega da mercadoria e o comprador pode ser qualquer pessoa,

---

[13] GALLASSI, 2002, p. 15.

[14] GALLASSI, 2002, p. 16.

física ou jurídica, por exemplo, comerciante, beneficiador ou exportador.[15] Com o objetivo de superar essas dificuldades, o Banco do Brasil realizou estudos que resultaram na proposta de criação da Cédula de Produto Rural (CPR). O estudo resultou na aprovação pelo Congresso Nacional e sanção pelo Presidente da República, tornando-se a Lei n. 8.929, de 22.08.1994, divulgada no Diário Oficial da União de 23.08.1994. Esses estudos foram feitos paralelamente aos esforços de criação e institucionalização do CM-G.[16]

A CPR começa a ser concebida a partir de um projeto para a área de comercialização de produtos agropecuários desenvolvido pelo DEAPE. A partir dos leilões eletrônicos identificou-se a oportunidade de criação de um novo instrumento de comercialização que invertesse a regra vigente, que era "plantar para vender", pela qual o produtor tradicionalmente plantava com riscos de não encontrar mercado no futuro para a venda e sem recursos do governo para garantir o preço mínimo, em que o Banco do Brasil acumulava prejuízos. A idéia era "vender para plantar", pela qual se antecipa a garantia de preços e permite que os produtos possam ser comercializados em bolsa de mercadorias. A CPR nasce com o *slogan* de "vender para plantar".

No DEAPE já havia uma cultura de inovação. O desafio lançado para o grupo era o de criar um produto "que não seria apenas o melhor produto do Banco do Brasil, mas o melhor para o Brasil". O DEAPE começou a desenhar um protótipo de um novo instrumento em que o produtor ou a cooperativa que o representa pudesse captar no mercado e não precisasse ir ao banco pedir empréstimo. Essa seria uma mudança extraordinária em relação aos processos vigentes. Em linguagem típica da literatura especializada em inovação, a CPR se caracteriza como uma inovação radical dado o grau de novidade que ela trouxe para o mercado.

O processo de concepção da CPR foi caracterizado por uma ampla discussão da proposta que era apresentada ao mercado com o objetivo de capturar contribuições ao projeto. A proposta foi, então, submetida à presidência do Banco do Brasil. A CPR, então, passou a ser um projeto da presidência do Banco do Brasil, que tratou de enviar o projeto ao conhecimento do governo federal e patrocinou uma reunião com o Ministério da Fazenda para apresentação do projeto.

---

15 GALLASSI, 2002, p. 16-17.

16 GALLASSI, 2002, p. 17.

b) A institucionalização da CPR

A proposta da CPR foi apresentada em 27.08.1993 ao então Ministro da Fazenda Fernando Henrique Cardoso. Entretanto, havia a necessidade do envolvimento do Ministério da Agricultura. Em 01.09.1993 a proposta foi apresentada aos ministros da fazenda e da agricultura. Nessa reunião decidiu-se pela implantação da CPR, com a constituição de um grupo de trabalho com representantes do Banco do Brasil e do Ministério da Fazenda para a elaboração de uma proposta a qual seria enviada pelo Ministério da Fazenda à Procuradoria Geral da Fazenda Nacional para a redação de uma lei para posterior envio ao Congresso Nacional. Esse grupo interministerial atuou em tempo integral e teve 60 dias para formatar o produto CPR, com a consultoria de técnicos especializados. Nessa etapa, o grupo técnico participou de reuniões no Congresso Nacional com objetivos de esclarecer dúvidas e recolher subsídios ao projeto. Por fim, a CPR foi instituída pela Lei n. 8.929 de 22.08.1994.[17]

c) A implantação da CPR

Concomitantemente à etapa de Institucionalização da CPR junto ao governo, por decisão da presidência, o Banco do Brasil, internamente, constituiu um grupo de implantação. O grupo teria 60 dias para o detalhamento da implantação da CPR e deveria formatar a primeira operação de modo a disponibilizar ao mercado a CPR quando da promulgação da lei pelo Presidente da República. O grupo tinha funcionários das seguintes áreas do Banco do Brasil:

- DEAPE – Departamento de Comercialização de Produtos Agropecuários.
- COTEC – Consultoria Técnica da Presidência.
- DIFIN – Diretoria de Finanças.
- BB DTVM – Distribuidora de Títulos e Valores Mobiliários.
- DENOC – Departamento de Normas de Crédito.
- COJUR – Consultoria Jurídica.
- DIRIN – Diretoria da Área Internacional.

Terminado o prazo de 60 dias, o grupo foi dissolvido à espera da promulgação da lei. Sancionada a lei, o Banco do Brasil iniciou as operações com a CPR, sob a

[17] BRASIL, 1994.

responsabilidade do DEAPE. A primeira operação aconteceu em setembro de 1994, no Rio de Janeiro, envolvendo o mercado de leite.

7.3.6 Características da CPR

A utilização de títulos, como a CPR, como mecanismo de financiamento representa um avanço em relação às formas tradicionais de obtenção de recursos para a agricultura. Como diz Gallassi (2002), o CPR desempenha o duplo papel de instrumento de financiamento e de garantia de preço. O financiamento pode ser feito em qualquer época do ano, o que permite ao produtor rural administrar com mais facilidade e flexibilidade as suas atividades, escapando dos períodos de demanda aquecida em épocas de preparação e plantio. Como o preço é fixado com a emissão do título, o produtor fica protegido diante das oscilações típicas do mercado de *commodities.*[18]

Esse título independe do financiamento por parte do governo, pois os recursos mobilizados são originários do mercado, provenientes de pessoas físicas ou jurídicas. Há vários formatos de financiamento por meio da CPR, em que diversos agentes econômicos podem estar envolvidos, como bolsas de mercados futuros, instituições financeiras, seguradoras, exportadores, comerciantes, agroindústrias, fundos de investimentos etc.; dependendo apenas da possibilidade da atuação de determinadas instituições no mercado agrícola e da engenharia financeira de cada agente econômico interessado em seu uso. O método mais simples e usual é aquele em que o fornecedor (comprador, exportador, atacadista, agroindústria etc.) compra uma CPR emitida por um produtor rural, cooperativa ou suas associações. Intermediando essa negociação, pode haver a figura de uma instituição financeira, cuja principal função é acompanhar a emissão, o endosso, as negociações e a propriedade dos documentos, garantindo um rápido acompanhamento das operações, além de avalizar o título, realizar seguros e prestar outros tipos de serviços, como mostra a Figura 7.1.

Agentes da indústria de insumos, máquinas agrícolas e agentes do mercado secundário, por exemplo, os fundos de investimentos financeiros, podem estar envolvidos no modelo surgindo um novo modo de negociação mais sofisticado, derivado do anterior. Nesse modelo, a indústria adiantaria os insumos ou máquinas ao produtor rural, que emitiria uma CPR em favor da indústria. Esta, por sua vez, poderia endossá-la a um fundo de investimento, que a endossaria a um exportador, agroindústria ou qualquer outro interessado. Na data de vencimento, o portador da CPR finalmente receberia o produto, como mostra a Figura 7.2.

---

[18] GALLASSI, 2002, p. 40.

Figura 7.1 Diagrama de negociação da CPR: tipo 1

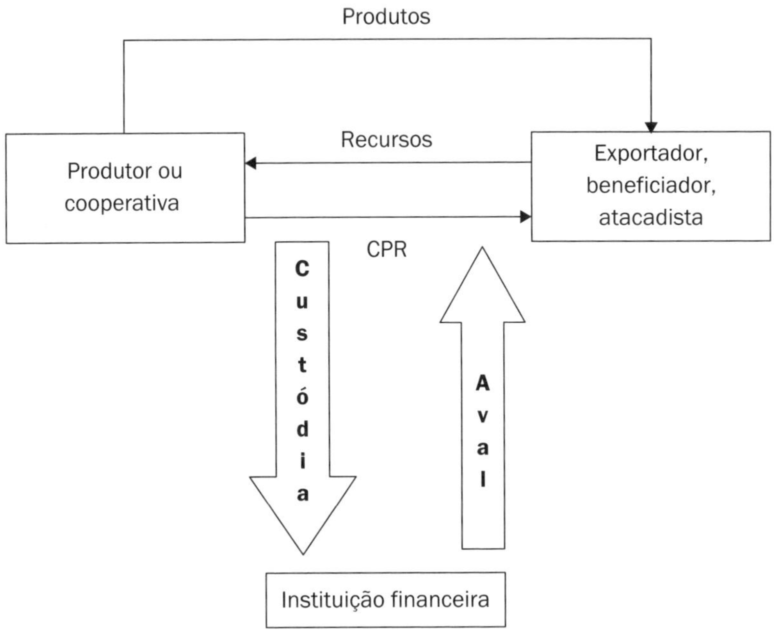

Fonte: VENDRAME, 2001.

Figura 7.2 Diagrama de negociação da CPR: tipo 2

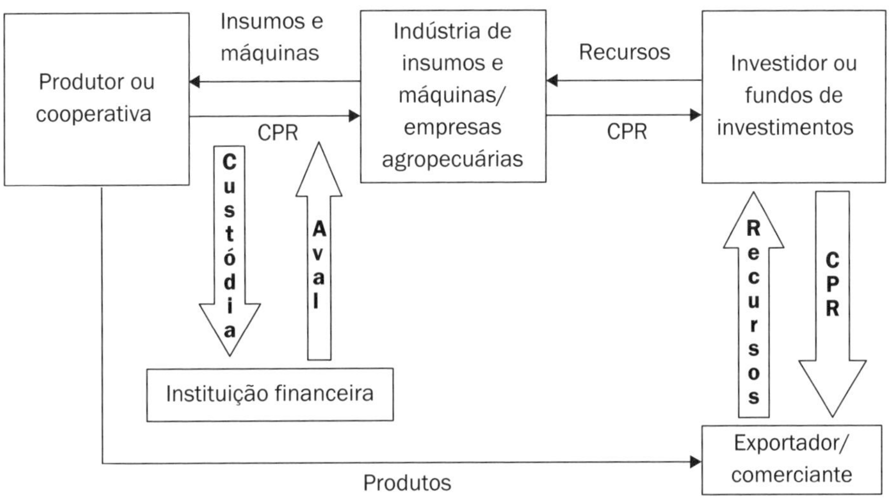

Fonte: VENDRAME, 2001.

As principais exigências lançadas no contexto desse título são: denominação "Cédula de Produto Rural"; a data de entrega; o nome do credor e cláusula à ordem; a promessa pura e simples de entregar o produto, sua indicação e as especificações de qualidade e quantidade; o local e condições de entrega; a descrição dos bens cedularmente vinculados em garantia; a data e o lugar da emissão e assinatura do emitente. A CPR pode ser aditada, ratificada e retificada por aditivos que a integram, datados e assinados pelo emitente e pelo credor, fazendo-se, na cédula, menção a essas circunstâncias, bem como poderá conter outras cláusulas lançadas em seu contexto, as quais poderão constar de documento à parte, com a assinatura do emitente. A realização de seguros contra frustração de safras, seguro rural, de performance e seguro garantia é facultativa. A fim de tornar a obrigação líquida e certa, é previsto que o emitente, além de responder pela evicção, não pode alegar caso fortuito ou força maior para não cumprir a obrigação.

Dada sua natureza cambial, a CPR pode ser considerada ativo financeiro, podendo ser negociada nos mercados de bolsas e de balcão, sendo indispensável, para isso, ser registrada em sistema de registro e de liquidação financeira, administrada por entidade autorizada pelo Banco Central do Brasil. Nesse caso, não haverá incidência de imposto sobre operações de crédito, câmbio e seguro, ou relativo a títulos sobre operações de crédito, câmbio e seguro, ou relativo a títulos ou valores imobiliários. As negociações da CPR são registradas na Central de Custódia e Liquidação de Títulos, evitando a venda da produção em duplicidade. A CPR pode vir a compor a carteira dos Fundos de Investimentos Financeiros do setor bancário, diminuindo o problema que esses fundos vêm enfrentando atualmente de não encontrar bons instrumentos financeiros de emissão do setor agropecuário para aplicarem seus recursos, gerando recursos para financiamento da produção rural. O processo de mudança na forma de obtenção de financiamento pelo produtor representa um grande desafio, pois mudar uma tradição enraizada na cultura dos produtores requer um trabalho de conscientização, em que são colocados em cheque valores repassados por várias gerações, dificultando a assimilação de mecanismos modernos de mercado como forma de obtenção de financiamento.

7.3.7 Tipos de CPR

A Cédula de Produto Rural (CPR) foi desenvolvida pelo Banco do Brasil com base nos contratos de "soja-verde" da Associação Nacional dos Exportadores de Cereais (ANEC). Seu potencial ainda não foi amplamente explorado. Tem as seguintes variantes, conforme descritas a seguir.

a) CPR com pagamento em produto

A Cédula de Produto Rural é uma cambial, por meio da qual o emitente – produtor rural e suas associações, inclusive cooperativas – vende a termo sua produção agropecuária, recebe o valor da venda no ato da formalização do negócio e se compromete a entregar o produto vendido na quantidade, qualidade, local e data estipuladas no título. São passíveis de serem comercializados, por meio de CPR, quaisquer produtos agropecuários *in natura*, beneficiados ou industrializados, que tenham sido produzidos por produtores rurais ou suas cooperativas.

b) CPR com liquidação financeira

Com a promulgação da Lei n. 10.200, de 14.02.2001, foi autorizada a inclusão de cláusula na CPR permitindo a sua liquidação financeira, como alternativa à CPR com pagamento em produto. A Cédula de Produto Rural, que era um título exclusivamente de comercialização, passou a ter duas destinações distintas: CPR com pagamento em produto (título de comercialização) e CPR com liquidação financeira (título de financiamento). Esta última, a "CPR Financeira", pode ser emitida nas seguintes modalidades:

- CPR Financeira Preço Fixo – o título é emitido com o valor de resgate pré-determinado para a data de vencimento.
- CPR Financeira Índice de Preço – o título é emitido com preço de resgate que tem como referencial as cotações do mercado futuro na BM&F, ou o indicador ESALQ/BM&F do produto objeto da CPR no seu vencimento.

Os dois tipos de CPR terão aplicações diferenciadas de acordo com o interesse das partes. Existem, no mercado, compradores que somente se interessarão em adquirir o título caso a condição de pagamento seja em produto, por exemplo.

c) CPR Exportação

O Banco do Brasil já concedeu aval em CPR Exportação emitidas por produtores/cooperativas. A CPR Exportação nada mais é do que uma CPR com entrega física em que o comprador é um importador (pessoa física ou jurídica domiciliada no exterior). O importador, ao adquirir uma CPR Exportação, deverá efetuar o pagamento antecipado da mercadoria adquirida, em moeda estrangeira, e o banco, com a obrigação de efetuar a operação de câmbio para pagar ao emitente em reais. O aval que o

Banco do Brasil oferece ao importador é a garantia de honrar a obrigação assumida pelo emitente de efetuar a entrega física do produto. A CPR Exportação poderá ser transferida a outro importador, mediante endosso no título.

d) CPR sem garantia

A CPR pode ser garantida por penhor, hipoteca, alienação fiduciária, aval ou seguro-garantia. Nada impede, contudo, que ela seja emitida sem a vinculação de qualquer tipo de garantia, isto é, apenas com base no conceito do emitente.

e) CPR "de gaveta"

É praxe dos exportadores, das indústrias e dos vendedores de insumos utilizar-se da CPR para formalizar suas transações e guardá-las na própria empresa sem levá-las a registro em sistema de registro e de liquidação financeira administrado por entidade autorizada pelo Banco Central do Brasil, razão porque são conhecidas como CPR "de gaveta".

f) CPR garantida por aval bancário

As CPR negociadas por meio do Leilão Eletrônico são avalizadas pelo Banco do Brasil e registradas e custodiadas em sistema de registro e de liquidação financeira administrado por entidade autorizada pelo Bacen. O aval do Banco do Brasil é a garantia de recebimento do produto pelo comprador. Caso o produtor não efetue a entrega, por qualquer motivo (perda na lavoura, moral etc.), o Banco do Brasil vai a mercado, adquire o produto e honra o compromisso em lugar do produtor, conforme condições estabelecidas na CPR avalizada.

g) CPR com seguro-garantia (garantia de performance)

Já estão sendo negociadas CPRs com seguro-garantia em operações de balcão, fora do ambiente de bolsa. O seguro-garantia da forma como está sendo realizado pelas companhias seguradoras não atende ao interesse dos investidores institucionais. O seguro-garantia cobre apenas riscos morais do emitente da CPR, e as coberturas são realizadas somente após 30 dias da comunicação do sinistro pelo credor da CPR. Para que o seguro possa competir em igualdade de condições com o aval de instituição financeira, será necessário implantar o Seguro de CPR, regulamentado pela SUSEP por meio da Circular n. 261, de 09.07.2004. Algumas seguradoras estão trabalhando nesse sentido. Contudo, nenhuma delas conseguiu realizar um seguro para cobertura de todos os riscos do emitente da CPR que viabilize a negociação em bolsas, mediante oferta pública, a exemplo da CPR com aval do Banco do Brasil.

7.3.8 Volume de CPRs contratados

O volume de negócios do Banco do Brasil com CPR contratado em 2006 alcançou R$ 2,5 bilhões, tendo sido realizadas mais de 37 mil operações com produtores e cooperativas, como mostra a Tabela 7.1. Desde sua criação em 1994, até o final de 2006, o volume de negócios com CPR totaliza R$ 15,9 bilhões, considerando inclusive os negócios realizados fora das bolsas, ou seja, os negócios de balcão. Os produtos que mais se destacaram no ano de 2006 foram: bovinos (R$ 905 milhões), café (R$ 800 milhões), soja (R$ 358 milhões), milho (R$ 119 milhões) e arroz (R$ 114 milhões).

Tabela 7.1 Volumes de CPR contratados de 1994 a 2006

	Tipo CPR						
	Valor R$ mil		n. CPR		Totais		
Ano	Física	Financeira	Física	Financeira	Valor R$ mil	n. CPR	Ano
1994	26.987		64		26.987	64	1994
1995	62.166		661		62.166	661	1995
1996	37.741		539		37.741	539	1996
1997	53.881		777		53.881	777	1997
1998	79.844		1.462		79.844	1.462	1998
1999	146.412		2.363		146.412	2.363	1999
2000	203.463	395.619	4.097	9.196	599.082	13.293	2000
2001	275.252	570.686	6.392	12.151	845.937	18.543	2001
2002	338.287	722.975	6.674	15.013	1.061.262	21.687	2002
2003	382.437	1.150.617	6.973	22.385	1.533.054	29.358	2003
2004	445.795	4.026.968	8.316	54.117	4.472.763	62.433	2004
2005	518.597	3.936.094	7.490	54.555	4.454.691	62.045	2005
2006	503.746	2.023.273	7.702	29.670	2.527.018	37.372	2006
Totais	**3.074.608**	**12.826.231**	**53.510**	**197.087**	**15.900.839**	**250.597**	**Totais**

Fonte: BB/Diretoria de Agronegócios.

REFERÊNCIAS

BANCO DO BRASIL. Diretoria de agronegócios. Gerência de comercialização de produtos agropecuários. *BANCO DO BRASIL – CPR. Cédula de Produto Rural.* Brasília DF, s/d., 63 p.

BRASIL. Lei n. 8.929, de 22 de agosto de 1994, institui a cédula de produto rural, e dá outras providências. Brasília, *DOU,* 23 ago. 1994.

______. Lei n. 9.138, de 29 de novembro de 1995. Dispõe sobre o crédito rural, e dá outras providências. Brasília, *DOU,* 30 nov. 1995.

BRASIL. SUPERINTENDÊNCIA DE SEGUROS PRIVADOS (SUSEP). *Circular Susep n. 261,* de 9 de julho de 2004. Dispõe sobre o Seguro de Cédula de Produto Rural – CPR e dá outras providências.

COELHO, Carlos Nayro. 70 anos de política agrícola no Brasil (1931-2001). *Revista de Política Agrícola.* Brasília, SPA/MA, jul./set. 2001.

FURTADO, Celso. *Formação econômica do Brasil.* 24. ed. São Paulo: Companhia Editora Nacional, 1991.

FURTADO, Rogério. *Agribusiness brasileiro:* a história. São Paulo: Evoluir, 2002. 236 p.

GALLASSI, Altair. *Cédula de Produto Rural (CPR):* fonte de recursos para financiamento da atividade agropecuária e instrumento de *hedging.* 2002. Dissertação (Mestrado) – Economia. Universidade de Brasília, Brasília, 2002.

HASSE, Geraldo. *O Brasil da soja.* São Paulo: L&PM Editores, 1996. 258 p.

UNIVERSIDADE DE SÃO PAULO. Observatório da inovação e competitividade e Agência Brasileira de Desenvolvimento Industrial (ABDI). Pesquisa compara Estratégias de Inovação em sete Países, 2007-2008.

VENDRAME, Jefferson Marcos. *Cédula de produto rural como alternativa de financiamento na cultura da soja.* 2001. 120 f. Dissertação (Mestrado). Universidade Federal de Santa Catarina – UFSC, Florianópolis, 2001.

8 Conclusão

José Carlos Barbieri
Júlio F. B. Facó
Luís Aniceto Silva Cavicchioli
Moysés Alberto Simantob
Pérsio Alberto Mandel

O estudo dos três casos de inovação do Banco do Brasil resultou não apenas no mapeamento dos fatores envolvidos no desenvolvimento de inovações dentro da organização mas também, e principalmente, permitiu a compreensão da dinâmica do ambiente inovador em que estas foram concebidas e implementadas. Ocupam um papel central nessa dinâmica os agentes alavancadores, facilitadores e inibidores que agiram sobre processos de inovação e determinaram os seus resultados.

Os agentes alavancadores das inovações estudadas foram determinantes para se investigar o papel da liderança e sua capacidade de percepção de oportunidades de novos negócios e novos mercados. Esses agentes atuaram intensamente na interpretação de sinais externos do mercado, como também na análise interna dos procedimentos do Banco, uma condição necessária e fundamental para a preparação da instituição em receber com menor impacto e risco possíveis às múltiplas mudanças que viriam a seguir, como a mudança paradigmática nos trabalhos da auditoria, migrando do foco da verificação de conformidade dos procedimentos do banco para o foco da visão preventiva de atuação por processos.

Nos três casos analisados, os líderes responsabilizaram-se pelo estado de mudança das coisas. Assumiram a postura de questionarem o *status quo* e apresentaram novos pontos de vista que provocavam os executivos de áreas funcionais da empresa a refletirem sobre os seus processos organizacionais e sua conduta frente ao negócio. Muitos que lideraram os grupos de trabalho encarregados das inovações desempenhavam, ao mesmo tempo, atividades de rotina, composta de atividades conhecidas e repassadas repetidas vezes, mostrando-se, dessa maneira, perfeitamente bem em ambos os papéis. Esse fato que foi notado nos casos estudados merece destaque, pois se refere a uma característica marcante da cultura do banco. O aprendizado dessa experiência constata que as oportunidades de liderança são abundantes e sempre estarão ao alcance daqueles que se propuserem a abraçá-la. Como mostrado no Capítulo 2, que trata de questões conceituais sobre Inovação em Serviços, as barreiras internas são os fatores inibidores típicos das grandes organizações de serviço para realizarem inovações com sucesso. O receio do novo fica atenuado, ou até mesmo eliminado, quando os inovadores são capazes de exercer com desenvoltura esses dois papéis. Talvez seja esta uma possibilidade mais presente em organizações de serviço do que em manufaturas, uma vez que naquelas as inovações de processo em geral precedem a inovação de produtos.

Não houve falta de engajamento e recursos. Entende-se por engajamento e recursos as condições favoráveis de adesão de pessoas interessadas em participar com suas idéias em projetos de investimento e alocação em novas tecnologias que proporcionaram a transformação do conhecimento, novo ou instalado, em planos de ação comprometidos com a geração de valor para o Banco do Brasil. Não por acaso, esta frase expressa um conceito do próprio Fórum de Inovação: inovações representam idéias, que uma vez implementadas, proporcionam resultados positivos para o negócio. Vale lembrar, que no caso específico do CPR, o envolvimento de pessoas transcendeu os executivos do Banco, ampliando-se para o relacionamento com membros de vários ministérios e congressistas. Como visto no Capítulo 2, a organização que se prepara para o futuro estende sua compreensão à uma vasta gama de relacionamentos, experiências e novas habilidades, construindo para isso uma rede social capaz de potencializar o espírito empreendedor latente na empresa que expresse a dinâmica social e econômica da era do conhecimento.

Fato curioso de se notar é a falsa associação entre estabilidade no trabalho com inércia organizacional. O Banco do Brasil, em seu ambiente de trabalho, se pauta pela prática de muitos procedimentos operacionais normativos que fazem parte de sua própria natureza de instituição financeira, exigindo de seus colaboradores que respeitem os mecanismos de controle que gerem segurança e credibilidade para o exercício de suas atividades com lisura e irreparação. Essa é uma obrigação de todas as organizações que atuam na indústria financeira, mas não só delas, deveria ser de todas, e que se expressa nos dias de hoje por instrumentos que reconhecem a boa governança corporativa, uma expressão relacionada com a forma de exercer o poder na corporação. Não é por outra razão que a governança corporativa está presente em modelos de excelência empresarial, como o do Prêmio Nacional da Qualidade (PNQ), e nas iniciativas de responsabilidade social relacionadas com o movimento do desenvolvimento sustentável, comentado no corpo deste livro.

Contudo, a associação entre rigor técnico decorrente da necessidade de prover confiança à sociedade e aos agentes econômicos e os fortes vínculos com o Estado brasileiro transmite uma mensagem equivocada, qual seja a de uma instituição engessada e que não inova. Não faltam os que imaginam que uma organização que tem em seus quadros colaboradores com mais de dez anos de tempo de casa, ou mais, caminha para a estagnação pelo represamento do potencial imaginativo do seu pessoal e apatia intelectual. Ao contrário, o que se vê, em particular nos casos estudados, foi a presença de um quadro de profissionais bem formado e em pleno estado da arte nas áreas de conhecimento em que atuam, inclusive com muitos mestres e doutores. O que enrijece a organização não é a estabilidade interna tão criticada pelos fundamentalistas de mercado, para usar a expressão de Milton Santos, mas a ausência de cultura que estimule a ousadia de sugerir novas idéias e o surgimento de lideranças para além das estruturas formais. Não é isso o que empresas como Toyota, Google e Brasilata nos tem ensinado?!

Os três casos estudados não são suficientes para afirmar que o Banco do Brasil apresenta, em seu todo, líderes que conseguem traduzir intenções em realidade, traço marcante de uma cultura empreendedora, alinhando o esforço inovador em busca de metas corporativas. A metodologia utilizada não permite generalizações desse tipo. Mas estes estudos permitiram notar a presença de grupos que foram capazes de criar transformações mercadológicas que reconfiguraram a estrutura competitiva do setor, com o lançamento da quinta onda de evolução do atendimento bancário, conforme apresentado no Capítulo 4 e detalhado no Capítulo 7, a saber: o Banco de Bolso, uma inovação considerada entre as dez principais inovações brasileiras na última década. Coisas assim não acontecem por acaso. Isso evidencia a preocupação do Banco do Brasil com a gestão do risco da inovação.

A gerência de riscos é um assunto muito sério em instituições financeiras; quase todas possuem um processo formal e estruturado de planejamento e controle dos riscos. No caso do Banco do Brasil, a premissa central foi considerar que eventos incertos no futuro podem gerar conseqüências positivas ou negativas para as suas inovações e, portanto, o risco deveria ser entendido como parte do investimento retornado, no caso de sucesso, ou como aprendizado da organização, caso a experiência não obtivesse resultado mensurável. Tal conduta coloca o Banco do Brasil ao lado de empresas de vanguarda, que não associam risco apenas a algo negativo. Derivado do italiano *risicare,* que significa ousar, a palavra risco deve ser interpretada como um conjunto de incertezas, encontradas quando ousamos fazer algo, e não como problema. Como diz o ditado: "Gestão de Risco não diz respeito a decisões futuras, e sim ao futuro de decisões presentes".

Empresas que atuam em mercados competitivos, como é o caso do Banco do Brasil, em que a necessidade de possuírem processos de inovação com um razoável grau de estruturação, previsibilidade e avaliação do sucesso ou não de suas ações têm a obrigação de gerenciar a mudança passo a passo, mais que em outros setores, porque uma falha pode custar caro.

Eisenhardt e Brown (1997) confirmam, em seus estudos, que mercados com acirrada competição contribuem significativamente para ambientes organizacionais turbulentos, exigindo uma administração eficaz das lideranças por melhores resultados de seus recursos e de seus processos de desenvolvimento de inovações. Tais recursos e processos, quando bem gerenciados, trazem grande aprendizado por meio da adoção de melhores práticas de trabalho e melhor desempenho das pessoas e de produtividade dos recursos empenhados.

Outro fator relevante a ser considerado diz respeito a dimensão da inovação que está sendo observada, pois quando Schumpeter se refere à inovação está, na verdade, tratando das inovações radicais, ou seja, aquelas inovações que produzem um grande impacto econômico ou mercadológico. O autor deixa em segundo plano as inovações de ordem incremental, isto é, os aprimoramentos técnicos de base contínua, que também são importantes para se entender o processo inovativo. Estudos posteriores, trazidos por autores mais voltados ao contexto social da inovação, como Mokyr (1990), Gould (1980) e Nelson e Winter (1982), lembram não ser suficiente para uma organização ser inovadora, sem que o seu entorno também o seja. Isto é, a atenção à inovação se beneficia de apoio institucional dos vários atores que compõem o chamado sistema de inovação, em outras palavras, um sistema de inovação deve-se valer de iniciativas de tecnologia industrial básica, de pesquisa avançada e capital de oportunidade.

Nesse contexto, a influência do ambiente regulatório criou um entorno pouco favorável para o Banco do Brasil pelo seu papel institucional de autoridade monetária e banco do governo, que acarretou responsabilidades diferenciadas em relação aos demais bancos privados no Brasil. Entretanto, é condição essencial para qualquer competidor de mercado ter mecanismos administrativos eficazes para operar dentro das regras de mercado estabelecidas e, quando necessário, ajudar a reescrevê-las, sempre que possível, em seu favor e, sobretudo, em prol da competição sadia, neutralizando a concorrência predatória. Foi assim que o Banco do Brasil foi impulsionado a investir no desenvolvimento tecnológico autônomo para atender as suas próprias necessidades de processamento descentralizado que agilizaram os seus procedimentos de compensação quando, em meados dos anos 1970, o País instituiu controles restritivos à importação de computadores.

Fruto dessas discussões contextuais, Nelson e Winter (1982) e Dosi (1984), com o conceito de paradigma tecnológico, lançam a base da abordagem evolucionária, que é a incorporação do fenômeno da mudança tecnológica, explicando como a produção das atividades técnico-científicas é incorporada ao processo produtivo e quais são os efeitos dessa incorporação sobre a própria estrutura industrial e da concorrência. Pela teoria evolucionária, a mudança técnica e a estrutura de mercado devem ser entendidas como mutuamente interativas, cada qual afetando e sendo afetada pela outra, e na qual a inovação é uma escolha não inteiramente conhecida, que pode ou não dar certo. Nesse ambiente de incerteza e diversidade, as empresas lançam mão de suas rotinas ou "trajetórias naturais". Isso implica identificar modos diversos de produção do conhecimento.

Dessa forma, não faz mais sentido restringir-se ao clássico modelo linear de inovação, onde se parte da pesquisa pura para se chegar até novos produtos no mercado. Decorrem dele conceitos que ficaram obsoletos, como o de que a transferência tecnológica é o epicentro do processo de inovação. Enfatiza-se a necessidade de se criar outros meios de produção de conhecimentos, que incorporem novas rotinas, que vão desde à escolha de matéria-prima até a definição do preço final do produto no mercado, que sejam igualmente rigorosos em termos de processos e trajetórias tecnológicas, mas que partem da busca de soluções para questões de interesse da sociedade e de seus segmentos.

E, hoje, quando analisamos a sociedade de uma forma global, vemos uma amplidão de perspectivas que nos forçam a buscar compreender a força das intensas e surpreendentes transformações deste período em que vivemos. Fazer essa reflexão pode nos ajudar a entender sobre os futuros modelos de gestão, seguramente cada vez mais alinhados com os processos de desenvolvimento sustentável. Como apresentado no livro publicado pelo Fórum de Inovação intitulado *Organizações Inovadoras Sustentáveis*, as novas trajetórias e rotinas organizacionais parecem convergir para um tripé capaz de construir desenvolvimento socialmente includente, tecnologicamente prudente e economicamente eficiente.

O Banco do Brasil ao apoiar e adotar o Pacto Global e outras iniciativas voluntárias correlatas, que tem como propósito a mobilização da comunidade internacional para a promoção de valores essenciais nas áreas de direitos humanos, trabalho e meio ambiente, não parece distanciar-se de seu compromisso social, ao contrário, assume papel de protagonista na construção de uma nova liderança intelectual em seu setor.

As periodizações históricas da tecnologia de automação aplicadas ao setor financeiro, conforme apresentadas no Capítulo 4 deste livro, talvez nos revele que estejamos diante de uma nova onda: a sexta onda, a da tecnologia social, aquela que compreende produtos, técnicas e/ou metodologias reaplicáveis, desenvolvidas na interação com a comunidade e que represente efetivas soluções de transformação social. Tecnologia esta criada para solucionar algum tipo de problema **social** e que atenda aos quesitos de simplicidade, baixo custo, fácil aplicabilidade e impacto **social** comprovado.

Trata-se de uma proposta inovadora de desenvolvimento, baseada na disseminação de soluções voltadas a problemas-chave como demanda de água, alimentação, educação, energia, habitação, renda, saúde, meio ambiente, entre outros. Por nascerem no seio de uma comunidade ou no ambiente acadêmico, podem ainda aliar saber popular e conhecimento técnico-científico. O que importa essencialmente é que a sua eficácia seja multiplicável, propiciando desenvolvimento em escala. São numerosos os exemplos de **tecnologia social**, desde o soro caseiro – mistura de água, açúcar e sal, que impede a desidratação e reduz a mortalidade infantil – até as cisternas de placas pré-moldadas que atenuam o problemas da seca no Nordeste.

No caso do Banco do Brasil, tem sido inspirador notar o crescimento de um banco de dados que contemple informações sobre as tecnologias sociais certificadas no âmbito do Prêmio Fundação Banco do Brasil de Tecnologia Social, desde a sua primeira edição em 2001. O Prêmio, com participação aberta às instituições legalmente constituídas no País, de direito público ou privado, sem fins lucrativos, tem sido um instrumento de identificação, seleção, certificação, promoção e fomento de tecnologias que apresentem respostas efetivas para diferentes demandas sociais, envolvendo diferentes regiões do País na busca de soluções para temas como o aproveitamento e o tratamento de resíduos e efluentes de processos produtivos, a gestão de recursos hídricos, entre outros, algumas delas em parceria com a Petrobras e com o apoio institucional da Unesco.

Da mesma forma que a teoria evolucionária fornece o conceito de mútua interação entre tecnologia e mercado, a visão de ondas tecnológicas, que sugere a convivência de uma fase de automação com outra, com troca e acumulação de conhecimentos, transforma a realidade de todos nós, consumidores, e provoca, dos mais céticos aos mais entusiasmados, a aceitação de um novo paradigma que naturalmente se instala em nosso cotidiano.

Dessa forma, as pessoas nas organizações são empurradas a pensar não apenas nas boas práticas de gestão mas, sobretudo, nas próximas práticas de desenvolvimento e crescimento com a adoção de um tipo de inovação que considera a convergência entre as novas tecnologias sociais de mobilidade digital, o compromisso ético responsável com as futuras gerações e a redução do abismo social para os milhões de brasileiros excluídos.

As instituições financeiras, como todos os outros agentes de desenvolvimento de um país, têm o dever de agir hoje para que os próximos 200 anos sejam ainda melhores.

REFERÊNCIAS

DOSI, G. *Technical change and industrial transformation:* the theory and an application to the semiconductor industry. Londres: Macmillan, 1984. 338 p.

EISENHARDT, K. M.; BROWN, S. L. The art of continuous change: linking complexity theory and time-paced evolution in relentlessly shifting organizations. *Administrative Science Quarterly,* Ithaca, v. 42, n. 1, p. 1-34, Mar. 1997.

FREEMAN, C.; SOETE, L. *The economics of industrial innovation.* 3rd ed. London: Pinter Publishers, 1997.

GOULD, S. J. *The panda's thumb.* New York: W.W. Norton & Company, 1980.

MOKYR, J. *The lever of riches:* technological creativity and economic progress. New York: Oxford University Press, 1990. p. 19-150.

NELSON, R. R.; WINTER, S. *An evolutionary theory of economic change.* Boston, MA: Harvard University Press, 1982.

Impressão e Acabamento
Bartira
G r á f i c a
(011) 4393-2911

The CHOSEN

Estudo bíblico interativo

Temporada 3

O caminho dos escolhidos

Amanda Jenkins, Dallas Jenkins e Douglas S. Huffman

As citações bíblicas são da Nova Versão Internacional (NVI), da Biblica, Inc., a menos que seja especificada uma outra versão da Bíblia Sagrada.

PRODUÇÃO EDITORIAL Gisele Romão da Cruz
TRADUÇÃO Maria Emília de Oliveira
PREPARAÇÃO Bruna Gomes
REVISÃO Josemar de Souza Pinto
ADAPTAÇÃO DE CAPA Rafael Brum
DIAGRAMAÇÃO Patrícia Lino

Dados Internacionais de Catalogação na Publicação (CIP)
(BENITEZ Catalogação Ass. Editorial, MS, Brasil)

J52q
1. ed. Jenkins, Amanda
O caminho dos escolhidos : The Chosen, temporada 3 / Amanda Jenkins, Dallas Jenkins, Douglas S. Huffman ; tradução Elen Canto. – 1.ed. – Rio de Janeiro : Thomas Nelson Brasil, 2025.

144 p.; 17 x 24 cm.

Título original: Way of The Chosen: The Chosen, season 3.

ISBN 978-65-5217-138-2

1.Bíblia – Estudos. 2. Teologia cristã. 3. The Chosen (Série de televisão). I. Jenkins, Dallas. II. Huffman, Douglas S. III. Oliveira, Maria Emilia de IV. Título.

01-2025/84 CDD-230

Índice para catálogo sistemático:
1. The Chosen : Série de televisão : Cristianismo 230

Bibliotecária responsável:
Aline Graziele Benitez – Bibliotecária - CRB-1/3129

Os pontos de vista desta obra são de responsabilidade de seus autores e colaboradores diretos, não refletindo necessariamente a posição da Thomas Nelson Brasil, da HarperCollins Christian Publishing, e da Editora Quitanda Ltda. ou de suas equipes editoriais.

Rua da Quitanda, 86, sala 601A - Centro,
Rio de Janeiro/RJ - CEP 20091-005 - Tel.: (21) 3175-1030
www.thomasnelson.com.br

Editora Quitanda
Rua Padre Guido Del Toro 27, Sala 02 - Chácara Inglesa,
São Paulo/SP - CEP 05142-120 - Tel (11) 99518-4548
www.editoraquitanda.com

SUMÁRIO

"Entrem pela porta estreita,
pois larga é a porta e amplo
é o caminho que leva à
perdição, e são muitos
os que entram por ela.
Mas estreita é a porta e
apertado é o caminho que
leva à vida, e são poucos
os que a encontram."

Mateus 7:13-14

O CAMINHO DOS ESCOLHIDOS

Destruição: uma palavra pesada demais, e um tanto incomum, para iniciar um estudo bíblico. Mas vamos analisá-la, pois vivemos em um mundo fragilizado e aflito. Ao usar essa palavra, Mateus não estava sendo profético; ele não estava afirmando o que ainda não se via.

Nós estamos vendo, Mateus.

A devastação e a ruína nos cercam o tempo todo: basta ver as notícias ou assistir a qualquer *reality show*. Dê uma volta por aí e com certeza verá grades nas janelas, lixo nas sarjetas, muros pichados e pessoas morando nas ruas, no meio disso tudo. Pesquise no Google as estatísticas atuais sobre divórcio, filhos sem registro do pai na certidão de nascimento, evasão escolar no ensino médio, criminalidade, doenças mentais ou suicídio.

Tudo isso está aumentando.

Observe seu bairro ou, mais perto ainda, veja atentamente como está sua própria vida (seus amigos, sua família e até *você*) e verá como a estrada larga levou à destruição de mil formas diferentes.

E tudo isso começou lá no jardim do Éden.

Gênesis 2:8—3:13

O SENHOR Deus plantou um jardim no Éden,

a leste, e ali pôs o ser humano que formou.

Então, o SENHOR Deus fez brotar do solo todo

tipo de árvores agradáveis aos olhos e boas para

alimento. No meio do jardim, estavam

a árvore da vida

e a árvore do conhecimento

do bem e do mal.

um rio

fluía do Éden para irrigar o jardim e de lá se dividia em quatro braços. [...] O Senhor Deus tomou o homem e o pôs no jardim do Éden para cultivá-lo e guardá-lo. E o Senhor Deus ordenou ao homem: — Coma livremente de qualquer árvore do jardim. Mas não coma da árvore do conhecimento do bem e do mal, porque, no dia em que comer dela, certamente você morrerá. Então, o Senhor Deus disse: — Não é bom que o homem esteja só; farei para ele uma aliada que lhe seja semelhante.

Então, o Senhor Deus formou da terra todos os animais do campo e todas as aves do céu e os trouxe ao homem para ver como os designaria; o nome dado pelo homem a cada ser vivo seria o seu nome. Assim, o homem deu nomes a todos os animais de rebanho,

as aves do céu

e a todos os animais do campo.

Contudo, não se encontrava para o homem uma aliada semelhante a ele. Então, o Senhor Deus fez o homem cair em um sono profundo e, enquanto este dormia, tirou-lhe uma das costelas, fechando o lugar com carne. Da costela que havia tirado do homem, o Senhor Deus fez uma mulher e a levou até ele. [...]

Ora, a Serpente era o mais astuto

de todos os animais do campo que o SENHOR Deus tinha feito. Esta perguntou à mulher: — Foi isto mesmo que Deus disse: "Não comam de nenhuma das árvores do jardim"? A mulher respondeu à serpente: — Podemos comer do fruto das árvores do jardim, mas Deus disse: "Não comam do fruto da árvore que está no meio do jardim nem toquem nele; do contrário, vocês morrerão."

A serpente disse à mulher: — Certamente não morrerão! É que Deus sabe que, no dia em que comerem dele, os seus olhos se abrirão, e vocês serão como Deus, conhecedores do bem e do mal. Quando a mulher viu que a árvore era boa para alimento, atraente aos olhos e desejável para dela se obter sabedoria, tomou do seu fruto e o comeu; também o deu ao seu marido, que estava com ela, e ele o comeu. Então, os olhos dos dois se abriram, e perceberam que estavam nus. Por isso, entrelaçaram

folhas de figueira

e fizeram algo para cobrir-se.

Quando o homem e a sua mulher ouviram o som do SENHOR Deus, que caminhava pelo jardim ao

entardecer

esconderam-se da presença do SENHOR Deus entre as árvores do jardim. O SENHOR Deus, porém, chamou o homem e perguntou: — Onde você está? Ele respondeu: — Eu te ouvi no jardim e fiquei com medo porque estava nu; por isso, me escondi.

Deus perguntou: — Quem contou a você que estava nu? Você comeu da árvore da qual ordenei a você que não comesse? O homem disse: — Foi a mulher que me deste para estar comigo que me deu do

fruto da árvore

e eu comi. Então, o SENHOR Deus perguntou à mulher: — O que foi que você fez? A mulher respondeu: — A serpente me enganou, e eu comi.

Infelizmente, Adão e Eva estragaram a perfeita criação divina. Na primeira

bifurcação, escolheram o caminho largo e destruíram o que Deus havia feito, gerando uma distância entre eles e o Senhor e criando inimizade entre eles e o mundo. E nós somos iguais a Adão e Eva.

Temos a tendência de nos afastar de Deus, mas não precisamos, e a autossabotagem não é uma conclusão inevitável. Para aqueles que creem nele, Jesus apresenta outra forma de viver: "Eu sou o caminho, a verdade e a vida. Ninguém vem ao Pai, a não ser por mim." (João 14:6)

Jesus é a porta estreita que leva à vida, mas, como lemos na Bíblia, são poucos aqueles que o encontram. Por que isso acontece? Por que todos os nossos erros que desagradam a Jesus não nos fazem correr para ele e permanecer ali?

A resposta é óbvia: é um caminho difícil.

Ser seguidor implica submissão, que talvez seja uma das palavras mais desprezadas do século 21. Submeter-se significa renunciar aos nossos desejos por causa de outra pessoa; fazer sacrifícios pessoais; exercer autocontrole e desapego; ser humilde e, muitas vezes, arrepender-se; mudar o coração e a própria vida, quando necessário, pois submissão significa obediência àquele que sabe mais do que nós, àquele cujos caminhos são diferentes dos nossos.

> "Porque os meus pensamentos não são os pensamentos de vocês, nem os seus caminhos são os meus caminhos", declara o Senhor. Como os céus são mais altos do que a terra, assim os meus caminhos são mais altos do que os seus caminhos, e os meus pensamentos, mais altos do que os seus pensamentos."
> **Isaías 55:8-9**

É por isso que tantas vezes o contrariamos e seguimos nosso próprio caminho. Entretanto, o caminho largo nos leva à própria morte.

Talvez esteja na hora de aceitar a parte difícil da caminhada e entrar pela porta estreita.

Talvez esteja na hora de seguir o caminho dos Escolhidos.

“Pois, se perdoarem as transgressões uns dos outros, o Pai celestial também perdoará vocês. Mas, se não perdoarem uns aos outros, o Pai celestial não perdoará as transgressões de vocês.”

Mateus 6:14-15

Primeira lição

PERDOE

como Jesus perdoa

JOÃO BATISTA: O que você achou dele?

JOANA: Não sei como descrevê-lo.

JOÃO BATISTA: Como se sentisse gratidão pelo alimento quando nem percebia que estava morrendo de fome?

JOANA: Algo assim.

JOÃO BATISTA *(sorrindo para André)*: Novidades?

ANDRÉ: Muitas.

JOÃO BATISTA: Me contem o que ele disse.

JOANA: Nada que fizesse sentido. *(João gosta do rumo da conversa.)* Está tudo ao contrário: os pobres, os aflitos, os mansos, todos exaltados.

JOÃO BATISTA: Bem-aventurados.

JOANA: Sim. E outras coisas estão invertidas... amar os inimigos. Quem é capaz de AMAR seu inimigo?

JOÃO BATISTA: Ele é. O que mais?

JOANA: Imagens curiosas. Algo sobre jogar pérolas aos porcos, traves nos olhos...

JOÃO BATISTA: Sim.

ANDRÉ: Sal, homicídio, chuva, Deus alimentando as aves, casas na areia.

JOANA: Ele é quase tão estranho quanto você.

JOÃO BATISTA: Quem me dera ser tão estranho. *(João começa a andar, empolgado.)* Havia quantas pessoas lá?

JOANA: Milhares.

JOÃO BATISTA: Que maravilha. O que mais?

ANDRÉ: João... O que fazemos com você? Como posso ajudar?

JOÃO BATISTA: Você está me ajudando com seu relato.

ANDRÉ: Você sabe o que quero dizer.

JOÃO BATISTA: Venha cá. *(André se inclina.)* Não fique com medo. *(André inspira. Ele está com medo.)* As profecias de Isaías... Ele foi enviado para proclamar liberdade aos cativos e para o que mais?

ANDRÉ: Para abrir a prisão daqueles que estão presos.

JOÃO BATISTA: Esta prisão não é nada agora que ele está aqui. Você crê nisso?

ANDRÉ: Estou tentando crer.

JOÃO BATISTA: André... em tudo o que ele disse a esses milhares de pessoas, havia algo só para você, sobre a situação que você está passando. Sempre há. O que foi? Algo que não sai da sua cabeça.

ANDRÉ *(pausa, emotivo)*: Não se preocupem. Quem de vocês, por mais que se preocupe, pode acrescentar uma hora que seja à sua vida?

JOÃO BATISTA: Isso é algo que ele diria. O que mais?

ANDRÉ: Busquem em primeiro lugar o reino de Deus e a sua justiça.

JOÃO BATISTA: Isso é ainda mais parecido com algo que ele diria. Então, se você quiser me ajudar... André? *(André levanta a cabeça.)* Se você quiser me ajudar... escute o que ele fala. Vá para casa e faça o que ele diz. É isso o que eu quero. Entendeu?

Ao contrário

Se você está acompanhando a série de TV *The Chosen: Os Escolhidos*, sabe que a segunda temporada terminou quando Jesus começava a pregar seu sermão mais famoso. Essa mensagem marcante ficou conhecida como o Sermão do Monte, que é exatamente onde a terceira temporada começa. O foco do episódio 1 não está apenas no ensino de Jesus, mas também na forma pela qual os seguidores entendem as palavras dele e as aplicam às complexidades da vida.

E essa é *sempre* a parte difícil, não é? As palavras de Jesus parecem ser grandiosas, inspiradoras e verdadeiras até que a situação se complica e precisamos colocá-las em prática, começando com uma das exortações mais impossíveis de todas: perdoar as ofensas dos outros.

A verdade é que seguir Jesus muitas vezes implica ver e fazer coisas que são opostas aos nossos instintos. Como Joana afirmou, muito do que Jesus disse parece estar invertido; nada faz sentido. Coisas como os primeiros serão os últimos e os últimos serão os primeiros (Mateus 19:30), para liderar é necessário servir (Mateus 23:11), para ganhar é necessário dar (Lucas 6:38), para viver é necessário morrer (Marcos 8:35) e para herdar o mundo é necessário primeiro nos tornar pobres, mansos e pacificadores, mesmo diante da perseguição (Mateus 5:2-10).

Não é uma mensagem muito atraente neste mundo em que as pessoas priorizam a si mesmas.

Isto é, a menos que qualquer outro caminho leve à destruição.

Sua vez

1. O que significa "muitos primeiros serão últimos, e os últimos serão primeiros" no contexto de Mateus 19:16-30? De que maneira você está seguindo esse princípio? E de que maneira não está?

Para os *nerds* da Bíblia (como nós) que querem saber

Embora o Sermão do Monte seja conhecido em todo o mundo como uma das maiores mensagens de todos os tempos, hoje ainda se discute o modo pelo qual ele deve ser entendido e aplicado.

É a simples transcrição de um evento histórico? Trata-se de um conjunto de metas (irreais) para um mundo perfeito no futuro? Ou pode ser aplicável para todas as pessoas, em todos os tempos e em todos os lugares? (Spoiler: a última opção é a correta.)

No resumo de Mateus, o Sermão do Monte termina com um apelo repetido duas vezes para "quem ouve estas minhas palavras e as pratica" (Mateus 7:24,26), o que é uma forte indicação de que a mensagem de Jesus era universal. É difícil argumentar que Mateus teve o trabalho de registrar essa exortação repetida (e todo o resto do sermão, aliás) acreditando que se aplicava apenas aos que estavam presentes naquele dia.

Assim, acreditamos que o Sermão do Monte não serve apenas como curiosidade histórica ou previsão do futuro; ele, de fato, tinha o objetivo de fazer a diferença na forma em que todos os seguidores de Jesus vivem, em todos os tempos e lugares.

Vocês ouviram

— Vocês ouviram o que foi dito aos seus antepassados: "Não matarás", e "quem cometer assassinato estará sujeito a julgamento". Mas eu digo a vocês que qualquer que se irar contra o seu irmão estará sujeito a julgamento. Do mesmo modo, qualquer que disser a seu irmão: "Tolo!" será levado ao tribunal. E qualquer que disser: "Insensato!" corre o risco de ser lançado no fogo do inferno. — Portanto, se você estiver apresentando a sua oferta diante do altar e ali se lembrar de que o seu irmão tem algo contra você, deixe a sua oferta ali, diante do altar, e vá primeiro reconciliar-se com o seu irmão; depois, volte e apresente a sua oferta.

Mateus 5:21-24

Sexto mandamento: "Não assassine."

Rancor: sentimento persistente de indisposição ou de ressentimento como consequência de um insulto ou de uma injúria passada.

Sempre que Jesus começava uma frase com "Vocês ouviram", o público estava prestes a ser impactado. Afinal, é muito fácil não ser um assassino: a maioria das pessoas lê o sexto mandamento e consegue cumpri-lo.

Entretanto, em suma, o fato de não cometer assassinato não significa que nosso coração está isento da maldade que o origina. Assim, a opinião de Jesus sobre o sexto mandamento o torna muito mais difícil de cumprir,

Para os *nerds* da Bíblia (como nós) que querem saber

O que os estudiosos chamam de seção de "antíteses" do Sermão do Monte (Mateus 5:21-48) contém seis repetições do padrão "Você ouviram [...], mas eu digo a vocês [...]." (V. 21-22, 27-28, 31-32, 33-34, 38-39, 43-44)

Nesses trechos, Jesus corrigiu mal-entendidos sobre o Antigo Testamento. Lembre-se: ele não estava corrigindo o Antigo Testamento e deixou isso claro ao dizer: "Não pensem que vim abolir a Lei ou os Profetas; não vim aboli-los, mas cumpri-los." (V. 17)

Em vez disso, Jesus estava corrigindo as interpretações do povo em relação à Palavra de Deus e como a colocavam em prática.

pois é quase impossível passar pela vida sem guardar rancor ou sem que guardem rancor contra você.

Talvez seja por isso que Jesus falou tantas vezes sobre perdão. Na semana anterior à crucificação, ele disse: "Quando estiverem orando, se tiverem alguma coisa contra alguém, perdoem-no, para que também o Pai celestial perdoe as transgressões de vocês." (Marcos 11:25.) E então ele perdoou aqueles que o pregaram na cruz: "Pai, perdoa-lhes, pois não sabem o que fazem." (Lucas 23:34.)

Como isso é possível?

Segundo nossa força pecaminosa, é impossível. No entanto, está escrito na Bíblia que, para ter comunhão com Deus, não devemos guardar nada. Para receber o perdão de Deus, precisamos estender a graça radical aos outros. Para sentir a paz de Deus, precisamos confiar na vingança dele. E, para interagir com os outros do modo que Deus quer, precisamos confiar totalmente no amor santo, firme e incondicional daquele que seguimos.

Deus é luz e nele não há treva alguma. Se afirmarmos que temos comunhão com ele, mas andarmos nas trevas, mentimos e não praticamos a verdade. [Mas] Se confessarmos os nossos pecados, ele é fiel e justo para perdoar os nossos pecados e nos purificar de toda injustiça.
1João 1:5-6,9

"Não julguem, e não serão julgados. Não condenem, e não serão condenados. Perdoem, e serão perdoados. Deem, e será dado a vocês [...]. Pois a medida com que medirem será usada como medida para vocês."
Lucas 6:37-38

Se possível, naquilo que depender de vocês, vivam em paz com todos os homens. Amados, nunca procurem vingar-se, mas deixem com Deus a ira, pois está escrito: "Minha é a vingança; eu retribuirei."
Romanos 12:18-20

Vingar-se:
fazer justiça punindo a transgressão.

Sua vez

2. Você guarda ou já guardou rancor? Contra quem e por quê?

3. Leia Mateus 18:21-35. Embora não seja possível ganhar o perdão de Deus por meio das boas obras, por que o perdão de Deus depende da nossa disposição de perdoar os outros?

4. Com base na parábola que Jesus contou em Lucas 7:41-50, explique esta afirmativa: "Quem é muito perdoado muito ama. Quem é pouco perdoado pouco ama."

Oriente e ocidente

> Não nos trata conforme os nossos pecados nem nos retribui conforme as nossas iniquidades. Como os céus se elevam acima da terra, assim é grande o seu amor para com os que o temem; como o oriente está longe do ocidente, assim ele afasta para longe de nós as nossas transgressões. Como um pai tem compaixão dos seus filhos, assim o SENHOR tem compaixão dos que o temem; pois ele sabe do que somos formados; lembra-se de que somos pó.
>
> Salmos 103:10-14

Intitulado: acreditar que alguém é merecedor de privilégios ou tratamento especial por herança.

Tendemos a achar que temos direito a certos privilégios. Ou seja, a maioria de nós acha que merece mais respeito e maior consideração do que às vezes recebemos. Ao mesmo tempo, minimizamos nossas falhas, acreditando que elas são mais raras *e mais justificáveis* do que as falhas dos outros.

Nas condições adequadas, esses pensamentos podem se transformar em rancores que guardamos contra pessoas que supostamente nos fizeram mal.

No entanto, na Bíblia lemos várias vezes que Deus não nos trata assim, mas se dispõe a perdoar nossas ofensas e a afastar nosso pecado de nós, tão longe quanto o oriente está do ocidente. Compreender a magnitude dessa graça, misericórdia e amor tão imensos requer uma compreensão maior (a) do nosso próprio pecado, (b) do que realmente merecemos e (c) do que Deus fez por nós.

O Caminho de Romanos (não se trata de uma estrada, mas de uma série de versículos da carta aos Romanos que apresenta o plano de Deus para a salvação):

Pois todos pecaram e estão destituídos da glória de Deus.
Romanos 3:23

Mas nisto Deus demonstra o seu amor por nós: Cristo morreu em nosso lugar, apesar de sermos pecadores.
Romanos 5:8

Porque o salário do pecado é a morte, mas o dom gratuito de Deus é a vida eterna em Cristo Jesus, nosso Senhor.
Romanos 6:23

Se com a boca você confessar que Jesus é Senhor e crer no seu coração que Deus o ressuscitou dentre os mortos, será salvo. Porque com o coração se crê para a justiça e com a boca se confessa para a salvação.
Romanos 10:9-10

Contrariando nossa noção de privilégios, somos pessoas muito pecadoras. Nosso coração tende a se afastar de Deus e a escolher o caminho largo. Tende a ser egocêntrico, arrogante e tolerante com nossos próprios erros; a ser ganancioso e cobiçoso; a ser desrespeitoso, insatisfeito e desconectado da verdade; a sentir raiva, a julgar e, sim, a não perdoar.

Deus vê todas essas coisas e mesmo assim não nos abandona, "pois ele sabe do que somos formados; lembra-se de que somos pó". Apesar do nosso pecado e do julgamento justo que ele merece, Deus não aplica esse julgamento àqueles que seguem Jesus porque Jesus foi julgado em nosso lugar! Assim, Deus é justo e compassivo. Ele sabe que somos fracos e frágeis, e sabe que nossa vida na terra é passageira.

Como pó.

Ao longo da vida, todos nós enfrentaremos dificuldades, doenças, mágoas, dores e, por fim, a morte — além da nossa incapacidade contínua de NÃO pecar. No entanto, nenhuma dessas calamidades passa despercebida àquele que nos amou o suficiente para assumir as consequências do nosso pecado. Na Bíblia está escrito:

Para os *nerds* da Bíblia (como nós) que querem saber

Como seguidores de Jesus, somos instruídos a perdoar. "Vistam-se de profunda compaixão, bondade, humildade, mansidão e paciência. Suportem uns aos outros e perdoem as queixas que tiverem uns contra os outros. Perdoem como o Senhor os perdoou." (Colossenses 3:12-13)

É claro que Deus não impõe seu perdão a nós, ou seja, a pessoa pode escolher não crer em Jesus e não receber o perdão de Deus em Cristo. Nesse caso, Deus não guarda rancor. Em vez disso, permite que as pessoas continuem no caminho da destruição. E assim, mesmo que Deus, com grande tristeza, permita que os ímpios sigam seu próprio caminho, às vezes nós também teremos que deixar as pessoas seguirem seu rumo.

Nesse sentido, embora seja verdade que somos chamados a ser como Jesus e a oferecer perdão aos outros, não significa que precisamos viver continuamente maltratados por aqueles que não se arrependem.

Se você se encontra em uma situação complicada ou perigosa em que não consegue entender como perdoar, busque a sabedoria de um pastor de confiança ou de outro líder cristão.

Deus fez você (Salmos 139:13).
Ele sabe quantos fios de cabelo há em sua cabeça (Mateus 10:30).
Ele sabe quando você se senta e quando se levanta, e sonda os seus pensamentos (Salmos 139:2).
Ele conta suas lágrimas e registra as suas tristezas (Salmos 56:8).
Ele cura os quebrantados de coração e sara as feridas (Salmos 147:3).

Esse conhecimento deve amolecer nosso coração individualista e egocêntrico. Nosso pecado ofende o Senhor, mas ele perdoa, cura e se aproxima daqueles que se aproximam dele (Tiago 4:8). Então, que direito temos de tratar os outros segundo um padrão que não se aplica a nós? Pelo contrário, quando realmente compreendemos a altura, a largura, o comprimento e a profundidade da bondade de Deus para conosco, é inevitável perdoar aqueles que nos ofenderam.

Pelo menos, em teoria.

Sua vez

5. Algumas pessoas definem a compaixão como solidariedade ou tristeza pelo sofrimento alheio, acompanhada pelo desejo de aliviá-lo. De que forma o Caminho de Romanos (veja a página 25) descreve a compaixão de Deus?

6. Deus conhece seus altos e baixos, entende intimamente sua tristeza e perdoa sempre que você pede. Como você se sente em relação a isso?

7. O salmo 139 termina assim: "Sonda-me, ó Deus, e conhece o meu coração; prova-me e conhece as minhas inquietações. Vê se no meu caminho algo te ofende e dirige-me pelo caminho eterno." (V. 23-24.) Faça uma oração com essas palavras e confesse qualquer coisa que Deus traga à mente.

Shalom

— Vocês ouviram o que foi dito: "Olho por olho, dente por dente." Mas eu digo: não resistam ao perverso. Se alguém o ferir na face direita, ofereça-lhe também a outra. E, se alguém quiser processar você e tirar a sua túnica, deixe que leve também a capa. Se alguém o forçar a caminhar com ele uma milha, vá com ele duas. Dê a quem lhe pede e não volte as costas àquele que deseja pedir algo emprestado.

Mateus 5:38-42

Algumas coisas são mais difíceis de perdoar do que outras, é claro. Dito isso, nada é mais difícil de perdoar do que o assassinato. E Jesus foi assassinado. Contudo, em vez de invocar a ira do céu (o que ele tinha todo o direito e a capacidade de fazer), Jesus pediu que Deus perdoasse as pessoas que zombaram dele, o torturaram e o mataram (Lucas 23:34).

Ele ofereceu a outra face. E é a ele que seguimos.

Somos chamados a perdoar como nosso Senhor e Salvador perdoa (Colossenses 3:12-13), confiando que, quando fazemos isso, ele nos proporcionará vingança, proteção, conforto e cura. Isso torna nosso perdão aos outros um ato de fé de que Deus nos vê e cuida de nós, e que usa todas as coisas para o nosso bem e para a sua glória (Romanos 8:28).

Em nossa ínfima força pecaminosa, é uma exortação impossível, mas Jesus disse: "O que é impossível para o homem é possível para Deus." (Lucas 18:27.) Pela porta estreita, ele nos ofereceu o seu *shalom*: paz com ele e paz com os outros. Devemos confiar nele o suficiente para atravessar a porta, deixá-lo cuidar plenamente de nós e permitir que ele tenha acesso ao nosso coração de modo que cumpra a obra de perdão em nós e por intermédio de nós.

> Shalom:
> saudação hebraica usada pelo povo judeu ao se encontrar ou se despedir; significa paz, integridade, completude, solidez, saúde, segurança e prosperidade, e traz a implicação de permanência.

Sua vez

8. Nenhum seguidor de Jesus começa com uma fé madura. Leia Filipenses 1:6. Com o tempo, à medida que seguimos Jesus, o que a Bíblia promete que Deus fará?

Foco da oração

Louvado seja Deus por nos amar como sua criação, apesar da nossa pecaminosidade, por enviar Jesus para ser o sacrifício por esse pecado e por estender graça e perdão radicais a nós. Peça a ele que o ajude com a difícil tarefa de perdoar os outros. Lembre-se: o perdão às vezes é um processo. Nem sempre nós o atingimos imediatamente, por isso devemos continuar levando nossas dores e dificuldades ao Senhor todos os dias. Agradeça a ele pela promessa de mudar seu coração e por ser fiel ao tornar você cada vez mais semelhante a Jesus.

Modelo de oração

Querido Deus,

Agradeço por me amar, mesmo eu sendo rebelde, às vezes em meu coração e às vezes em minhas ações. Agradeço por enviar Jesus para oferecer o caminho da salvação e por me restaurar para ter um relacionamento correto com o Senhor. Reconheço que não mereço seu perdão e que devo aceitá-lo como um presente pago por Jesus. Agradeço porque seu perdão pode mudar minha vida, inclusive a forma com que respondo aos outros. Dá-me a capacidade de perdoar e a coragem de pedir perdão quando necessário. "Devolve-me a alegria da tua salvação e sustenta-me com um espírito pronto a obedecer", para que eu possa convidar outros a fazerem o mesmo (Salmos 51:12).

Amém.

CENA EXTERNA — *CASA DE MARIA MADALENA (DIA)*

(André se aproxima da porta da frente e bate. Um momento depois, Maria atende.)

MARIA MADALENA *(confusa)*: Shalom.

ANDRÉ: Shalom. Não vou demorar muito.

MARIA MADALENA: Tudo bem. Precisa de algo?

ANDRÉ: Só quero dizer uma coisa. No sermão do rabino, ele disse para se reconciliar com as pessoas antes de adorar. E eu preciso me desculpar com você.

MARIA MADALENA: Você não precisa...

ANDRÉ: Preciso, sim. Eu disse coisas horríveis para você porque estava com medo, e o rabino também falou sobre isso. Ele falou sobre tantas coisas. Eu tenho muito o que melhorar, na verdade.

MARIA MADALENA: Eu também.

ANDRÉ: Mas eu disse coisas terríveis. Você não merecia. Eu peço desculpas. *(Maria sorri.)* Então... é isso.

MARIA MADALENA: Desculpe, não sei bem o que dizer. Acho que esta é a primeira vez que alguém me pede desculpas por qualquer coisa.

ANDRÉ: Você também não merece isso... As coisas estão melhores agora, hein?

MARIA MADALENA: Sim. Muito. Obrigada.

ANDRÉ: Shalom.

MARIA MADALENA: Shalom.

"Então, Jesus se aproximou deles e lhes disse:

— Toda a autoridade me foi dada nos céus e na terra. Portanto, vão e façam discípulos de todas as nações, batizando-os em nome do Pai, do Filho e do Espírito Santo, ensinando-os a obedecer a tudo o que eu ordenei a vocês. E eu estarei sempre com vocês, até o fim dos tempos."

Mateus 28:18-20

Segunda lição

VÁ
como Jesus ordena

CENA INTERNA — *CASA DE SIMÃO (NOITE)*

(Simão e Éden se abraçam, observando uma fogueira. Eles estão sozinhos, em silêncio. Por fim, depois de um tempo...)

ÉDEN: Não acredito que você voltou para mim.

SIMÃO: Eu não acredito que você não acredita. Aqui estou. Onde eu sempre estarei.

ÉDEN: Quando você se foi desta vez, em alguns momentos eu me senti...

SIMÃO: Se sentiu o quê?

ÉDEN: Perdida... Não sei direito.

SIMÃO: Que sentimentos eram esses?

ÉDEN: Eu estava com raiva. Triste...

SIMÃO: Meu bem, você sabe que estou com Jesus. Nós dois estamos. Lembra do que ele disse para você?

ÉDEN: Eu sempre me lembro. É o que me faz suportar dia após dia.

SIMÃO: Ele vê você.

ÉDEN: Eu sei. Sempre penso naquele momento. Mas às vezes, na memória, esqueço como é o rosto dele.

SIMÃO: O que você quer dizer?

ÉDEN: Você nunca se afastou de alguém e depois não conseguiu se lembrar do rosto dessa pessoa depois de um tempo?

SIMÃO: Você esquece meu rosto? *(Éden ri dessa surpresa egoísta e infantil.)*

ÉDEN: Eu não esqueço seu rosto. *(apoiando-se nele)* Está tudo bem agora.

SIMÃO: Nós só precisamos passar mais tempo juntos. Acho que Jesus tem trabalho a fazer aqui. Eu andei pensando sobre... nossa família.

ÉDEN *(encolhe os ombros)*: Eema está saudável, meus irmãos estão pescando...

SIMÃO: Não, *nossa* família. *(Éden se vira para olhar para ele. Olhos arregalados)* Está na hora. *(Ela joga os braços em volta de Simão, vencida.)*

Planos

"Vem com Josué lutar em Jericó
E as muralhas ruirão"

♫

"Zaqueu era um homem tão pequeno
E queria ver Jesus"

♪

"Deus disse a Noé: constrói uma arca
Deus disse a Noé: constrói uma arca
Que seja feita
De madeira para os filhos do Senhor"

♫

"Pedro, Tiago, João no barquinho
No mar da Galileia
Jogaram a rede, mas
não pegaram peixe
No mar da Galileia
Jesus mandou jogar do outro lado
Do mar da Galileia
Puxaram a rede cheia de peixinhos
No mar da Galileia"

Às vezes, esquecemos que os discípulos eram pessoas como nós. A forma com que lemos a Bíblia parece retirar toda a humanidade deles. Memorizamos versículos e cantamos musiquinhas da escola dominical que não capturam as histórias reais. Até mesmo nossas pinturas e belos vitrais podem fazer Jesus e seus seguidores parecerem rasos, distantes e desconectados da realidade do século 21. Como se disséssemos: "Antes era desse jeito, mas agora é diferente."

Assim, às vezes pensamos que eles tinham menos a perder, literalmente. Afinal, os homens e mulheres que largaram tudo para seguir Jesus tinham menos coisas do que a maioria de nós tem hoje. Não tinham carros, imóveis financiados ou faculdade para pagar e certamente não tinham tantas opções de lugares para morar, trabalhar ou viajar. Aliás, também não tinham *smartphones*, mídias sociais e informações atualizadas sobre absolutamente tudo e todos 24 horas por dia.

A vida deles era mais simples (pelo menos é o que achamos), mas seus planos não eram mais fáceis de abandonar.

Pelo contrário. Como sabemos, não há nada de novo sob o sol, pelo menos quando se trata da experiência humana. Embora as circunstâncias dos discípulos fossem diferentes das nossas, pessoas ainda são pessoas, independentemente da época em que nasceram.

O que foi tornará a ser;
o que foi feito se fará
novamente; não há nada
novo debaixo do sol.
Eclesiastes 1:9

Isso significa que os seguidores de Jesus tinham famílias e comunidades inteiras que amavam. Tinham ambições, esperança e planos para o futuro. Sentiam felicidade e estresse, amor e mágoa, animação e confusão, coragem e medo.

Nesse sentido, eles eram como nós.

Então, é claro, quando Jesus lhes disse "vão", eles demoraram um pouco.

Sua vez

1. Quais são seus planos preferidos para sua vida?

De dois em dois

Então, chamando os Doze para junto de si, Jesus os
enviou de dois em dois e deu-lhes autoridade para expulsar
espíritos imundos. Estas foram as suas instruções:
— Não levem nada pelo caminho, a não ser um bordão.
Não levem pão, nem saco de viagem, nem dinheiro no
cinto; calcem sandálias, mas não levem túnica extra.
Marcos 6:7-9

Para os *nerds* da Bíblia (como nós) que querem saber

Nem todos os discípulos eram apóstolos. Os discípulos de Jesus são pessoas dedicadas a segui-lo, ou seja, Jesus teve multidões de discípulos durante seu ministério terreno e milhões deles desde então! Os apóstolos eram doze discípulos que Jesus escolheu para liderarem os demais.

Na época dessa viagem missionária específica, muitos discípulos estavam com Jesus há algum tempo e, no Sermão do Monte, ele deu a doze deles a função e o título de "apóstolo". Esse rótulo vem da palavra grega que significa "aquele que é enviado". Legal, né?

O Evangelho de Lucas registra Jesus enviando seus seguidores de dois a dois em uma segunda viagem missionária de curto prazo, mas com um grupo maior de 72 discípulos (Lucas 10:1-12). A diferença entre a primeira e a segunda viagem foi...

Essas foram instruções bastante específicas e também aterrorizantes. Os apóstolos estavam sendo enviados ao campo para fazer o que, até aquele momento, só tinham observado Jesus fazer. Mas agora eles deveriam ir sozinhos, sem comida nem abrigo. E sem poder inato. Jesus estava pedindo que eles confiassem em sua palavra de que a provisão de todos os itens mencionados se manifestaria conforme a necessidade.

Diferente das viagens de hoje, não havia paradas ao longo da estrada. Não havia saídas a cada poucos quilômetros com opções de lanchonetes, banheiros e hotéis. E, mesmo com a possibilidade de parar e reabastecer quando quisermos, *ainda* assim levamos lanches. No entanto, os discípulos foram instruídos a partir apenas com a roupa do corpo e as sandálias dos pés. Eles não podiam nem sequer levar um cajado a mais, que seria usado tanto como bengala em terrenos acidentados quanto como arma para se defenderem de bandidos e de animais selvagens (Mateus 10:9-10).

Em resumo, o plano era: "Não levem nada porque receberão provisão na hora da necessidade." No entanto, apesar do desconhecido e de todas as situações assustadoras que ele poderia trazer, eles saíram conforme Jesus ordenou. Imagine o primeiro dia dessa jornada e o tamanho da fé que eles tinham em Jesus para dar os primeiros passos. Sem suprimentos, nenhum plano além de caminhar, pregar e curar — coisas que nenhum deles jamais havia feito.

É impressionante como não desistiram ali mesmo.

Sua vez

2. Em relação a seus planos, você tem esperança de que Deus abençoará o que você quer fazer? Ou o que você quer fazer foi criado por Deus? Aliás, como consegue diferenciar?

3. Leia Jeremias 29:11, Salmos 32:8 e Romanos 8:28. O que esses versículos indicam em relação aos planos de Deus para você?

4. Quando os apóstolos foram enviados de dois a dois, o plano era confiar na provisão. O que você acha que eles sentiram? Por que acha que eles foram mesmo assim?

O reino está próximo

Depois que João foi preso, Jesus foi para a Galileia, proclamando o evangelho de Deus.
— O tempo é chegado — dizia ele. — O reino de Deus está próximo. Arrependam-se e creiam no evangelho!
Marcos 1:14-15

Por mais que tenha sido assustador enfrentar o desconhecido, também é possível compreender o ato de fé dos apóstolos, pois eles estavam experimentando o reino de Deus! Afinal, eles viram Jesus curar doentes e expulsar demônios. Eles testemunharam Jesus acalmar tempestades e ressuscitar os mortos. Sentiram as palavras que ele falou soprarem vida e luz na própria alma e nunca mais foram os mesmos.

Ao dizer "o tempo é chegado", Jesus se referia a si mesmo: o Messias prometido que o povo de Deus estava esperando, o cumprimento da profecia do Antigo Testamento, aquele que restauraria as ruínas e replantaria os desertos, o Salvador que tomaria sobre si tudo o que foi destruído no Éden.

O céu havia chegado à terra, e os seguidores de Jesus sabiam disso. Como eles poderiam se recusar a ir quando, onde *e como* ele ordenou?

Como nós poderíamos?

Acontece que a combinação de não levar nada/receber tudo deu certo: os discípulos viram pessoas serem curadas, de corpo e alma. E assim como eles, quando nos oferecemos a Jesus, ele trabalha com fidelidade em nós e por intermédio de nós para realizar o que jamais seríamos capazes de realizar com nossa própria capacidade nem em nossos sonhos mais loucos.

Tudo, porém, começa quando ele nos manda ir.

Sua vez

5. Em relação a nossos planos, muitas vezes nos perguntamos o que perderemos se seguirmos o caminho de Deus em vez do nosso. Agora reverta essa ideia e faça uma lista do que os discípulos teriam perdido se não tivessem ido quando e como Jesus ordenou.

6. Em Romanos 12:1-2 está escrito que devemos nos apresentar como sacrifício vivo para sermos transformados por Jesus e, assim, sermos mais capazes de discernir a vontade de Deus. O que você pode perder se recusar a Jesus?

7. Leia Marcos 1:14-15 e Mateus 10:5-7. A que se refere o "reino de Deus" (ou o "reino dos céus")? Qual é a conexão entre o fato de Deus ser rei e o arrependimento de seu povo?

Advertência do Reino

"Sempre que entrarem em uma casa, fiquem ali até partirem. Se em algum lugar não os receberem nem os ouvirem, saiam de lá e sacudam a poeira dos pés como testemunho contra eles."

Marcos 6:10-11

Jesus prometeu a seus apóstolos provisão para a jornada e a capacidade de realizar a obra da qual ele os incumbiu, mas isso não significava que o percurso seria tranquilo. Pelo contrário, ele advertiu seus seguidores de que eles seriam bem recebidos por alguns e rejeitados por outros: assim como Jesus foi e assim como ele ainda é.

Para os *nerds* da Bíblia (como nós) que querem saber

A ideia de Deus ser rei sobre toda a criação e principalmente sobre seu povo se baseia no Antigo Testamento (Deuteronômio 33:5; Salmos 99:1-5; Isaías 6:1-5).

Entretanto, além das declarações sobre o reinado atual de Deus, há implicações para um futuro reino de Deus mais potente (Isaías 24:21-23; 33:17-22; Zacarias 14:1-9). Jesus anunciou que esse reino futuro estava se tornando realidade ("o reino de Deus está próximo") por meio de sua vida e obra.

É claro que o reino de Deus já começou no coração e na vida daqueles que têm fé em Jesus (Lucas 11:20; 17:20-21; 18:16-17), embora ainda não esteja totalmente consumado e não será até Jesus voltar (Lucas 13:28-30; 19:11; 21:31; 22:16-18).

Assim, hoje em dia, os estudiosos se referem a essa ideia como o reino de Deus "já/ainda não".

Na verdade, parte de sua provisão se trata de gerenciar nossas expectativas, pois, ao representarmos Jesus e seu reino transformador, devemos esperar experimentar os mesmos tipos de coisas que ele e os primeiros discípulos experimentaram. Quando o reino dos céus é bem recebido, devemos nos alegrar e louvar a Deus. No entanto, quando é rejeitado, não devemos nos surpreender nem nos abalar porque, de qualquer forma, ainda pertencemos ao reino.

Na verdade, somos enviados pelo Rei. Ao final de seu tempo na terra, Jesus comissionou seus seguidores (inclusive a nós!) a ir ao mundo com a verdadeira mensagem de salvação. Na verdade, Mateus encerra seu relato do Evangelho com o que veio a ser conhecido como a Grande Comissão:

"Então, Jesus se aproximou deles e lhes disse:

— Toda a autoridade me foi dada nos céus e na terra. Portanto, vão e façam discípulos de todas as nações, batizando-os em nome do Pai, do Filho e do Espírito Santo, ensinando-os a obedecer a tudo o que eu ordenei a vocês. E eu estarei sempre com vocês, até o fim dos tempos." (Mateus 28:18-20)

A Grande Comissão: a instrução do Jesus Cristo ressuscitado aos discípulos sobre difundir o evangelho a todas as nações do mundo.

Então, sim, é grande mesmo!

Sua vez

8. Você sente que Deus quer fazer algo novo em você e por intermédio de você hoje? Acredita que existem pessoas ou lugares para os quais Deus pode estar enviando você com a mensagem do evangelho? Quais são suas preocupações sobre como realizar os detalhes da tarefa?

Foco da oração

Louve a Deus por incluir você nos planos de seu reino. Agradeça a ele pela promessa de provisão de alimento, dinheiro, capacidade e palavras necessários para fazer a obra. Peça a ele que aumente sua fé para que, quando, onde e como ele o enviar, você vá com disposição.

Modelo de oração

Querido Deus,

Agradeço por enviar Jesus para anunciar seu reino que veio à terra por meio de sua vida e obra. Agradeço por me levar para seu reino mediante o arrependimento e a fé em Jesus. O Senhor escolheu dar continuidade à obra do reino por intermédio de seguidores de Jesus como eu. Entretanto, nem sempre eu sei quando, onde ou como realizar sua obra da melhor forma. Preciso de sua ajuda e orientação para cumprir o que o Senhor falou (Salmos 32:8-11). O Senhor me prometeu a provisão; então, me ajude a colocar o seu reino em primeiro lugar (Mateus 6:25-34). Por favor, que eu tenha compaixão daqueles que me ouvirem, coragem para falar a mensagem do evangelho com ousadia e palavras de sabedoria.

Amém.

CENA INTERNA —
CASA DE SIMÃO (DIA)
(Jesus e os discípulos estão amontoados na pequena sala de estar da casa de Simão e Éden. Éden entra e sai com comida.)

JESUS: Com certeza, a maioria de vocês já conhece a vila de tendas que está crescendo rapidamente a oeste de Cafarnaum. *(O grupo concorda.)* Essas são pessoas que nos seguiram desde o monte e que agora estão esperando para ouvir mais. Os números aumentam a cada dia, assim como as suspeitas de Roma. Zee me informou esta manhã que alguns membros de sua antiga ordem até viajaram para cá.

ANDRÉ: Parece que estamos construindo um exército, Mestre.

JESUS: Essa é apenas uma maneira de ver as coisas. *(Todos olham em volta intrigados, preocupados e confusos.)* A outra maneira de ver isso é a minha.

SIMÃO: A maneira correta, o senhor quer dizer.

JESUS *(rindo)*: É, Simão. São pessoas como as que moram em regiões de todo o mundo. Não são um exército. Ainda não. Elas precisam de resgate. E vocês vão me ajudar a resgatá-las. *(Zee bate o punho e se inclina para a frente.*

Simão balança a cabeça negativamente para ele.) Estou falando de outro tipo de resgate, Zee. Não é sustentável que eu faça toda a pregação, toda a cura e toda a ministração. Eu chamei vocês para a casa de Simão hoje, e obrigado por nos receber, Éden, porque nosso ministério só vai crescer, e queremos que cresça até o fim dos tempos. Haverá muito mais seguidores e, como aqueles que não estão aqui, todos terão funções e responsabilidades. A maioria será discípulo, aluno. Mas eu escolhi vocês doze como meus apóstolos. *(Os discípulos estão quietos. Essa fala foi importante. Depois de um momento...)*

TIAGÃO: O senhor está nos enviando?

MATEUS: Apóstolo é sinônimo de mensageiro, então...

TIAGÃO: Eu sei o significado, Mateus, por isso estou perguntando.

JESUS: Vocês são meus líderes. E, para a missão que tenho para vocês, é melhor que se espalhem e não se concentrem em um só lugar.

ANDRÉ: Não entendi.

JESUS: Vou para casa em Nazaré por um tempo e, enquanto estiver lá, enviarei vocês, em todas as direções, dois a dois. *(A sala ficou em silêncio. Todos acham que não entenderam direito.)*

TOMÉ *(Apavorado. Ele tinha planos.)*: Todas as direções, rabino?

JESUS: Vocês proclamarão, à medida que avançam: "O reino dos céus está próximo." Enquanto estiverem nesta missão, vão curar os doentes ungindo-os com óleo, expulsarão demônios... Por que estão todos me olhando assim?

MATEUS: O senhor poderia repetir?

JESUS: Eu envio vocês de dois a dois, proclamando à medida que avançam: "O reino dos céus está próximo." Curem os doentes, expulsem demônios...

SIMÃO *(trocando um olhar com Éden)*: Isso levaria quanto tempo?

JESUS: De novo, essa palavra. Já falo sobre isso, Simão.

FILIPE: Curar os doentes?

(Vemos Tiaguinho de relance.)

TADEU: Expulsar demônios?

JESUS: Enquanto estiverem na missão, terão essa autoridade. Um dia terão o tempo todo.

NATANAEL: Houve alguma cerimônia que eu perdi?

JESUS: É esta aqui.

NATANAEL: Não me sinto diferente.

JESUS: Não preciso que você sinta nada para fazer grandes coisas.

JOÃO: Com todo o respeito, rabino, nós apenas começamos como alunos, não estamos nem perto de qualificados. Por que o senhor precisaria de nós para esse trabalho?

ZEE: Ele não precisa de nós, ele nos quer.

JESUS: Muito bem, Zee. João, se eu precisasse de líderes religiosos e alunos qualificados para o meu ministério, eu não teria escolhido... É, vocês entenderam.

"O Espírito do Senhor está
sobre mim, porque ele me
ungiu para levar boas-novas
aos pobres. Ele me enviou
para proclamar liberdade
aos presos e recuperação da
vista aos cegos, para libertar
os oprimidos e proclamar
o ano do favor do Senhor."

Lucas 4:18-19

SOFRA

CENA EXTERNA — *RUA DE NAZARÉ (CREPÚSCULO): Nazaré, 27 d.C.*

(Jesus entra em uma rua de Nazaré, anda por alguns momentos e depois para em frente a uma casinha. Ele faz uma pausa, sorri, aproxima-se da porta e bate. Imediatamente...)

MARIA: Já vou! Se for você, entre, mas eu já vou! *(Jesus ri, mas espera. Logo depois, a porta se abre.)* Ah, sim, é você! *L'shana tovah!*

JESUS *L'shana tovah*, Eema.

MARIA *(abraçando-o)*: Por que não entrou? Sabia que você pode simplesmente entrar? Foi uma viagem longa, você parece cansado. Está com fome, sim? Vamos nos sentar e comer. Guarde sua bolsa lá embaixo, vamos comer primeiro e depois você pode ir para a cama. Com certeza, está exausto. A *challah* está quente e pronta. Você chegou na hora perfeita. Fez boa viagem?

L'shana tovah: expressão hebraica que significa "bom ano".

JESUS: Sim, foi boa. Vi que o cachorro marrom não estava no portão da cidade quando entrei. Aconteceu alguma coisa?

MARIA: Ele morreu há meses. Sente-se, sente-se...

JESUS: Ah, imaginei. Acho que, em dez anos, nunca atravessei aquele portão sem vê-lo sentado sendo ignorado por todos.

(A mãe tira a challah *redonda do forno e a leva à mesa. Depois se senta enquanto sussurra uma oração.)*

MARIA: Não está perfeitamente redonda. Nunca consegui fazer perfeita, mas as passas cozinharam bem.

JESUS: Eema, a senhora sabe que não gosto de passas.

MARIA: E você sabe que vou fazer isso como sobremesa de ano-novo mesmo assim. Então, fique quieto.

JESUS: Então... sem Judas nem Tiago?

MARIA *(franzindo os lábios; claramente é um assunto desconfortável)*: Eles acharam melhor comemorar em Haifa enquanto você estivesse aqui. Só para evitar conflitos.

JESUS: Entendo.

MARIA: Acho que é difícil para eles, principalmente com tantas pessoas aqui animadas para ver você amanhã. Todo mundo tem ouvido sobre o que você tem feito, os sinais e maravilhas, e você sabe como os meninos se sentem em relação a isso.

JESUS: Entendo.

MARIA: Mas vamos nos divertir muito. Como está o pão?

JESUS: Uma delícia, e eu até gosto das passas.

MARIA: Então... Preparado para amanhã? Muitos me disseram que mal podem esperar para ver você. E adivinha quem está na cidade?

JESUS: Não sei dizer.

MARIA: Lázaro e as irmãs. Chegaram hoje. Acharam que era uma boa oportunidade para ver você.

JESUS: Sério? Isso é maravilhoso, não vejo Lázaro há algum tempo. Então... Estou exausto, preciso ir para a cama. Eema...

MARIA: Sim?

JESUS: Preciso da caixa enquanto estou aqui. Onde a senhora guardou?

MARIA *(o semblante dela muda)*: Agora?

JESUS: Aham.

MARIA: Tem certeza de que esta é sua última vez aqui antes de...

JESUS: Creio que minha hora está chegando.

MARIA *(profundamente triste)*: Não sei se estou pronta.

JESUS: Sei como a senhora se sente. Mas estou cumprindo...

MARIA: "... a vontade daquele que me enviou."

JESUS: ... a vontade daquele que me enviou.

MARIA: Precisa ser tão cedo? Tem certeza?

JESUS: Se não for agora...

MARIA *(baixinho)*: Sinto mais falta de seu pai durante as celebrações. Ele se divertia tanto. Amanhã será um dia divertido. A caixa está perto de sua cama. Você vai ver.

JESUS: Obrigado.

MARIA: Vou lavar a louça, e você vai para a cama.

JESUS: Eu posso ajudar...

MARIA *(tentando segurar a emoção)*: Não, deixe comigo. Vá para a cama, está tudo bem.

(Quando Maria se vira em direção à cozinha, Jesus coloca o braço em volta dela e a beija na cabeça.)

JESUS: *Laila tov*, Eema.

Por que ele veio

Laila tov: expressão hebraica que significa "boa noite".

Em uma sinagoga tranquila em sua pequena cidade natal, Nazaré, Jesus fez um anúncio tão grandioso e impressionante que os ouvintes (ou seja, seus vizinhos e amigos de longa data) tentaram jogá-lo de um penhasco. Aparentemente, no Israel do primeiro século, era o que faziam quando alguém afirmava ser o tão esperado Messias, Salvador dos judeus, e aquele por meio de quem o favor de Deus seria derramado sobre o mundo inteiro:

Messias: o libertador prometido da nação judaica profetizado no Antigo Testamento.

> Então, [Jesus] fechou o livro, devolveu-o ao assistente e sentou-se. Na sinagoga, todos tinham os olhos fitos nele, e ele começou a dizer-lhes: — Hoje se cumpriu a Escritura que vocês acabaram de ouvir. (Lucas 4:20-21)

Não vamos, porém, nos ater aos detalhes para não perder o foco. Quando Jesus leu o livro de Isaías do Antigo Testamento, ele estava revelando o coração de Deus ao povo que ele criou. Estava expressando seu profundo amor e compaixão por um mundo ferido. Estava revelando o plano de Deus para restaurar o que havia sido perdido, aprisionado, quebrantado e enterrado pelo pecado.

De fato, Jesus veio para trazer boas-novas aos pobres, liberdade aos cativos, visão aos cegos e liberdade aos oprimidos. Veio para transformar o sofrimento em alegria e o desespero em esperança que se estenderia por toda a eternidade. Veio para curar feridas terrenas e corações quebrantados. Veio para resgatar e restaurar um mundo aflito, sobrecarregado e abatido — inclusive os gentios. E inclusive você.

Gentio:
pessoa que não é judia.

Sua vez

1. Leia Mateus 9:35-36, Marcos 3:1-5 e João 11:17,34-36. Cite exemplos de coisas que podem entristecer o coração de Jesus.

Todas as coisas

> Todos os que estavam na sinagoga ficaram furiosos quando ouviram isso. Eles se levantaram, expulsaram-no da

cidade e o levaram até o topo da colina sobre a qual fora
construída a cidade, a fim de lançá-lo precipício abaixo.
Jesus, porém, passou por entre eles e retirou-se.
Lucas 4:28-30

No episódio 3, temporada 3 de *The Chosen: Os Escolhidos*, Jesus vai para casa fazer uma visita, e Maria está animada. No entanto, a alegria logo se transforma em tristeza quando Jesus pergunta sobre os irmãos, e Maria precisa explicar que eles não virão porque não concordam com Jesus. É claro que esses detalhes são apenas uma licença criativa da série, mas sabemos pelas Escrituras que José e Maria tiveram outros filhos (Mateus 13:55-56; Marcos 6:3) e eles "não criam nele" (João 7:5) — pelo menos, não durante o ministério terreno de Jesus. Além disso, aparentemente José já havia morrido, pois ele não é mencionado em nenhum momento durante o ministério de Jesus. De fato, enquanto estava na cruz, Jesus atribuiu a João a tarefa de cuidar de Maria (João 19:26-27).

Tudo isso significa que coisas como morte, divisão, rejeição e até separação são tristezas que Jesus entende intimamente.

O episódio passa a retratar o sermão real que Jesus prega em sua cidade natal, Nazaré, onde os problemas se estendem além de sua família (Lucas 4:16-30). Para horror de Nazaré, Jesus insiste no amor de Deus por todas as pessoas e em seu plano de incluir e redimir os gentios. Infelizmente, o preconceito cultural está tão enraizado no modo de vida do povo que eles ficam furiosos e acusam Jesus de ser um falso profeta e de blasfemar.

Falso profeta:
pessoa que espalha falsos ensinamentos alegando falar a Palavra de Deus.

Blasfêmia:
ato ou ofensa de falar sacrilégios sobre Deus ou sobre coisas sagradas; conversa profana.

Sacrilégio:
violação ou uso indevido do que é considerado sagrado.

Avance a história para o penhasco e imagine a cena sob a perspectiva de Deus: as Escrituras mal compreendidas e mal utilizadas em uma escala tão grande; rebeldia e desobediência total à vontade e aos caminhos dele; desrespeito insensível por seu amor, paciência e misericórdia infalíveis; uma multidão enfurecida arrastando seu amado Filho colina acima.

Não seria a última vez.

Ah, como aquele dia deve ter ferido o coração daquele que estava assistindo: aquele que tudo vê, o tempo todo. Porque, como se vê, nada escapa aos olhos de Deus. Nenhuma maldade permanece em segredo. Pelo contrário, todas as coisas distorcidas e terríveis que nós, humanos, fazemos a nós mesmos e aos outros acontecem sempre diante de Deus. E ele sofre.

Sua vez

2. Aqui está a resposta para a pergunta 1: Jesus sofre quando as pessoas estão perdidas. Ele sofre quando as pessoas magoam umas às outras. Ele sofre quando as pessoas sofrem. Em outras palavras, qual é a origem do sofrimento dele?

3. Leia João 3:16-17. O que o amor e o sofrimento de Deus o levaram a fazer?

Para os *nerds* da Bíblia (como nós) que querem saber

O povo de Nazaré ficou chateado quando Jesus afirmou ser o Messias, mas ficaram ainda mais furiosos quando ele deu a entender que o plano de salvação de Deus incluía os gentios (Lucas 4:24-27).

Na lei israelita do Antigo Testamento, essa linguagem era vista como uma profecia falsa blasfema, e a blasfêmia era passível de morte (Levítico 24:10-16; compare com Deuteronômio 13:6-11). O documento rabínico judaico conhecido como Mishná descreve até como proceder com o apedrejamento, que incluía lançar a pessoa de um penhasco e jogar pedras sobre ela.

Dito isso, essa punição só deveria ser executada após o devido julgamento (Deuteronômio 17:2-7), não por meio da violência da multidão, como visto em Lucas 4:28-29 (e ameaçado em João 8:59 e 10:31-33). Além disso, sob o domínio romano, a pena de morte só deveria ser executada com a permissão do governo (João 18:31), mas os judeus ignoraram essa regra algumas vezes (por exemplo, com Estêvão em Atos 7:54-58 e no atentado contra a vida de Paulo em Atos 21:31-32).

Além de ignorar o devido julgamento judaico e seguir em frente sem a permissão romana, era incomum os judeus de Nazaré se apressarem para fazer o "trabalho" de apedrejar Jesus no sábado, sobretudo porque desrespeitar o sábado também era, ironicamente, passível de morte (Números 15:32-36).

4. Considere o mundo e sua condição atual do ponto de vista de Deus. Só isso. Pare para pensar nisso.

Homem de dores

Ele cresceu diante dele como um broto tenro e como raiz de uma terra seca. Ele não tinha nenhuma beleza ou majestade que nos atraísse, nada havia na sua aparência para que o desejássemos. Foi desprezado e rejeitado pelos homens, um homem de dores e experimentado no sofrimento. Como alguém de quem os homens escondem o rosto, foi desprezado, e não o tínhamos em estima. Certamente ele tomou sobre si as nossas enfermidades e sobre si levou as nossas doenças; contudo, nós o consideramos castigado por Deus, atingido por Deus e afligido.
Isaías 53:2-4

Jesus fez parte de sua criação, sujeitando-se a toda a fragilidade e dor resultantes disso, para nos salvar. Ele foi simples e pobre, ignorado e subestimado. Ele foi desprezado. Rejeitado. Ele se tornou nossa dor, tomando sobre si nossa tristeza e o justo julgamento de Deus pelo pecado. O que significa que não há dor na vida que ele não entenda intimamente, nenhum fardo que ele não tenha carregado. A Bíblia se refere a ele como um homem de dores, que conhece o sofrimento *em todos os sentidos* — inclusive o nosso sofrimento.

Nesse sentido, o sofrimento não é algo que devemos temer, negar ou evitar sempre. Pelo contrário,

Mas nisto Deus demonstra o seu amor por nós: Cristo morreu em nosso lugar, apesar de sermos pecadores.
Romanos 5:8

Portanto, visto que temos um grande sumo sacerdote que adentrou os céus, Jesus, o Filho de Deus, apeguemo-nos com toda a firmeza ao que confessamos, pois não temos um sumo sacerdote que não possa compadecer-se das nossas fraquezas, mas sim alguém que, como nós, passou por todo tipo de tentação, ainda que sem pecado. Assim, aproximemo-nos do trono da graça com toda confiança, a fim de recebermos misericórdia e encontrarmos graça que nos ajude no momento da necessidade.
Hebreus 4:14-16

"Eu disse isso para que em mim vocês tenham paz. Neste mundo, vocês terão aflições; contudo, tenham coragem! Eu venci o mundo."
João 16:33

O Senhor está perto dos que têm o coração quebrantado e salva os de espírito abatido.
Salmos 34:18

Bendito seja o Deus e Pai do nosso Senhor Jesus Cristo, Pai das misericórdias e Deus de toda a consolação, que nos consola em todas as nossas tribulações, para que possamos consolar os que estão passando por tribulações com a consolação que recebemos de Deus.
2Coríntios 1:3-4

"[Deus] enxugará dos seus olhos toda lágrima. Não haverá mais morte, nem aflição, nem choro, nem dor, pois as coisas antigas já passaram."
Apocalipse 21:4

Jesus promete que neste mundo teremos problemas. Contudo, ele se move em nossa direção quando sofremos, para nos resgatar, confortar e oferecer esperança para um dia em que a tristeza e o sofrimento não existirão mais.

Conhecer a Jesus significa conhecer o Consolador.

Depois que o conhecemos, devemos sofrer *com* ele e responder aos outros da maneira que ele responde. Ou seja, o pecado deve partir nosso coração porque destrói a criação perfeita e bela de Deus. Pessoas perdidas devem partir nosso coração porque não conhecem seu Criador ou o amor, o perdão e a restauração que ele oferece. E as pessoas que perpetuam a dor sobre os outros devem partir nosso coração porque os ciclos de pecado nos afastam daquele que promete resgatar e restaurar.

Sua vez

5. Explique como esperar que os problemas apareçam pode ajudar você a lidar com eles de outra maneira.

6. De que forma você sentiu Deus se movendo em sua direção durante o sofrimento? Como a presença dele consolou você?

7. Releia os versículos que estão na margem desta seção. Como Jesus responde ao nosso pecado e sofrimento, mesmo quando o sofrimento é causado pelo pecado? Como você normalmente responde ao pecado e ao sofrimento alheios?

Fora do Éden

Ele, porém, foi traspassado por causa
das nossas transgressões e esmagado por
causa das nossas iniquidades; o castigo
que nos trouxe a paz estava sobre ele,
e pelas suas feridas fomos curados.
Isaías 53:5

Embora o caminho da humanidade para a destruição tenha sido pavimentado no Éden, também é verdade que graça sobre graça foi derramada todos os dias desde então e, por fim, na pessoa de Jesus Cristo (João 1:16-17; Romanos 5:12-21). Isso significa que Deus não nos deixa presos em nosso pecado e sofrimento. Pelo contrário, ele abriu um caminho para que fôssemos restaurados. Através da porta estreita, encontramos a liberdade. Embora nunca estejamos totalmente livres

Para os *nerds* da Bíblia (como nós) que querem saber

Em Gênesis 6:5-6 está escrito: "O Senhor viu quão grande era a maldade do ser humano na terra e que toda inclinação dos pensamentos do seu coração era para o mal o tempo todo. Então, o Senhor se arrependeu de ter feito o ser humano sobre a terra, e isso lhe cortou o coração."

A ideia de que um Deus onisciente (que tudo sabe) poderia "se arrepender" de suas próprias ações pode ser preocupante para alguns leitores. No entanto, essa forma ousada de falar sobre Deus de maneira antropomórfica (atribuindo características humanas a um não humano) pode nos ajudar a entender quanto o pecado é maligno e perturbador.

Certamente, o "sofrimento" que Deus experimenta é uma resposta à persistente, extensa e intensa pecaminosidade humana. A palavra hebraica para "lhe cortou o coração" em Gênesis 6:6 está na mesma família de palavras como as "dores" que Adão e Eva sofreram como resultado do pecado no jardim do Éden (Gênesis 3:16-17).

Embora certamente soframos as consequências do nosso pecado, Deus também está sofrendo. A dor que ele sente pelo pecado humano é expressa em outras partes das Escrituras com o mesmo termo de dor (Salmos 78:40; Isaías 63:10). No entanto, Deus tem compaixão dos humanos que sofrem sob o peso do pecado, principalmente o pecado que infligimos uns aos outros.

Usando outros termos para sofrimento, lemos que Deus ouvia, via e conhecia as aflições de seu povo escravizado no Egito (Êxodo 2:23-25; 3:7-9). E assim, enviou Moisés para conduzir os israelitas para fora do Egito, através do deserto até a Terra Prometida.

Da mesma forma, vemos o Messias Jesus (o Salvador e libertador prometido, profetizado no Antigo Testamento) responder às terríveis circunstâncias em que as pessoas pecadoras se encontram: "Ao ver as multidões, teve compaixão delas, porque estavam aflitas e desamparadas, como ovelhas sem pastor" (Mateus 9:36).

da dor ou do sofrimento na terra, quando andamos com Jesus — o *homem de dores* — temos toda a empatia, cuidado e conforto que ele proporciona. Desde o nosso primeiro passo até o nosso último suspiro.

"Não andem ansiosos por coisa alguma, mas em tudo, por meio da oração e da súplica, com ação de graças, apresentem os seus pedidos a Deus. Então, a paz de Deus, que excede todo o entendimento, guardará o coração e os pensamentos de vocês em Cristo Jesus." (Filipenses 4:6-7)

Quando entregamos nossa confusão, dor e sofrimento ao Senhor, a paz dele corre em nós. Sua abundante misericórdia guarda nosso coração e transborda para as pessoas feridas ao nosso redor. Seu amor inabalável nos obriga a continuar colocando um pé na frente do outro, enquanto sua graça e bondade nos conduzem para fora da escravidão e em direção à terra prometida do céu (Salmos 23).

Ali o próprio Deus enxugará nossas lágrimas.

Sua vez

8. Leia Romanos 8:18-39 e escreva de que maneira a graça de Deus é maior do que o sofrimento que você sente.

Foco da oração

Louve a Deus por continuar presente durante nosso sofrimento. Agradeça a ele por se aproximar, apesar do pecado e das dificuldades que infligimos em nós mesmos e pela porta estreita que leva à vida. Peça força e graça renovadas para continuar seguindo em frente e seguir Jesus em todas as circunstâncias. E ore por oportunidades de estender a graça e o conforto de Deus aos outros.

Modelo de oração

Querido Deus,

Hoje estou sofrendo, mas também estou trazendo meu sofrimento ao Senhor. Agradeço por conhecer a minha dor há muito tempo e por escolher dividir esse fardo. Agradeço por enviar Jesus para se aproximar de mim e sofrer comigo, e agradeço por ele abrir um caminho e atravessar minha dor. Admito que parte de minha tristeza é consequência de minhas escolhas pecaminosas. Então, agradeço por seu perdão e por sua promessa de me restaurar e de me renovar por intermédio dele. Enquanto lhe entrego todas as coisas, ajude-me a suportá-las, confiando plenamente no Senhor (Salmos 55:22; 1Pedro 5:6-7; Mateus 6:5-34). Por favor, mude meu coração para que eu sofra por aquilo que faz o Senhor sofrer. E então me conceda o amor e a graça de ministrar aos outros como o Senhor quer que eu faça.

Amém.

CENA INTERNA — *OFICINA DE JOSÉ*

(José está em seu local de trabalho, construindo algo enquanto conversa com Jesus, aos seis anos. Jesus está sentado em um banquinho, lendo um pergaminho. É nítido que o menino está aprendendo.)

JESUS: "Ele me enviou para cuidar dos que estão com o coração que... querba.. querban..."

JOSÉ: "Quebran..." e o que mais?

JESUS: Ta-do

JOSÉ: Agora tudo junto. Todas as sílabas.

JESUS: Que... bran... ta... do.

JOSÉ: Muito bem, agora mais rápido.

JESUS: Que-bran-ta-do.

JOSÉ: "Quebrantado." Uma palavra só.

JESUS: "Coração quebrantado." O que isso quer dizer?

JOSÉ: É um coração que foi ferido. Mas não é o coração que está no peito. São as coisas que nos deixam felizes ou tristes. Ter o coração quebrantado significa estar triste ou magoado, alguém que precisa de ajuda. Continue lendo.

JESUS: "Para pro... cla... proclamar liberdade."

JOSÉ: Muito bem. Segure isso para mim, por favor.

JESUS: Quer ajuda?

JOSÉ: Sim, venha. *(Jesus corre para o lado de José, que lhe entrega um martelo.)* Você precisa aprender a fazer isso. Em nossa família, conseguimos cravar um prego inteiro com uma martelada só, *talvez* duas. Vou deixar você bater duas vezes na primeira tentativa. *(Ele posiciona um prego no lugar certo.)* Agora, um dia você não será mais um carpinteiro como eu.

JESUS: Por que, *Abba*?

JOSÉ: Você será um artesão, que trabalhará com pedra e outros materiais, não apenas madeira.

JESUS: Por que, *Abba*?

JOSÉ: Porque não há muita madeira por aqui, esta é uma região de rochas e pedras. Eu escolhi a profissão errada, he-he-he. Tudo bem, aqui vamos nós. Lembre-se: não use todo o braço para martelar. Só esta parte, o antebraço. Mexa só o cotovelo. Assim você tem mais controle, viu? Vou segurar o prego com firmeza para você não se machucar, e aí você balança. Pronto?

JESUS: E se eu machucar sua mão?

JOSÉ: Ah, você tem talento como o seu *Abba*. Vai dar certo. Pode bater.

(Jesus ensaia um ou dois movimentos lentamente, concentrando-se e focado no prego. Ele finalmente balança com força o antebraço e acerta o prego. José desliza a mão para trás.)

JOSÉ: Aaaaaaaaai!!! *(Jesus grita de surpresa e medo quando José recua com "dor". Mas é claro... José cai na gargalhada.)* Brincadeira, ha-ha-ha. Foi ótimo, olha só! O prego está na metade. *(José puxa Jesus para perto.)* Desculpe, ha-ha-ha, mas não resisti. Quero mostrar uma coisa especial. Pegue aquela caixa ali.

(Jesus pegou, e José abre. É o freio de burro que Jesus pegou na casa de Maria.)

JOSÉ: Escute com atenção. Este é um freio de mula. Você já viu um destes, mas este é especial. Milhares de anos atrás, quando nosso povo finalmente foi libertado da escravidão... quando estavam partindo, um de nossos ancestrais da tribo de Judá usou esse freio para levar sua mula carregada de suprimentos para fora do Egito.

(Jesus percebe que Maria surgiu no batente da porta, e ela observa em silêncio, sorrindo.)

JOSÉ: A mula acabou morrendo, é claro, e todo o resto se perdeu no deserto. Mas este freio estava em sua mão quando ele escapou para a liberdade... então ele o guardou. Os homens de nossa família passaram uns aos outros por mais de quarenta gerações como lembrança de nossa escravidão, mas, mais importante, como recordação de nossa libertação rumo à Terra Prometida. É velho e não é bonito, mas meu pai me entregou assim como eu estou entregando a você. Sempre brincávamos: "Quem sabe? Talvez um de nós precise disso um dia." Acredito que você não terá um filho, então... talvez a jornada termine em você. Mas não posso deixar esta terra sem passá-lo adiante.

JESUS *(olhando para ele, fascinado)*: Obrigado, *Abba.*

“Portanto, quem ouve
estas minhas palavras e as
pratica é como o homem
prudente que construiu a
sua casa sobre a rocha. Caiu
a chuva, transbordaram os
rios, sopraram os ventos e
deram contra aquela casa,
mas ela não caiu, porque
estava alicerçada na rocha.”

Mateus 7:24-25

PERMANEÇA

CENA INTERNA — CASA DE SIMÃO (DIA)

(Todos os discípulos, exceto Tomé, se reúnem na casa de Simão. Todos voltaram de sua missão, como soldados voltando da batalha. Alguns estão assombrados, outros, calejados. Tudo mudou.)

JOÃO: Num instante, os olhos mudaram de cinza para castanhos. Tomé e eu nunca tínhamos visto nada parecido. Os pais dela começaram a chorar.

ANDRÉ: Infelizmente, a primeira coisa que ela teve que ver com os novos olhos foi você.

TIAGÃO: Traumatizante.

SIMÃO *(Sem participar da brincadeira, despejando água em vasos. Ao lado dele, Éden tritura grão-de-bico demolhado.)*: Precisa de ajuda com isso?

ÉDEN *(friamente)*: Não.

SIMÃO *(sussurrando)*: Está incomodada com alguma coisa?

ÉDEN: Não.

(De volta aos rapazes.)

FILIPE: No fim, André realmente é um pregador ousado.

ANDRÉ: Acho que fizemos a diferença.

TADEU: Vocês estavam em Decápolis com os gentios?

FILIPE: Havia gentios e judeus helenísticos por perto, sim. Eles nos odiavam quase tanto quanto odeiam uns aos outros.

ANDRÉ: Os gentios nos expulsaram. Acho que eles pensaram que estávamos ajudando a iniciar uma guerra.

TIAGUINHO: Simão, está orgulhoso de seu irmão?

ÉDEN *(cutucando-o)*: Simão?

SIMÃO: Desculpe, o que você disse?

TIAGUINHO: Eu disse que você deve estar orgulhoso de seu irmão.

SIMÃO: Claro que estou.

TADEU: Tiagão, como estava Ptolemaida?

NATANAEL: Você ficou quieto a manhã toda.

TIAGUINHO: Zee e Mateus, vocês também.

TIAGÃO *(encolhendo os ombros)*: Correu tudo bem. Nós pregamos. Fizemos o que Jesus nos disse que teríamos o poder de fazer.

NATANAEL: Você está tão empolgado quanto um saduceu com dor de dente.

TIAGÃO: Só não sei se foi uma boa ideia. Só gerou mais barulho. Vai criar dor de cabeça, mais multidões, mais gente observando.

JUDAS: Você quer atrasá-lo?

JOÃO: Ele está bravo comigo. Está irritado por eu ter me aproximado de Tomé.

TIAGÃO: Eu me senti assim antes de partirmos. Não me importo com isso agora. Conte a eles o que você falou. Ou retira o que disse?

JOÃO: Não, ainda penso assim e não tenho medo de admitir. *(Todos na sala estão atentos...)* Jesus nos deu poder, mas não entendimento.

ZEE: Sim.

JOÃO: Nós curamos, mas ainda nos sentíamos sobrecarregados.

MATEUS: Eu quase sempre ficava atordoado.

NATANAEL: Mas ele exigiu compreensão? Parecia ser mais sobre o que estávamos fazendo.

TIAGÃO: Para você é fácil falar. Você e Tadeu foram de porta em porta em Hebrom. Jesus é conhecido lá. Provavelmente convidaram vocês para a casa deles.

NATANAEL *(trocando um olhar culpado com Tadeu)*: Vou para missões mais difíceis.

JUDAS: Natanael tem razão. Jesus nunca falou sobre compreensão. E foi só temporário.

TIAGUINHO: Às vezes, quando eu estava pregando, sentia que não eram minhas palavras. Que eu era apenas... um... canal para as palavras dele, nada de minha autoria.

TIAGÃO: Eu disse coisas que nem eu mesmo compreendo ou vivo totalmente. Eu me senti uma fraude.

ANDRÉ: Também me senti assim, mas isso não me incomodou.

ÉDEN: Em vez de discutir sobre isso, vocês podem simplesmente perguntar a Jesus quando ele voltar. *(Todos ficam admirados com Éden entrando na conversa. Ela parece surpresa.)*

MATEUS: É uma ideia muito boa.

TADEU: Quem sabe dizer quando será?

TODOS: Logo.

FILIPE: A palavra mais imprecisa.

JOÃO: Então, foi um pouco confuso, Tiago. Você consegue conviver com isso até entendermos?

Tempestades

Jesus pode intervir e, de fato, intervém nas circunstâncias difíceis da vida, mas ainda precisamos enfrentá-las. Seguir não significa que Jesus nos afastará das tempestades da vida. Em vez disso, ele promete ser o terreno sólido sobre o qual nos firmamos, e assim somos capazes de suportar o vento e a chuva. Por outro lado, quando escolhemos as areias movediças da estrada larga, tudo desaba e ocorre a destruição.

O mesmo aconteceu com os discípulos. Às vezes, pensamos que, por estarem fisicamente próximos a Jesus (ou seja, eles podiam vê-lo com os olhos reais), eles tinham menos dificuldades. Supomos: "Se eu pudesse ver Jesus, se eu pudesse ouvir sua voz, eu teria a sabedoria... a coragem... os meios necessários para seguir." Mas os discípulos tiveram a mesma experiência que a nossa, pois sua capacidade de seguir dependia de no que eles depositavam sua esperança.

Infelizmente, o estado espiritual da humanidade tende a variar tanto quanto o clima.

Para os *nerds* da Bíblia (como nós) que querem saber

Ao conviver com um artesão como José, provavelmente Jesus tinha bastante facilidade em pensar em metáforas de construção. No entanto, quando Jesus pregou sobre a necessidade de ter um alicerce sólido, ele também falou de falsos profetas.

Ele disse: "Tenham cuidado com os falsos profetas. Eles vêm a vocês vestidos de peles de ovelhas, mas por dentro são lobos devoradores. Pelos seus frutos vocês os reconhecerão. Alguém pode colher uvas de um espinheiro ou figos de ervas daninhas? Semelhantemente, toda árvore boa dá frutos bons, mas a árvore ruim dá frutos ruins. Uma árvore boa não pode dar frutos ruins, tampouco uma árvore ruim pode dar frutos bons. Toda árvore que não produz bons frutos é cortada e lançada no fogo. Assim, pelos seus frutos vocês os reconhecerão. Nem todo aquele que me diz: 'Senhor, Senhor' entrará no reino dos céus, mas apenas aquele que faz a vontade do meu Pai, que está nos céus." (Mateus 7:15-21)

Em Ezequiel 13, Deus usou outra metáfora de construção ao abordar a questão dos falsos profetas. Esses homens estavam "cobrindo de cal" problemas relevantes para encobrir o pecado do povo. Contudo, as paredes que eles construíram eram de má qualidade, estavam descobertas e não sobreviveriam às tempestades que se aproximavam.

Sem dúvida, não foi uma coincidência que o pai terreno de Jesus fosse carpinteiro, bem como Jesus. De certa forma, o mesmo aconteceu com o Pai celestial, pois Deus construiu o mundo inteiro e continua a sustentá-lo, apesar das consequências destrutivas do pecado.

Sua vez

1. Sinceramente, o que faz você sentir mais segurança e estabilidade? Em outras palavras, onde você construiu sua casa metafórica?

Casa construída sobre a areia

— No entanto, quem ouve estas minhas palavras e não as pratica é como o insensato que construiu a sua casa sobre a areia. Caiu a chuva, transbordaram os rios, sopraram os ventos e deram contra aquela casa. Ela caiu, e foi grande a sua queda.

Mateus 7:26-27

O problema com as tempestades é que elas são imprevisíveis (desculpem, meteorologistas): nunca sabemos quais serão as consequências. O granizo deixará amassados? O vento arrancará as telhas? O tornado passará em nossa rua? Seremos sugados para seu vórtice junto com todo o resto?

Existem também as tempestades emocionais, aquelas que vêm com um conjunto totalmente diferente de questionamentos. Vou perder meu emprego? Vou ficar sozinho para sempre? Será que algum dia me livrarei do vício? A pessoa que amo sofrerá ou morrerá? Eu vou morrer?

Queremos saber com antecedência como as coisas vão terminar, embora raramente isso seja possível.

Entretanto, isso não significa que nunca será.

Acontece que os discípulos tinham perguntas semelhantes sobre a vida deles, sobre Jesus e sobre o que o futuro lhes reservaria (João 13:36—14:11; 21:15-22; Atos 1:6-8). Claro, agora sabemos que as respostas teriam sido muito difíceis de suportar, pois dez dos doze foram martirizados por serem leais a Cristo. No entanto, pouco antes de ressuscitar seu amigo Lázaro dentre os mortos, Jesus disse: "Eu sou a ressurreição e a vida. Aquele que crê em mim, ainda que morra, viverá; e todo aquele que vive e crê em mim jamais morrerá eternamente." (João 11:25-26)

Contudo, apesar de ter sido milagrosamente ressuscitado dos mortos, Lázaro acabou morrendo, o que levanta a questão: qual era o sentido da ressurreição? Dar a ele mais alguns anos em nosso planeta defeituoso e cheio de pecados? Poupar momentaneamente suas irmãs da dor que elas acabariam sentindo uma segunda vez? Por que suspender o sofrimento de todos quando o sofrimento certamente viria?

A resposta é simples: para saber como a história vai terminar.

Sua vez

2. Que tempestades você está enfrentando?

3. De que maneira você está construindo sua casa — e sua esperança — na areia? De que maneira está construindo sobre a Rocha?

4. Quando Deus faz uma promessa, ele cumpre. Circule as promessas a seguir que oferecem um alicerce mais firme.

Será que você não sabe? Nunca ouviu falar? O Senhor é o Deus eterno, o Criador de toda a terra. Ele não se cansa nem fica exausto; a sua sabedoria é insondável. Ele fortalece o cansado e dá grande vigor ao que está sem forças. Até os jovens se cansam e ficam exaustos, e os moços certamente tropeçam, mas aqueles que esperam no Senhor renovam as suas forças, voam alto como as águias, correm e não ficam exaustos, andam e não se cansam.
Isaías 40:28-31

— Deixo com vocês a paz; a minha paz dou a vocês. Não a dou como o mundo a dá. Não se perturbe o coração de vocês nem tenham medo.
João 14:27

O meu Deus suprirá todas as necessidades de vocês, de acordo com as suas gloriosas riquezas em Cristo Jesus. A nosso Deus e Pai seja a glória pelos séculos dos séculos. Amém.
Filipenses 4:19-20

O seu divino poder nos deu tudo de que necessitamos para a vida e a piedade, por meio do conhecimento daquele que nos chamou para a sua própria glória e virtude. Dessa maneira, ele nos deu as suas grandiosas e preciosas promessas, para que por elas vocês se tornassem participantes da natureza divina, tendo escapado da corrupção que há no mundo, causada pelos maus desejos.
2Pedro 1:3-4

Palavra de ação

— Nem todo aquele que me diz: "Senhor, Senhor" entrará no reino dos céus, mas apenas aquele que faz a vontade do meu Pai, que está nos céus. Muitos me dirão naquele dia: "Senhor, Senhor, não profetizamos em teu nome? Em teu nome não expulsamos demônios e não realizamos muitos milagres?" Então,

eu lhes direi claramente: "Nunca os conheci. Afastem-se de mim, vocês que praticam a iniquidade!"
Mateus 7:21-23

Há uma conexão óbvia entre palavra e ação. Vemos isso na vida cotidiana e reclamamos quando o comportamento de alguém não corresponde ao que ele diz acreditar. Acusamos prontamente e descartamos uma pessoa que parece hipócrita. Não suportamos isso.

Da mesma forma, não basta apenas concordar com as palavras de Jesus. Afinal, ele pediu que seus escolhidos ouçam suas palavras *e as cumpram*. É claro que a salvação é baseada apenas na morte e ressurreição de Jesus: "Se com a boca você confessar que Jesus é Senhor e crer no seu coração que Deus o ressuscitou dentre os mortos, será salvo." (Romanos 10:9.) Mas crer em Jesus significa *segui-lo*, e *seguir* é um verbo que indica ação. Ou seja, aqueles que creem em Jesus fazem o que ele diz.

Bem simples, não é? Nossas ações correspondem a nossas palavras porque nosso coração se rendeu ao Senhor. Contudo, fica mais difícil se entregar quando as

Para os *nerds* da Bíblia (como nós) que querem saber

Nem *'āman* (uma das palavras hebraicas mais usadas como sinônimo de "crer" no Antigo Testamento) nem ***pisteuō*** (palavra grega usada no Novo Testamento como sinônimo de "crer") descrevem mera concordância, mas implicam uma confiança comprometida.

Em nosso idioma, fazemos essa distinção usando um complemento. Por exemplo, reconhecemos a diferença entre acreditar que uma pessoa específica é o líder de nossa nação (concordar) e acreditar em uma pessoa específica como o líder de nosso país (confiança comprometida).

No Novo Testamento, Tiago (não o apóstolo Tiago, e sim o irmão mais novo de Jesus, que acabou se convertendo) comentou sobre esta importante distinção: "Você crê que existe um só Deus? Muito bem! Até mesmo os demônios creem — e estremecem!" (Tiago 2:19.) E então ele chamou as pessoas para a crença verdadeira, isto é, para uma confiança comprometida, que é demonstrada no modo em que elas vivem.

Tiago mencionou Abraão como um excelente exemplo do Antigo Testamento (Tiago 2:20-23). Como modelo de fé, Abraão não ganhou sua salvação ao crer; em vez disso, sua obediência a Deus demonstrou que sua crença era uma confiança verdadeira e comprometida. O apóstolo Paulo também menciona Abraão: "Se, de fato, Abraão foi justificado pelas obras, ele tem do que se gloriar, mas não diante de Deus. Que diz a Escritura? 'Abraão creu em Deus, e isso lhe foi atribuído como justiça'. Ora, o salário do homem que trabalha não é considerado como favor, mas como dívida. No entanto, ao que não trabalha, mas crê naquele que justifica o ímpio, a sua fé é atribuída como justiça" (Romanos 4:2-5).

Portanto, para nós, nossa crença em Jesus Cristo como nosso Salvador (Efésios 2:8,9) é demonstrada mediante nossa obediência a ele como Senhor (v. 10).

Hipocrisia: prática de alegar ter padrões morais ou crenças que não correspondem ao próprio comportamento; fingimento.

Render-se: submeter-se à autoridade de outro.

Senhor: **alguém ou algo que tem poder, autoridade ou influência sobre outro; mestre ou governante.**

águas da inundação sobem. Especificamente, confiar em Jesus quando a situação financeira está ruim ou quando um ente querido adoece vai contra nossa própria natureza; preferimos controlar, lutar e de alguma forma gerenciar essas coisas. No entanto, seguir significa entregar o controle. Nós não suportamos isso.

Então, como escolhemos abdicar do controle e chamar Jesus de "Senhor"? Como garantir que nossas ações correspondam a nossas palavras? Como manter uma postura de fé que não depende da direção (ou da intensidade) do vento? Como nos posicionamos na Rocha de nossa salvação? A resposta é simples: nós subsistimos.

A minha alma descansa somente em Deus; dele vem a minha salvação. Somente ele é a minha rocha e a minha salvação; ele é a minha torre segura! Jamais serei abalado! **Salmos 62:1-2**

Sua vez

5. O que torna você hipócrita? (O pecado faz que cada um de nós seja hipócrita até certo ponto, de modo que literalmente todos devem ser capazes de responder a essa pergunta.)

6. Leia João 14:6, Efésios 2:10 e Gálatas 2:20-21. Com suas próprias palavras, explique a relação entre ser salvo <u>somente</u> pela graça e fazer boas obras.

7. Releia Mateus 7:24. O que Jesus compara a construir a casa sobre a rocha? O que especificamente você pode fazer hoje em resposta ao que ele disse?

Permanecer

— Permaneçam em mim, e eu permanecerei em vocês. Como um ramo não pode dar fruto por si mesmo se não permanecer na videira, assim vocês também não podem dar fruto se não permanecerem em mim. [...] Como o Pai me amou, assim eu os amei; permaneçam no meu amor. Se vocês obedecerem aos meus mandamentos, permanecerão no meu amor, assim como tenho obedecido aos mandamentos do meu Pai e permaneço no amor dele.

João 15:4,9-10

Subsistir: **permanecer estável ou fixo em um estado; continuar em um lugar.**

A Bíblia é repleta de palavras imagéticas (metáforas sobre rocha e areia, frutos e videiras) porque nós, humanos, entendemos melhor a natureza de nosso Deus invisível por meio de sua criação visível. E o significado dessas metáforas particulares é o mesmo: Jesus é a fonte de nossa força, o fundamento de nossa esperança e o centro das Escrituras!

Seguimos Jesus não para que nossa vida esteja livre de tempestades, mas porque este mundo não é tudo. Seguimos porque ele tem controle sobre a própria morte e prometeu nos ressuscitar para a vida no céu, onde as tempestades serão acalmadas para sempre. Seguimos porque, enquanto isso, ele promete jamais nos deixar nem nos abandonar — ser o alicerce sólido sobre o qual estamos.

De fato, a única maneira de evitar ser abalado pelas tempestades da vida é conhecer e permanecer em Jesus. Crer em suas promessas e fazer o que ele diz, pois o vento e o mar lhe obedecem (Mateus 8:27). E em seu poder e por sua graça não seremos abalados.

Sua vez

"Sejam fortes e corajosos. Não tenham medo nem fiquem apavorados por causa delas, pois o Senhor, o seu Deus, vai com vocês; nunca os deixará nem os abandonará."
Deuteronômio 31:6

8. Examinando mais de perto a metáfora da videira e dos ramos de João 15, cite uma forma de permanecer em Jesus hoje.

Foco da oração

Louve Jesus por ser nosso alicerce seguro, a Rocha da nossa salvação e nossa esperança futura. Agradeça a ele por prometer permanecer conosco em todas as tempestades. Peça mais fé para crer em suas palavras e maior senso de sua paz e presença em meio ao caos. Ore pedindo forças para continuar seguindo, por mais que as circunstâncias sejam difíceis, sabendo que o caminho de Jesus é correto, bom e verdadeiro.

Modelo de oração

Querido Jesus,

Ainda bem que o Senhor se revelou como a Rocha da salvação. Agradeço por não ter que tentar me salvar por conta própria, pois confio no Senhor. E agradeço porque, melhor do que qualquer outra rocha, o Senhor é o alicerce mais seguro e inabalável para dar vida e esperança. No entanto (e como o Senhor já sabe), estou passando por tempestades e estou tentando administrá-las. Por favor, ajude-me a confiar no Senhor em meio a essas dificuldades; ajude-me a experimentar mais de sua paz neste momento. Em vez de me afastar, quero permanecer no Senhor, obtendo coragem, força e esperança. Por favor, ajude-me. Pela obra de seu Espírito em minha vida, surpreenda-me com algum fruto de obediência que vem apenas do Senhor, e não de meus próprios esforços. E eu o louvarei por isso.

Amém.

CENA EXTERNA — *CAMPO (PRIMAVERA, DIA)*

(Verônica, a mulher com fluxo de sangue, está lavando roupa quando Éden chega com uma pilha de roupas.)

ÉDEN: Shalom, Verônica.

VERÔNICA: Sua casa não está mais vazia.

ÉDEN: O quê?

VERÔNICA: Essas parecem ser túnicas masculinas.

ÉDEN *(mergulhando as roupas na água)*: Meu marido e os amigos dele voltaram para casa.

VERÔNICA: O lugar perfeito.

ÉDEN: Garanto que não há nada de perfeito na minha casa... ou em mim.

VERÔNICA: Eu quis dizer o Éden. O jardim.

ÉDEN: O que trouxe você de Cesareia de Filipe até aqui?

VERÔNICA: Vim ouvir o Pregador, no monte.

ÉDEN: Claro.

VERÔNICA: Com certeza, você estava lá.

ÉDEN: Sim! Sim, eu... *(distraída por um pensamento obscuro)* Eu estava.

VERÔNICA: O que foi? Não gostou do que ouviu?

ÉDEN: Gostei. Só que muita coisa aconteceu desde então. *(mudando de assunto)* Deve ter sido uma viagem difícil com esse...

VERÔNICA: O quê?

ÉDEN: Com esse... Não sei, você manca.

VERÔNICA: Minhas pernas estão bem. Eu...

(De repente, as duas mulheres estão desconfortáveis, e Verônica começa a sangrar. Ela cobre o local. Os olhos de Éden se voltam para a pilha de roupa ensanguentada.)

ÉDEN: Há quanto tempo você...

VERÔNICA: Doze anos.

ÉDEN: Você quer dizer dias?

VERÔNICA: Quero dizer anos.

ÉDEN: Doze!? Como é possível?

VERÔNICA: É uma doença rara.

ÉDEN: Como você sobrevive?

VERÔNICA: Isso só me enfraquece. É melhor você se afastar. Se você tocar em qualquer coisa, ficará ritualmente impura e incapaz de tocar em seu marido por sete dias.

ÉDEN: Ah, eu garanto a você, eu não tenho tocado em meu marido.

(Verônica ergue as sobrancelhas. Eles lavam roupas em silêncio. Depois de mais alguns olhares de Éden para a pilha de roupa ensanguentada, Verônica revela...)

VERÔNICA: Não há cura para a minha doença. Gastei todo o meu dinheiro com médicos, e eles só pioraram as coisas. Sem esperança.

ÉDEN: Então, o que você faz sem esperança?

VERÔNICA: Não perdi *toda* a esperança. Não há cura pelos médicos. Mas pode haver outra forma.

"Não acumulem para
vocês tesouros na terra,
onde a traça e a ferrugem
destroem e onde os ladrões
arrombam e furtam. Mas
acumulem para vocês
tesouros nos céus, onde
a traça e a ferrugem
não destroem e onde os
ladrões não arrombam nem
furtam. Pois, onde estiver
o seu tesouro, ali também
estará o seu coração."

Mateus 6:19-21

Quinta lição

ALEGRE-SE
com o que Jesus se alegra

CENA INTERNA — *CASA DE SIMÃO*

(Jesus está sentado com Mateus, André, Tiaguinho e Filipe. Há alguns odres vazios pendurados no local. Éden coloca um prato diante de Jesus.)

JESUS: Agora vou encerrar meu jejum. Obrigado, Éden!

ÉDEN: Por nada.

TIAGUINHO: Você jejuou enquanto estava fora?

JESUS: Não, só de um dia para o outro. Oito horas *(morde um pepino)*. Éden! Esses pepinos em conserva estão uma delícia!

(Inclinando-se sobre a pia, Éden franze os lábios e controla a emoção. Mateus percebe um olhar de preocupação, mas de sabedoria, no rosto de Jesus. Ele não diz nada.)

FILIPE: Eu queria perguntar a você sobre o jejum.

JESUS: É algo que felizmente não estou fazendo agora.

FILIPE: João exigia que jejuássemos periodicamente, e você nunca nos pediu. Quer dizer, teve aquela vez em que comemos as espigas no campo de trigo, mas estávamos com fome. Não foi um jejum intencional.

JESUS: O que você quer dizer?

FILIPE: Os fariseus jejuam o tempo todo.

ANDRÉ: Eles fazem um drama com isso, desfiguram o rosto.

FILIPE: Se é algo importante para eles, e descobrem que não jejuamos, não acha que eles podem, talvez, usar isso contra nós?

JESUS: Os convidados do casamento podem se lamentar enquanto o noivo está com eles? Virão dias em que o noivo lhes será tirado, e então vocês jejuarão.

MATEUS: Tirado?

JESUS *(para Mateus)*: Já explico. *(para Filipe)* Quando você jejuou antes, pelo que você orou?

FILIPE: Por sua chegada.

ANDRÉ: Certo, então qual seria o sentido agora?

JESUS: Exatamente. Éden, você tem algum vinho fermentando agora?

ÉDEN: Sim, no quarto dos fundos.

JESUS: Tiago, por favor, pegue aquele odre vazio.

FILIPE *(inclinando-se para a frente)*: Ah, lá vem uma lição.

JESUS: Éden, a última vez que você verificou o vinho, como ele estava?

ÉDEN: Como sempre fica nessa etapa: meio que borbulhando, com pequenas nuvens de ar saindo de vez em quando.

JESUS: Tiago, como é esse odre?

TIAGUINHO: Rígido. Pouco flexível.

JESUS: Então, se Éden colocasse o vinho novo naquele recipiente, o que aconteceria?

FILIPE: O couro velho não conseguiria mais esticar.

MATEUS: O vinho novo continuaria se expandindo e explodiria.

JESUS: O vinho novo deve ser colocado em odres novos.

ANDRÉ: Serei o primeiro a admitir que não entendi.

JESUS: Os caminhos do reino que estou trazendo a este mundo não cabem nos velhos recipientes ou estruturas.

FILIPE *(começando a entender)*: É divertido ser revolucionário.

As bênçãos e o Noivo

No episódio 5 da terceira temporada, vemos os seguidores de Jesus sentirem vários tipos de alegria. Zebedeu celebra seu novo interesse na produção de azeite e inclui seus amigos talentosos e focados nos negócios. Apesar dos problemas em casa, Simão e seu (improvável) novo amigo, Gaio, desenvolvem um projeto comunitário. E Jesus retorna aos discípulos ansiosos, que mais uma vez se alegram em sua companhia e em seus ensinamentos sobrenaturais.

Deleitar-se:
sentir prazer; proporcionar alegria ou satisfação.

O negócio é o seguinte: Deus quer que as pessoas desfrutem de todos os itens apresentados: relacionamentos, novas descobertas, trabalho em equipe, trabalho bem-feito, uma refeição saborosa, uma comunidade próspera, um lar para voltar no final de um longo dia.

Releia o parágrafo anterior. Deus quer que você aproveite o mundo que ele fez porque o que ele fez é bom.

Deus viu tudo o que havia feito e percebeu que tudo havia ficado muito bom. Passaram-se a tarde e a manhã; esse foi o sexto dia.
Gênesis 1:31

No entanto, ainda mais do que bênçãos terrenas, Deus quer que você desfrute *dele*. Que o seu relacionamento com ele seja seu maior tesouro. Que você esteja ansioso para passar tempo aos pés dele, ouvindo e meditando nas palavras dele. Que esteja cheio de alegria e paz como consequência da presença dele. Que leve a sabedoria, o amor e a graça dele em seus relacionamentos com os outros. E que a forma pela qual você vê e experimenta o mundo seja fundamental e irrevogavelmente reformada pela forma de *ele* ver o mundo.

Ele quer que você se deleite em seu relacionamento com o Noivo.

Sua vez

1. Cite algumas coisas de sua vida (bênçãos de Deus) que realmente agradam a você.

Odres

> — Ninguém põe remendo de pano novo em roupa velha, pois o remendo forçará a roupa, tornando pior o rasgo. Nem se põe vinho novo em odres velhos; se o fizer, os odres se romperão, o vinho se derramará, e os odres se estragarão. Ao contrário, põe-se vinho novo em odres novos, e ambos se conservam.
>
> Mateus 9:16-17

Sinceramente, às vezes é mais fácil praticar religião do que buscar um relacionamento. Ou seja, parece mais confortável nos apoiarmos em nosso próprio comportamento, não em Jesus, e muitas vezes acreditamos que seguir é simplesmente obedecer a um conjunto de regras e regulamentos — coisas que devemos fazer e o tipo de pessoa que devemos ser para manter nossa boa posição com Deus e os outros. Embora *seguir* denote ação, e embora conhecer Jesus produza arrependimento e mudança de vida, nosso comportamento não é o objetivo final.

Religião:
conjunto pessoal ou sistema institucionalizado de atitudes, crenças e práticas.

Relacionamento:
estado em que duas pessoas estão conectadas.

Nosso relacionamento com nosso Criador, o Noivo, é o objetivo final. E, em Jesus, é algo novo.

Para os *nerds* da Bíblia (como nós) que querem saber

Tanto no Antigo como no Novo Testamentos, apresenta-se o relacionamento de um noivo com a noiva como uma imagem do relacionamento de Deus com o povo escolhido.

Por exemplo, Isaías observa que "como o noivo se regozija com a noiva, assim o seu Deus se regozija com você" (Isaías 62:5).

Paulo compara o amor de um marido pela esposa ao amor que Cristo tem pela igreja (Efésios 5:25-29).

Nas Escrituras, também lemos que a infidelidade no relacionamento com Deus traz tristeza da mesma forma que a infidelidade no casamento (por exemplo, Jeremias 2:1-3,32).

No entanto, com persistência e fidelidade, Deus busca seu povo para um relacionamento com ele (Oseias 1—3).

Em uma combinação de palavras imagéticas, a alegria do casamento é aplicada até mesmo ao que será a eternidade com o povo de Deus habitando a nova Jerusalém "preparada como uma noiva adornada para o seu esposo" e apresentada como "a noiva, a esposa do Cordeiro" (Apocalipse 21:2,9).

Para esclarecer, o relacionamento com Deus sempre esteve disponível pela graça por meio da fé (Romanos 4:1-8), mas ninguém jamais foi "bom" o suficiente para *merecer* sua própria salvação (Gálatas 2:16). Nos dias do Antigo Testamento, os israelitas tinham de obedecer à lei de Moisés. Em troca, Deus prometeu liderá-los, protegê-los e abençoá-los (Deuteronômio 30:15-18; 1Samuel 12:14-15). Contudo, o povo não era capaz de cumprir a lei. Então, para permanecerem cientes da ofensa de seu pecado, e por causa da santidade de Deus, precisavam fazer os devidos sacrifícios de expiação repetidas vezes.

Dessa forma, a "antiga aliança" mostrava ao povo a necessidade de confiar na graça de Deus para obter salvação (Hebreus 9:1-10). Contudo, também apontava para a "nova aliança", pois o que o povo não era capaz de realizar por conta própria Deus faria por eles. E faz por nós.

"Portanto, agora já não há condenação para os que estão em Cristo Jesus, porque, em Cristo Jesus, a lei do Espírito da vida libertou você da lei do pecado e da morte. Porque aquilo que a lei era incapaz de fazer, visto que estava enfraquecida pela carne, Deus o fez, enviando o seu próprio Filho, em semelhança à carne pecaminosa, como oferta pelo pecado. Assim, condenou o pecado na carne, a fim de que os preceitos da lei fossem cumpridos em nós, que não vivemos segundo a carne, mas segundo o Espírito." (Romanos 8:1-4)

Jesus inaugurou a nova aliança e cumpriu a antiga promessa ao se tornar, *ele mesmo*, o sacrifício definitivo

"Vejam, eu farei uma coisa nova! Ela está prestes a acontecer! Vocês não a percebem? Até no deserto vou abrir um caminho e riachos no ermo."
Isaías 43:19

Graça:
favor imerecido de Deus para com o homem.

Santo:
distinto, separado, perfeito e intocado pelo pecado.

Expiação:
fazer correções ou reparos. Os sacrifícios expiatórios adequados para os israelitas do Antigo Testamento são descritos em detalhes no livro de Levítico.

Aliança:
um acordo vinculante.

"'Não será como a aliança que fiz com os seus antepassados, quando os tomei pela mão para tirá-los da terra do Egito. Porque quebraram a minha aliança, apesar de eu ser o marido deles', declara o Senhor. 'Esta é a aliança que farei com o povo de Israel depois daqueles dias', declara o Senhor: 'Porei a minha lei no íntimo deles e a escreverei no seu coração. Serei o Deus deles, e eles serão o meu povo.'"
Jeremias 31:31-33

e perfeito pelo pecado. E isso mudou tudo! Infelizmente, às vezes ainda agimos da maneira antiga. Estamos cientes do nosso pecado e de nossa total incapacidade de sermos perfeitos, mas tentamos melhorar segundo nossas próprias forças. *Vou orar mais. Vou ler mais a Bíblia. Vou telefonar mais para a minha avó.* Você entendeu a ideia. Acrescente a isso nossa tendência de justificar o pecado comparando-nos aos outros: *Pelo menos não sou tão ruim quanto fulano e beltrano.*

Acabamos tendo mais religião... e menos relacionamento.

Jesus usou a metáfora do odre para ajudar os seguidores a entenderem que ele estava iniciando algo novo: um caminho de volta ao relacionamento com Deus, conforme planejado no jardim do Éden, quando tudo era feliz e belo, alegre e pacífico. Para esse fim, Jesus não é apenas mais uma peça de um quebra-cabeça religioso. Não é uma continuação de um antigo modo de vida. E certamente não é um "bom" professor de prática religiosa comum (pense em Maomé, Gandhi, Buda, entre outros).

Jesus, junto com o tipo de relacionamento que ele oferece livremente, é a coisa nova.

E a maioria de nós está fazendo errado.

Sua vez

2. Quais são suas práticas religiosas? Ou seja, o que você se sente compelido a fazer para ser "bom"?

3. Leia Mateus 6:16-18 e explique por que as práticas religiosas dos fariseus às vezes atrapalhavam o relacionamento deles com Deus.

4. Descreva seu relacionamento com Jesus. É de formalidade ou de intimidade? É chato ou revigorante? Ou (mais provavelmente) até que ponto é uma mistura de todos os itens anteriores?

Animais de carga

— Venham a mim todos os que estão cansados e sobrecarregados, e eu darei descanso a vocês. Tomem sobre vocês o meu jugo e aprendam de mim, porque sou manso e humilde de coração, e vocês encontrarão descanso para a alma. Pois o meu jugo é suave, e o meu fardo é leve.

Mateus 11:28-30

Jesus fez um belo convite: trocar o jugo pelo descanso. Entretanto, em vez de aceitar sua oferta, é mais comum praticarmos a religião e nos apegarmos aos nossos fardos com firmeza. E a vida é difícil e nossas lutas são muitas, o que significa que nossas cargas são pesadas. A religião em si pode ser pesada. No entanto, Jesus nos

Para os *nerds* da Bíblia (como nós) que querem saber

No mundo predominantemente agrário do primeiro século, as pessoas entendiam a referência de Jesus a um jugo. Tratava-se de uma armação de madeira presa ao pescoço e aos ombros de um ou dois animais (geralmente bois) para que trabalhassem melhor juntos (1Samuel 6:7; 11:7; Lucas 14:19). Esse par de animais era um antigo símbolo de sujeição de um ao outro (Gênesis 27:40; Levítico 26:13; Deuteronômio 28:48; Jeremias 27:1-7; Gálatas 5:1; 1Timóteo 6:1). No judaísmo, o jugo simbolizava a lei do Antigo Testamento. A interpretação mais típica dos fariseus a respeito da lei estava carregada de exigências pesadas criadas pelo homem (Mateus 23:4). Contudo, estar preso a um "jugo" com Jesus (ficar em sintonia com ele e mover-se em sua direção) não é um caminho oneroso de sujeição às exigências humanas, mas sim o caminho tranquilo do amor e da fé nele (1João 5:1-5).

convida a tomar *o jugo dele*: trocar religião por relacionamento, o que é terreno pelo que é celestial, o que é pesado pelo que é leve. Ele nos convida a crer nele e a depositar nossa confiança nele.

E este é o pulo do gato: Deus se alegra conosco quando fazemos isso.

Trouxe-me para um lugar espaçoso; livrou-me,
porque tinha prazer em mim
Salmos 18:19 (ARC)

O SENHOR se agrada dos que o temem, dos
que depositam a esperança no seu amor leal.
Salmos 147:11

O SENHOR agrada-se do seu povo; ele coroa
de vitória os oprimidos. Regozijem-se os seus fiéis
nessa glória e em seu leito cantem alegremente!
Salmos 149:4-5

"O SENHOR, o seu Deus, está no seu meio, um guerreiro
poderoso para salvar. Ele terá imensa alegria
em você; com o seu amor a renovará."
Sofonias 3:17

Deus se alegra com sua criação. E se alegra com nossa companhia porque ele nos fez! Ele se alegra quando aceitamos seu perdão e sua graça. Ele se alegra quando o adoramos e respeitamos sua santidade. Ele se alegra na fé e na esperança que depositamos nele. Ele se alegra quando participamos da obra de seu reino.

Ele se alegra em você. Embora essa não seja a mensagem que a religião destaca com mais frequência, nossos fardos seriam tão menores (e nosso tesouro celestial seria ainda maior) se também nos alegrássemos nele!

Sua vez

5. Que fardos você está carregando que Jesus quer carregar?

6. Releia Mateus 11:28-30 e escreva as palavras que descrevem Jesus e o "jugo" dele.

7. Feche os olhos e levante as mãos para o céu, dizendo: *"Jesus, eu entrego nas suas mãos ___________."* (Por exemplo: *"Jesus, eu entrego nas suas mãos as contas que não sei como conseguirei pagar."* Ou: *"Jesus, eu entrego nas suas mãos o meu amigo/meus filhos/meu cônjuge."* Ou: *"Jesus, eu entrego nas suas mãos o meu coração ferido."* Ou: *"Jesus, eu entrego nas suas mãos os fardos que são grandes demais para eu carregar."*)

Hora de deleitar-se

Deleite-se no SENHOR, e ele atenderá
aos desejos do seu coração.
Salmos 37:4

Lembre-se: *crer* denota ação; revela-se em nosso comportamento.

Nós cremos em Jesus, por isso somos amorosos, mesmo quando as pessoas ao nosso redor não são.

Para os *nerds* da Bíblia (como nós) que querem saber

A ideia de se alegrar no momento certo nas providências de Deus lembra o ditado poético do Antigo Testamento em Eclesiastes 3:1-8. Nele, o autor (às vezes, chamado de "Pregador") escreve sobre um tempo para tudo, inclusive "tempo de chorar e tempo de rir; tempo de prantear e tempo de dançar" (v. 4). A letra da música *Turn! Turn! Turn!*, da banda The Byrds, faz uma referência a essa passagem.

O Pregador do Antigo Testamento pensou em se deleitar nas coisas que Deus providenciou no momento certo. "Para tudo há uma ocasião certa; há um tempo certo para cada propósito debaixo do céu: tempo de nascer e tempo de morrer; tempo de plantar e tempo de arrancar o que se plantou; tempo de matar e tempo de curar; tempo de derrubar e tempo de construir; tempo de chorar e tempo de rir; tempo de prantear e tempo de dançar." (Eclesiastes 3:1-4)

Agora Jesus, o Pregador do Novo Testamento, também está chamando seus seguidores para viver as prioridades de Deus e se alegrarem. "Então, os discípulos de João vieram perguntar-lhe: — Por que nós e os fariseus jejuamos, mas os teus discípulos não jejuam? Jesus respondeu: — Como podem os convidados do noivo ficar de luto enquanto o noivo está com eles? Virão dias quando o noivo lhes será tirado e, então, jejuarão." (Mateus 9:14-15)

Nós cremos, por isso acumulamos tesouros no céu sendo generosos na terra. Nós cremos, por isso gastamos nosso tempo edificando o reino de Deus e convidando pessoas para virem e verem. Nós cremos, por isso trocamos nossas dificuldades pelo descanso tão necessário.

Nós cremos, por isso nos deleitamos naquele que se deleita em nós.

Como estudamos na lição anterior, embora nossas escolhas não nos façam merecer um lugar no céu, obedecer a Jesus certamente nos traz benefícios aqui na terra. Afinal, sentir a alegria de Deus em um mundo sombrio e confuso certamente é um benefício. Quando nós nos deleitamos no Senhor — quando oramos, lemos a Palavra, adoramos e falamos sobre ele a outras pessoas —, além de aliviar nossos fardos, ele satisfaz os desejos do nosso próprio coração. Porque, segundo o planejamento divino, um relacionamento com o Senhor *é* o desejo mais profundo de cada coração humano.

A religião é onerosa e impossível de manter. O relacionamento com Jesus, por sua vez, é leve porque (a) ele carrega nossos fardos, (b) ele transforma nosso coração para ser mais parecido com o dele, e (c) ele se deleita em nós assim como nos deleitamos nele.

Sua vez

8. Diga a Deus um motivo de alegria neste momento. Feche os olhos e erga as mãos para o céu, dizendo: *"O Senhor é..."* (Por exemplo: *"O Senhor é gracioso."* Ou: *"O Senhor é misericordioso."* Ou: *"O Senhor é soberano."* Ou: *"O Senhor é todo-poderoso e perfeito em todos os sentidos."*)

Foco da oração

Jesus, o Senhor é gracioso. O Senhor é misericordioso. O Senhor é soberano. O Senhor é todo-poderoso e perfeito em todos os sentidos... (Viu o que fizemos aqui?)

CENA EXTERNA — *MAR DA GALILEIA*

(Verônica, a mulher que não sangra mais porque Jesus a curou, está boiando de barriga para cima na água cintilante.)

Modelo de oração

Senhor Jesus,

O Senhor é um Salvador tão incrível, amoroso, misericordioso, gentil, generoso, paciente, perfeito e poderoso. O Senhor é digno de adoração por ser quem é. E o Senhor me deu tantas coisas boas! A salvação do pecado e a esperança da eternidade com Deus são maiores do que às vezes eu entendo. Mas mesmo aqui, em meio às lutas, reconheço que tenho muitas, muitas alegrias. Minha casa, roupas e comida. Minha história e meus talentos, meu trabalho e meus passatempos. Minha família e meus amigos, vizinhos e colegas de trabalho. E, claro, seu Espírito dentro de mim. O Senhor é digno de louvor e de gratidão por todas essas coisas: são dons de Deus. Agradeço por tudo.

Amém.

JESUS: Você aí!

(Assustada, Verônica se levanta ao ser chamada. Ela logo reconhece Jesus e os discípulos, que estão entrando na água.)

VERÔNICA: Ah, não! Eu o tornei impuro? O sacerdote enviou você?

JESUS: Ele acha que sim. Nós só queríamos dar um mergulho.

SIMÃO: Ele passou vergonha.

MARIA MADALENA: Queríamos encontrar você.

JESUS: Para ver como você está.

VERÔNICA: Obrigada! Eu sei que o incomodei...

JESUS: Foi um incômodo bem-vindo. Meu tipo preferido.

(Jesus olha para Simão, João e Tiagão. Tiagão empurra João para baixo na água pelos ombros. Muitas risadas. Simão logo se junta à brincadeira. João se levanta e revida.)

JESUS *(para Verônica)*: Se me der licença, não posso perder isso.

(Jesus se vira e desvia do respingo. Tadeu, Filipe e os outros agora participam. As mulheres se aproximam de Verônica.)

TAMAR: Doze anos... Como você sobreviveu?

VERÔNICA: É uma longa história.

MARIA MADALENA: Boas histórias geralmente são longas.

(A câmera se afasta lentamente do grupo de discípulos com Jesus. A maioria está nadando, mas Tadeu e Filipe estão sobre os ombros de Jesus e de Tiagão brincando na água. Há risadas e respingos enquanto a tela escurece.)

"Peçam, e será dado a vocês; busquem e vocês encontrarão; batam, e a porta será aberta a vocês. Pois todo aquele que pede recebe; o que busca encontra; e, àquele que bate, a porta será aberta."

Mateus 7:7-8

PEÇA

CENA EXTERNA — *CIDADE DE TENDAS*

(Jesus está curando a multidão quando percebe um homem mudo com uma placa pendurada no pescoço com barbante. Ele está escrevendo hebraico desesperadamente; seu amigo tenta traduzir rapidamente para Jesus. Jesus diz a ele...)

JESUS: Eu sei.

(Jesus gesticula para Natanael pedindo a faca. Natanael entrega sua lâmina. Jesus corta a corda ao redor do pescoço do homem. A placa cai fazendo barulho. Antes que o homem ou o amigo consigam reagir, Jesus coloca as mãos no pescoço do homem. O ex-mudo mastiga a língua, estica-a, abre bem a boca. Simão e os rapazes chegam perto o suficiente para ouvir.)

EX-MUDO: Jamais tinha dito nada com minha própria voz.

JESUS: Por onde você gostaria de começar?

EX-MUDO *(segurando a túnica de Jesus...)*: Bendito seja, Senhor Deus, Rei do Universo...

JESUS *(puxando o homem para perto...)*: Vamos guardar esses grandes títulos para depois.

SIMÃO: Mestre.

JESUS *(voltando-se para Simão)*: Sim. Quem temos aqui?

JOÃO: Estes são dois discípulos de seu primo, Abner e Nadabe.

ABNER: Jesus de Nazaré.

JESUS *(voltando ao ex-mudo)*: *Esse* nome eu respondo prontamente, embora eu não vá retornar a Nazaré.

SIMÃO: O Batista tem uma pergunta urgente para você.

JESUS: Eu o reconheço desde o dia em que João me apresentou a André.

NADABE: "Eis o Cordeiro de Deus que tira o pecado do mundo."

JESUS: Sim, boa memória. Meu primo pode ficar animado. O que João quer saber?

ABNER: Simão nos trouxe às pressas. Não convém falar sobre isso aqui; podemos conversar mais tarde.

JESUS: Simão?

SIMÃO: Na verdade, acho que este é o momento perfeito.

JESUS *(olhando para a multidão)*: Quem de vocês já experimentou João Batista de alguma forma? *(Muitos acenam com a cabeça, levantam as mãos, dizem "eu".)* Sei que alguns de vocês rejeitaram João, mas alguns de vocês creram em sua mensagem. Ele teve um impacto profundo em muitas pessoas nesta região, e estes são dois de seus discípulos. Vamos recebê-los.

(Algumas palmas e palavras de apoio. Abner e Nadabe parecem estar mais nervosos. Simão parece satisfeito com a tensão crescente.)

JESUS *(continuando)*: Alguns de vocês devem saber que João está atualmente preso por Herodes em Maqueronte. Acho que seria muito instrutivo ouvir o que ele pensa em meio a esse desafio.

ABNER *(hesitante)*: É uma pergunta difícil, talvez seja melhor responder em particular.

JESUS *(baixinho, para Abner)*: Está tudo certo. Isso faz bem.

ABNER: Ele nos enviou para perguntar se você... é realmente Aquele que há de vir... *(grande silêncio)* Ou devemos procurar outra pessoa?

JESUS: Pode repetir essa última parte?

NADABE: Devemos procurar outra pessoa?

JESUS: Para aqueles que não ouviram... João Batista, meu primo que preparou o caminho para mim, está questionando se eu sou o Messias. Ou se talvez devêssemos continuar esperando. *(voltando-se para os discípulos de João)* João está ficando impaciente, né? É uma de suas peculiaridades.

NADABE: Ele não deu detalhes, apenas nos enviou para fazer a pergunta.

JESUS: Hum.

ABNER: Ele... está na prisão há muito tempo.

NADABE: Recebemos a notícia sobre o que aconteceu em Nazaré, quando você disse que o Espírito do Senhor está sobre você para proclamar liberdade aos cativos.

ABNER: Se você diz que está aqui para libertar prisioneiros, por que ele continua preso? Ele se pergunta por que você permitiria que um rei impostor interrompesse todo o seu ministério.

JESUS: Proclamar liberdade aos cativos pode significar mais do que apenas libertar os presos. Há muitos tipos de cativeiro que prendem as pessoas.

NADABE: É o que devemos dizer a ele?

JESUS: Não, estou dizendo só para vocês.

ABNER: Ouvimos falar que nossos ex-companheiros André e Filipe foram para Decápolis. É aí que você está planejando lançar a revolução para derrubar Roma?

JESUS: Tenho algo em mente para Decápolis, e será revolucionário, mas provavelmente não da forma que estão pensando.

NADABE *(ficando impaciente)*: O que devemos contar a ele?

JESUS: Vá e diga a João o que você ouviu e viu: os cegos veem, os coxos andam, os leprosos são purificados, os mudos falam e as boas-novas são anunciadas aos pobres.

Expectativas

Ao entrar em cena na época tumultuada do mundo mediterrâneo do primeiro século, Jesus não era exatamente o que as pessoas procuravam. Muitos dos israelitas esperavam que seu Messias prometido fosse um forte e poderoso libertador dos judeus, aquele que a nação de Israel acreditava que os resgataria da ocupação romana e os levaria de volta à terra natal.

No entanto, como estudamos na lição 3, Jesus não era apenas simples e pobre, esquecido e rejeitado; ele muitas vezes também era mal compreendido. Nem mesmo seus seguidores o entendiam totalmente, pois algumas das coisas que ele dizia eram misteriosas e confusas. Além disso, alguns de seus comportamentos eram surpreendentes e diferentes de qualquer outro mestre ou líder judeu que o precedeu.

Em resumo: Jesus não se encaixava em conceitos preconcebidos e fez os discípulos questionarem, inclusive o dedicado "Preparador do Caminho", João Batista.

> O princípio do evangelho de Jesus Cristo, o Filho de Deus, conforme está escrito no profeta Isaías: "Vejam, enviarei o meu mensageiro à sua frente; ele preparará o seu caminho." "Voz do que clama no deserto: 'Preparem o caminho para o Senhor; endireitem as veredas para ele.'" Assim, apareceu João Batista no deserto pregando o batismo de arrependimento para o perdão dos pecados. Pessoas de toda a região da Judeia e todos os habitantes de Jerusalém iam até ele. Quando confessavam os seus pecados, eram batizados por ele no rio Jordão.
> **Marcos 1:1-5**

João já havia identificado Jesus como "o Cordeiro de Deus, que tira o pecado do mundo" (João 1:29) e estava admoestando as pessoas a seguirem Jesus em vez de seguir a ele mesmo (João 3:30). Contudo, agora esse pregador radical do deserto estava na prisão, o que não era o que ele havia imaginado para si mesmo ou para o movimento que havia iniciado, sobretudo se o Messias estivesse próximo.

E, de repente, virou uma grande dúvida.

Sua vez

1. Quais são suas expectativas sobre Jesus e sobre como devemos segui-lo?

Até mesmo o Batista

João, ao ouvir na prisão o que Cristo estava fazendo,
enviou os seus discípulos para lhe perguntarem:

— És tu aquele que haveria de vir ou devemos esperar outro?

Mateus 11:2-3

João Batista estava proclamando a vinda do Messias, que era o propósito divino de sua vida concebida milagrosamente (Lucas 1:5-13). Ele pregava com total desprendimento, espalhando sua mensagem de arrependimento e preparação, apesar de toda a alienação social e religiosa que a acompanhava. Ele se entregava por inteiro. Ele vivia da terra (comia insetos), vestia-se da terra (pelos de camelo) e pregava para quem quisesse ouvir. E então batizou Jesus e testemunhou quando "*os céus se abriram, e ele viu o Espírito de Deus descendo como pomba e pousando sobre ele [Jesus]. Então, uma voz dos céus disse: — Este é o meu Filho amado, em quem tenho prazer*" (Mateus 3:16-17).

Como se não bastasse, vieram os milagres. Jesus estava acumulando seguidores e indo de cidade em cidade, pregando, curando e surpreendendo as multidões. O tempo todo, João estava cumprindo sua missão, persuadindo as pessoas a se arrependerem e apontando-lhes Jesus. Mesmo quando as multidões ao redor de João diminuíram, ele continuou zelando por sua fé, e suas convicções não foram abaladas. "'Eu não sou o Cristo, mas aquele que foi enviado adiante dele.' A noiva pertence ao noivo. O amigo do noivo, que está ao seu lado e o ouve, enche-se de alegria quando ouve a voz do noivo. Esta é a minha alegria, que agora se completa. É necessário que ele [Jesus] cresça e que eu diminua." (João 3:28-30)

João Batista tinha muita fé. Isto é, tinha muita fé até ir parar na prisão. Ele logo descobriu que expectativas não atendidas podem nos desviar do foco. Porque, apesar de todos os milagres que testemunhou, e apesar de ser um cumprimento real da profecia do Antigo Testamento (Isaías 40:3), João não estava imune ao medo ou à frustração. Pelo contrário, suas circunstâncias eram confusas, desanimadoras e até aterrorizantes — e ele vacilou. Naquele momento na cela da prisão, provavelmente se sentiu abandonado por aquele a quem dedicara sua vida. Segundo todos os relatos, parece que Jesus nem mesmo visitou seu fiel primo e servo na prisão.

E surgiram questionamentos.

Sua vez

2. Destaque João 3:28-30 em sua Bíblia e explique no espaço abaixo o que você acha que esses versículos significam.

3. "Pois todo aquele que pede recebe; o que busca encontra; e, àquele que bate, a porta será aberta." À luz de Mateus 7:8, explique por que a pergunta de João para Jesus foi ótima e a forma certa de lidar com a dúvida que ele teve na prisão.

4. Que questionamentos pairam sobre você agora? Que medo ou confusão você precisa levar a Jesus?

Perguntas e respostas

"Jesus respondeu:

— Voltem e anunciem a João o que vocês ouvem e veem: os cegos veem, os aleijados andam, os leprosos são purificados, os surdos ouvem, os mortos são ressuscitados, e o evangelho está sendo pregado aos pobres. Bem-aventurado aquele que não tropeça por minha causa."

Mateus 11:4-6

Jesus não ficou chateado com João. Ele não estava surpreso por João ter um momento de dúvida, muito pelo contrário. Ele respondeu à dúvida de João em duas partes: (1) lembre-se do que você sabe sobre mim; (2) se esforce e confie em mim. Em outras palavras: "Não deixe que este momento o faça desviar, servo bom e fiel. EU SOU quem digo que EU SOU, mesmo quando suas expectativas não são atendidas." Então, Jesus se virou para a multidão e honrou publicamente a fé de João: "Em verdade lhes digo que, entre os que nasceram de mulher, não surgiu ninguém maior do que João Batista." (Mateus 11:11)

Jesus sabe como as expectativas não atendidas podem ser difíceis — é por isso que ele nos incentiva a pedir! Devemos levar ao Senhor nossas dúvidas, confusões e medos, além de todos os questionamentos que eles geram: "Qual homem, do meio de vocês, se o filho pedir pão, lhe dará uma pedra? Ou, se pedir peixe, lhe dará uma cobra? Portanto, se vocês, apesar de serem maus, sabem dar boas coisas aos seus filhos, quanto mais o seu Pai, que está nos céus, dará coisas boas aos que lhe pedirem!" (Mateus 7:9-11)

Para os *nerds* da Bíblia (como nós) que querem saber

Após dizer à multidão que "não surgiu ninguém maior do que João Batista", Jesus completou: "no entanto, o menor no reino de Deus é maior do que ele" (Lucas 7:28).

A quem ele se referia? Bem, a nós.

O segredo para entender esse versículo é reconhecer nosso lugar na história. João Batista foi o último dos profetas do estilo do Antigo Testamento com fé em relação ao futuro sobre a vinda do Messias. Ele conheceu Jesus e interagiu com ele, mas morreu antes da morte e ressurreição de Jesus.

Aqueles de nós que vieram depois de João têm o grande privilégio de ter fé em relação ao passado sobre a obra vitoriosa de Jesus e sobre o início do reino de Deus com a ressurreição. E agora podemos compartilhar o evangelho com um entendimento mais completo do que até mesmo João Batista tinha.

Para os *nerds* da Bíblia (como nós) que querem saber

Jesus compara a maneira de Deus dar com a maneira de os bons pais dar aos filhos. Eles não dão pedras ou serpentes em vez de comida: bons pais sustentam os filhos. Bons pais atendem às necessidades dos filhos com amor, ação, sabedoria e graça.

Também vale observar que bons pais não dão serpentes, mesmo quando os filhos pedem — e às vezes os filhos pedem. Como as crianças, muitas vezes queremos coisas que não são o melhor para nós. É o trabalho de pais amorosos e envolvidos dizer "não" ou "ainda não" com a mesma frequência com que dizem "sim", porque todos nós vemos publicações de mídias sociais, notícias e entrevistas que mostram as consequências de pais que dizem "sim" com muita frequência.

Isso significa que é justo dizer que nosso Pai celestial perfeito não diz e não deve dizer "sim" a tudo o que pedimos.

Claro, isso não significa que Deus sempre responde da maneira que nós (com nosso entendimento limitado) queremos. Ele não é refém de nossas dúvidas ou decepções, como se precisasse provar a si mesmo — os milagres (inclusive a morte e a ressurreição de Jesus) já fizeram isso. Assim, nossas perguntas não determinam as respostas de Deus. Como mencionamos, Jesus não visitou João na prisão nem o tirou de lá. E depois João foi executado (Mateus 14:1-12; Marcos 6:14-29).

Esta, porém, é a beleza disso: assim que perdeu a vida, o Batista foi para o céu, onde sua fé se tornou visão e seus ouvidos ouviram as palavras "Muito bem, servo bom e fiel". E todas as expectativas terrenas que ele teve foram grandemente superadas.

Sua vez

5. Leia Jeremias 29:11, Provérbios 3:5-6 e Hebreus 12:11. Como esses versículos podem afetar a confusão e o medo que você sente ao esperar respostas em Deus?

6. Embora seja verdade que Deus nem sempre responde da forma que queremos, o que *sempre* receberemos quando pedirmos, segundo Tiago 1:5?

7. Releia Mateus 7:7-11. Em vez de se concentrar no que queremos, o que esses versículos revelam sobre o caráter de Deus, bem como sobre o coração dele para conosco?

"Peçam, e será dado a vocês; busquem e vocês encontrarão; batam, e a porta será aberta a vocês. Pois todo aquele que pede recebe; o que busca encontra; e, àquele que bate, a porta será aberta. — Qual homem, do meio de vocês, se o filho pedir pão, lhe dará uma pedra? Ou, se pedir peixe, lhe dará uma cobra? Portanto, se vocês, apesar de serem maus, sabem dar boas coisas aos seus filhos, quanto mais o seu Pai, que está nos céus, dará coisas boas aos que lhe pedirem!"
Mateus 7:7-11

O cerne da questão

Esta é a confiança que temos ao nos aproximar de Deus: se pedimos alguma coisa de acordo com a vontade dele, ele nos ouve. Assim, se sabemos que ele nos ouve em tudo o que pedimos, sabemos que temos dele o que pedimos.
1João 5:14-15

O contexto das Escrituras é importante, e é por isso que a maioria de nós não tem uma mansão. E 1João nos apresenta o contexto, bem como um ingrediente-chave para pedir: peça segundo a vontade de Deus.

Em outras palavras, Deus não está sujeito aos nossos caprichos. Ele não é um gênio da lâmpada, esperando pacientemente para nos conceder desejos. Pelo contrário, ele é o Alfa e o Ômega, Criador e Controlador, Redentor e Restaurador. Ele é o Rei do Universo, onipotente, onisciente e onipresente. Seu entendimento é imensurável (Salmos 147:5). Seus pensamentos não são os nossos pensamentos, nem seus caminhos são os nossos caminhos (Isaías 55:6-9), mas seus planos *são* tanto para o bem (Jeremias 29:11-13) como para a sua glória (Romanos 8:28).

Alfa e Ômega:
o começo e o fim; a primeira e a última letras do alfabeto grego, usadas para designar a abrangência de Deus.

E temos acesso a ele.

E ele nos manda pedir.

Assim, como o Batista, levamos o cerne da questão de nosso coração e de nossa vida ao Senhor, inclusive confusões, dúvidas e medos, pois ele conhece todas as coisas e pode fazer qualquer coisa. Além disso, podemos confiar nele para lidar com nossos questionamentos com cuidado, bondade, paciência e verdade. Em sua perfeita sabedoria e amor abundante, ele fará tudo o que pedirmos que se alinhe com sua perfeita vontade.

Sua vez

8. Faça uma lista dos atributos de Deus que tenham a ver com suas circunstâncias atuais e peça a ele que ofereça os recursos para lidar com a situação. (Por exemplo: Você está com medo? Deus é poderoso e onisciente, e está sempre disponível. Você está confuso? Deus é sábio, soberano e fiel. Você está desanimado? Deus é amoroso e está sempre presente.)

Foco da oração

Agradeça a Deus por convidar você a levar seus questionamentos a ele. Louve-o por prometer responder quando você o fizer. Peça a seu Pai celestial para aumentar sua fé, capacitando você a buscá-lo em primeiro lugar e aceitar suas respostas.

Modelo de oração

Querido Senhor,

Agradeço porque o Senhor não tem medo dos meus questionamentos, medos e dúvidas. Perdoe-me pelas vezes em que tentei me apoiar em minha própria sabedoria, coragem e confiança quando deveria estar me voltando para o Senhor. Agradeço por me convidar a levar meus problemas e perguntas ao Senhor. E agradeço pela motivação em sua resposta a João Batista. Por favor, ajude-me a buscar nas Escrituras as respostas que o Senhor já concedeu e me ajude a ter fé para receber as respostas que ainda estou esperando. Por favor, conceda-me a fé paciente necessária para aceitar o que o Senhor diz como algo amoroso, confiável e verdadeiro.

Amém.

CENA EXTERNA — *RUA LATERAL DE CAFARNAUM (PÔR DO SOL OU NOITE)*

(Simão, Tiago, João e Jesus viram a esquina e entram em uma rua tranquila.)

SIMÃO: Nunca consigo decidir o que é mais legal: observar você fazer milagres ou observar as reações.

JOÃO: Os milagres são melhores quando os fariseus estão por perto. *(Tiagão dá um passo à frente e faz sinal para todos pararem.)*

TIAGÃO: Tudo bem, precisamos levar você a um lugar novo... Você tem um acampamento para o qual devemos levá-lo ou quer ficar na casa de Simão outra vez? Provavelmente melhor se for um lugar novo, talvez com André, acho que seria...

(Todos eles percebem e se voltam para Barnabé e Shula, que saem de um beco. Eles se aproximam lentamente; a mão de Shula está no ombro de Barnabé. Jesus e os outros olham por um momento. Barnabé respira fundo e, olhando para Jesus, aponta para Shula. Jesus lança um olhar empático. Ele sabe do que se trata.)

SHULA *(para Barnabé)*: Quem é? Por que paramos?

BARNABÉ: É ele.

SHULA *(envergonhada)*: Barnabé, não precisamos...

JESUS: Shula, está tudo bem. Obrigado por trazer Barnabé aqui para curar a perna dele.

(Shula ri.)

BARNABÉ: Não, eu a trouxe aqui, é ela que...

JESUS: Eu sei, Barnabé.

BARNABÉ: Ah, claro *(apontando para Shula)*. Por favor, ela não vai pedir.

JESUS: Shula, você tem medo de pedir cura?

SHULA *(abaixando a cabeça)*: Sim.

JESUS: Você tem fé de que eu posso curá-la?

SHULA: Claro.

JESUS: Então, por que não pediu?

SHULA: Você tem muito o que fazer, tantas pessoas que precisam mais de você. Estou acostumada com isso.

JESUS: Shula, levante a cabeça.

SHULA *(rindo)*: Levantar a cabeça? Eu não consigo vê-lo.

JESUS: Eu quero ver você. *(Ela levanta a cabeça.)* Você e Barnabé têm sido tão gentis e amorosos desde que os conheci. Você teve uma fé tão forte, mesmo sem ver nenhum milagre.

SHULA *(emocionada)*: Você redimiu minha amiga. O milagre de Maria ficou tão claro para mim que não precisei ver.

JESUS: Eu sei. Você vê melhor do que a maioria nesta região. Mas... já que seu amigo Barnabé aqui não me deixa em paz...

(Ele pisca para Barnabé, e não é a primeira vez. Jesus levanta a mão esquerda sobre os olhos de Shula e coloca a mão direita atrás do pescoço dela. Barnabé levanta as sobrancelhas, animado. Ao olhar para o céu, Jesus aperta os olhos de Shula, e ela se engasga. Ele afasta as mãos, e os olhos dela estão bem fechados. Ela coloca as mãos sobre os olhos e começa a chorar. Barnabé se inclina.)

BARNABÉ: E aí? Funcionou?

SHULA: Já faz tanto tempo que tenho medo de olhar.

JESUS *(abaixando as mãos)*: Está na hora, Shula.

"Se vocês amarem aqueles que os amam, que mérito terão? Até os pecadores amam aqueles que os amam. E, se fizerem o bem àqueles que são bons com vocês, que mérito terão? Até os pecadores agem assim! Que mérito terão se emprestarem a pessoas de quem esperam devolução? Até os pecadores emprestam a pecadores, esperando receber devolução integral. Amem, porém, os seus inimigos, façam-lhes o bem e emprestem a eles sem esperar receber nada de volta. Então, a recompensa que terão será grande, e vocês serão filhos do Altíssimo, porque ele é bondoso para com os ingratos e maus. Portanto, sejam misericordiosos como é misericordioso o Pai de vocês."

Lucas 6:32-36

Sétima lição

RECEBA
quem Jesus recebe

CENA EXTERNA — *APARTAMENTO DE ANDRÉ (NOITE)*

(Judas está enchendo sacolinhas com pão sírio e tâmaras quando André e Filipe entram pela porta.)

JUDAS: Bem-vindos de volta!

FILIPE: Pelo menos UMA pessoa está feliz em nos ver.

ANDRÉ *(diante da confusão de Judas)*: Ele é um Filipe diferente agora.

FILIPE: Por um bom motivo!

ANDRÉ: Judas, rápido, ferva um pouco de água. *(percebendo as sacolinhas)* O que é isso?

JUDAS: Ah, eu estava fazendo sacolas de comida para os sem-teto. Tiaguinho disse que é uma tradição do Purim.

ANDRÉ: Purim! Eu tinha esquecido completamente.

FILIPE: Como vamos celebrar uma festividade neste momento?

JUDAS: O que você quer dizer? O que aconteceu em Decápolis?

FILIPE: Fizemos uma bagunça. Nosso ensinamento...

ANDRÉ: Nós NÃO fizemos uma bagunça intencionalmente. Pregamos as palavras de nosso rabino, e algumas pessoas... não gostaram. Onde está o vinagre?

JUDAS: Ah, está na prateleira de baixo. Eu reorganizei as garrafas. A maneira com que você organizava não era muito eficiente.

FILIPE: Decápolis está passando por uma grande crise, e você está reorganizando os armários?

ANDRÉ: Filipe, você deveria ser o mais estável do grupo. O que aconteceu com você? Como ele saberia?

JUDAS: Para que você precisa de vinagre?

ANDRÉ: Para desinfetar a ferida.

FILIPE: Para não se espalhar pelo meu corpo mortal e me matar?

ANDRÉ: É isso mesmo! *(André derrama vinagre na ferida, e Filipe uiva de dor.)*

JUDAS: Você ainda não me disse o que fizeram em Decápolis.

ANDRÉ: Não foi o que a gente fez.

FILIPE: Mas o que a gente disse.

JUDAS: Para suavizar as coisas?

ANDRÉ: Às vezes, as pessoas reagem melhor às histórias do que ao ensino, então...

JUDAS: Uma parábola! Que bom! Qual?

ANDRÉ: A do banquete.

FILIPE: A parábola do banquete.

JUDAS: Eu amo um banquete.

FILIPE: Podemos contar para ele.

JUDAS: Sim, eu adoraria ouvir.

ANDRÉ: Obrigado, Filipe. Judas... ela vem diretamente de Jesus. Então, é perfeita... não entenda mal.

JUDAS: Tudo bem. Mas e aí?

ANDRÉ: Acho que talvez Jesus a conte quando quer um desafio.

JUDAS: Vocês foram desafiados?

ANDRÉ *(bem rápido)*: Ah, sim.

FILIPE: Podemos dizer que fomos desafiados. Desafiados descreve bem.

ANDRÉ: Então, é assim: havia um homem rico que estava dando uma grande festa.

FILIPE: Ele queria que muitas pessoas fossem ao grande banquete.

ANDRÉ: E então ele enviou seu servo aos convidados, dizendo: "Venham! Está tudo pronto. Está na hora."

FILIPE: Mas todos eles deram desculpas. O primeiro disse: "Comprei um campo e preciso ir vê-lo. Por favor, me desculpe."

ANDRÉ: E outro disse: "Comprei cinco juntas de bois e preciso experimentá-las. Não posso ir." Outro disse: "Acabei de me casar e, por isso, não posso ir."

JUDAS: São motivos perfeitamente legítimos.

ANDRÉ *(para Filipe)*: Até os nossos os defendem.

FILIPE: Disseram exatamente o mesmo na multidão.

ANDRÉ: Então, o servo voltou e relatou essas coisas ao senhor. O dono da casa ficou zangado e disse ao servo: "Saia depressa pelas ruas da cidade e traga os pobres, os aleijados, os cegos e os mancos."

FILIPE: Então, ele obedeceu, e eles foram, mas ainda havia espaço no banquete. E o senhor disse: "Saia pelas estradas e sebes, e faça as pessoas entrarem, para que minha casa se encha." *(Judas se mexe com desconforto.)*

JUDAS: Você disse isso a uma multidão mista.

ANDRÉ: Não sabíamos até que ponto a multidão era mista.

JUDAS: Então, "sair e encontrar os que foram deixados de fora" não deu muito certo.

ANDRÉ: Mas deveria. Deus quer que todos compareçam à festa!

FILIPE: O senhor disse: "Eu quero que toda a minha casa fique cheia!" Todos estão convidados!

JUDAS: Vamos ver se entendi. Os judeus entenderam que vocês disseram que Jesus estava chamando os gentios, enquanto os gentios pensaram que vocês os estavam chamando de cidadãos de segunda classe. E então os conservadores que vivem de Jeremias teriam ouvido vocês dizerem que os convidados originais que não queriam comparecer ao banquete perderiam a festa. E os mais versados em Isaías, "Eis que estou fazendo uma coisa nova", provavelmente foram encorajados, mas os gentios estavam lá.

(Uma pausa. Filipe e André olham um para o outro e depois se voltam para Judas.)

ANDRÉ: Sim, você entendeu.

Encrenqueiro

Jesus não tem uma prova de fogo sobre quem ele recebe. Na verdade, suas interações únicas e irrestritas com os outros foram a origem constante de conflito durante seu ministério de três anos. Isso porque os israelitas não eram tão receptivos.

Aliás, nós também não somos. Mas não vamos nos precipitar.

No episódio 7 da terceira temporada, mais uma vez vemos as pessoas ao redor de Jesus tentando entendê-lo. Ele é um pregador, professor ou curador? Ele é um agitador, instigador político ou rebelde revolucionário? Ele é um líder comunitário, um filantropo ou só um cara legal?

> Não há judeu nem grego, nem escravo nem livre, nem homem nem mulher, pois todos são um em Cristo Jesus.
> **Gálatas 3:28**

No primeiro século, tentaram criar uma categoria para Jesus — e fazemos isso desde então. Muitas respostas à pergunta sobre sua identidade circularam ao longo dos anos, sobretudo porque Jesus se associou a todo tipo de pessoa: religiosos e não religiosos, ricos e pobres, jovens e velhos, homens e mulheres, judeus e não judeus.

Ele não rejeita ninguém.

Então, quem é Jesus, *de verdade*? E o que o comportamento dele em relação às pessoas revela sobre o caráter dele? E o que os seguidores aprendem sobre o próprio caráter ao observar o caráter dele?

De fato, aprendem muito.

Sua vez

1. Vamos ser diretos. Quem você tem dificuldade de receber?

O convite

— Certo homem estava preparando um grande banquete e convidou muitas pessoas. Na hora de começar, enviou o seu servo para dizer aos que tinham sido convidados: "Venham, pois tudo já está pronto." Eles, porém, começaram, um por um, a apresentar desculpas. O primeiro disse: "Acabei de comprar uma propriedade e preciso ir vê-la. Por favor, desculpe-me." Outro disse: "Acabei de comprar cinco juntas de bois e vou experimentá-las. Por favor, desculpe-me." Ainda outro disse: "Acabo de me casar, por isso não posso ir." O servo voltou e relatou isso ao seu senhor. Então, o dono da casa ficou irado e ordenou ao seu servo: "Vá rapidamente pelas praças e pelos becos da cidade e traga os pobres, os aleijados, os cegos e os mancos [...]. Vá pelas ruas e pelos caminhos e insista que entrem, para que a minha casa fique cheia."

Lucas 14:16-23

A parábola de Jesus no Evangelho de Lucas (também contada em Mateus 22:1-14) incomodou alguns ouvintes. E isso é um eufemismo, uma vez que eles, de fato, queriam matá-lo por implicar que a salvação de Deus (quem ele "recebia") se estendia para além da nação de Israel: "Então, os fariseus saíram e começaram a planejar um meio de enredá-lo nas suas próprias palavras." (Mateus 22:15.) Retribuindo ao insulto, e como eles estavam rejeitando Jesus, o senhor lhes daria exatamente o que queriam: *ele* os rejeitaria: "Eu digo a vocês que nenhum daqueles que foram convidados provará do meu banquete." (Lucas 14:24)

Isso era totalmente contracultural para aqueles que esperavam que a salvação fosse oferecida apenas aos judeus, o que era um equívoco comum. Muitas pessoas confundiram a mensagem do Antigo Testamento de que a salvação viria por intermédio dos judeus com a ideia de que a salvação viria apenas para os judeus.

Essa é uma grande diferença, obviamente. Mas, como se vê, o convite de Deus é muito mais inclusivo do que a maioria das pessoas espera que seja. De fato, *todos* os que aceitam a oferta de perdão e vida eterna de Jesus são bem-vindos porque Deus está enchendo sua mesa de banquete celestial! O único requisito para participar é aceitar o convite gratuito.

No entanto, assim como os israelitas, muitas vezes julgamos as pessoas e as consideramos indignas. Nós as encaramos quando têm aparências, atitudes de falas diferentes do que estamos acostumados. Traçamos fortes distinções denominacionais e adicionamos a doutrina de nossa igreja aos critérios do banquete de salvação de Jesus. Classificamos os pecados como se alguns fossem piores do que outros, quando a verdade é que "todos pecaram e estão destituídos da glória de Deus" (Romanos 3:23).

Como resultado, nossa aceitação se torna condicional.

E isso precisa mudar.

Se com a boca você confessar que Jesus é Senhor e crer no seu coração que Deus o ressuscitou dentre os mortos, será salvo. Porque com o coração se crê para a justiça e com a boca se confessa para a salvação. Pois a Escritura diz: "Todo aquele que nele confia jamais será envergonhado." Portanto, não há diferença entre judeus e gregos, porque o mesmo Senhor de todos abençoa generosamente todos os que o invocam, pois "todo aquele que invocar o nome do Senhor será salvo".
Romanos 10:9-13

Pois a graça de Deus se manifestou salvadora a todos os homens.
Tito 2:11

O Senhor não demora em cumprir a sua promessa, como alguns julgam. Ao contrário, ele é paciente com vocês e não quer que ninguém pereça, mas que todos cheguem ao arrependimento.
2Pedro 3:9

Condicional:
sujeito ao cumprimento de um ou mais requisitos; feito ou atendido com certas condições.

Sua vez

2. De que maneira você se sentiu aceito por Jesus?

3. De que maneira você não se sentiu aceito pelos seguidores de Jesus?

4. Pessoas escolhidas tiveram a vida transformada por Jesus e procuram ser como ele. Segundo Mateus 5:43-48, o que isso significa quando se trata de interagir com aqueles que não creem nele?

Quem os recebe também recebe a mim

— Pois eu tive fome, e vocês me deram de comer; tive sede, e vocês me deram de beber; fui estrangeiro, e vocês me acolheram; necessitei de roupas, e vocês me vestiram; estive enfermo, e vocês cuidaram de mim; estive preso, e vocês me visitaram."

Então, os justos lhe responderão:

— Senhor, quando te vimos com fome e te demos de comer, ou com sede e te demos de beber? Quando te vimos como estrangeiro e te acolhemos, ou necessitado de roupas e te vestimos? Quando te vimos enfermo ou preso e fomos te visitar?

Para os *nerds* da Bíblia (como nós) que querem saber

Falando em banquetes, neste episódio, o povo está celebrando o festival de Purim: um dia dedicado todos os anos para comemorar a salvação dos judeus quando Hamã conspirou para matar todos aqueles que viviam no exílio na Pérsia em 356 a. C.

O livro de Ester relata como o festival de Purim surgiu, e a "festa alegre" celebra como o povo judeu escapou por pouco da aniquilação, graças à bravura de Ester e de Mardoqueu.

Curiosamente, embora Deus esteja presente em todos os lugares na história de Ester, o livro em si é um dos dois únicos da Bíblia que não mencionam Deus. O outro é Cântico dos Cânticos.

O Rei responderá:
— Em verdade lhes digo que tudo o que vocês fizeram a algum desses meus pequenos irmãos, a mim o fizeram.
Mateus 25:35-40

Jesus quer que seus seguidores sejam tolerantes com o próximo. Mais do que isso, ele quer que sejamos amáveis, gentis e pacientes. Ele quer que sejamos amorosos, generosos e atentos às necessidades dos outros. Ele quer que nos preocupemos o suficiente para orar por aqueles que estão com dificuldade e para recebê-los e até mesmo servi-los.

"Vocês ouviram o que foi dito: 'Ame ao seu próximo e odeie o seu inimigo.' Mas eu digo: amem os seus inimigos e orem por aqueles que perseguem vocês, para que vocês venham a ser filhos do seu Pai, que está nos céus. Porque ele faz raiar o sol sobre maus e bons e derrama chuva sobre justos e injustos. Portanto, se vocês amarem aqueles que os amam, que recompensa receberão? Até os publicanos fazem isso! E, se saudarem apenas os seus irmãos, o que farão de mais? Até os gentios agem assim! Portanto, vocês devem ser perfeitos como é perfeito o Pai celestial de vocês."
Mateus 5:43-48

Quando fazemos isso, Jesus considera que fizemos a ele! "Em verdade lhes digo [...], a mim o fizeram." Precisamos de motivação maior do que servir ao nosso Mestre, Senhor e Salvador? Aquele que nos amou quando ainda éramos pecadores (Romanos 5:8). Aquele que levou sobre si nossos pecados (1Pedro 2:24) para que pudéssemos estar para sempre com ele no céu, onde a celebração nunca terá fim (Apocalipse 21:1-4). Aquele que não exigiu nada de nós, além de nossa disposição de aceitar seu dom gratuito de salvação (Efésios 2:8-9). Aquele que continua a ser paciente conosco enquanto trabalhamos nossa salvação (Filipenses 2:12-13), com fidelidade e misericórdia, nos tornando mais semelhantes a ele a cada dia (2Coríntios 3:16-18).

Nós recebemos outras pessoas porque ele nos recebeu.

E nós o amamos por isso.

"Amados, amemos uns aos outros, pois o amor procede de Deus. Aquele que ama é nascido de Deus e conhece a Deus. [...] Nós amamos porque ele nos amou primeiro." (1João 4:7,19)

Sua vez

5. "Mas eu digo: amem os seus inimigos e orem por aqueles que perseguem vocês, para que vocês venham a ser filhos do seu Pai, que está nos céus." Explique por que amar *até* nossos inimigos nos torna filhos de Deus.

Na época do NT, o termo grego no plural para "irmãos" (*adelphoi*) normalmente era usado para homens e mulheres em uma metáfora familiar, embora signifique "irmãos e irmãs".

6. Ao falar sobre "pequenos irmãos" (Mateus 25:35-40), que mudança Jesus incentiva seus seguidores a fazerem na maneira de enxergar nossas interações com os outros?

7. Escreva o nome de alguém que Deus está colocando em seu coração hoje e você deve receber.

Advertência

— Se o mundo os odeia, tenham em mente que antes odiou a mim. Se vocês pertencessem ao mundo, ele os amaria como se fossem dele. No entanto, vocês não são do mundo, mas eu os escolhi dentre o mundo; por isso, o mundo os odeia.

João 15:18-19

A forma com que recebemos outras pessoas (nosso modo de tratá-las e de responder a elas) deve ser independente das atitudes e ações delas em relação a nós. E, infelizmente, Jesus prometeu que seríamos odiados assim como ele foi.

Ódio é uma palavra forte. Mas graças a Deus que ele não está nos pedindo para receber os outros segundo nossas próprias forças! Quando entregamos a vida ao Senhor, (a) o Espírito Santo habita em nosso coração, capacitando-nos a tratar os outros da maneira que Deus as trata, com paciência, misericórdia e graça; e (b) ele age em nós e por intermédio de nós para atrair mais pessoas para si, isto é, ele nos usa para edificar seu reino celestial, nos tornando parte integrante de seu grande plano para redimir e restaurar toda a criação.

> Quando tiver dificuldade de receber alguém, comece orando: "amem os seus inimigos e orem por aqueles que perseguem vocês" (Mateus 5:44).

E tudo começa quando recebemos.

Sua vez

8. Vamos terminar onde começamos: quem é Jesus, *de verdade*? O que o comportamento dele em relação às pessoas revela sobre o caráter dele? E o que os seguidores aprendem sobre o próprio caráter ao observar o caráter dele?

Foco da oração

Louve a Deus por nos receber assim como somos. Agradeça a ele por nos perdoar e restaurar, por nunca nos deixar nem nos abandonar e por nos tornar, com fidelidade, mais semelhantes a Jesus. Peça que ele transborde amor sobre as pessoas necessitadas ao seu redor. Ore pedindo força, coragem e humildade para receber os outros assim como seu Salvador recebe.

Modelo de oração

Querido Mestre que está no céu, agradeço por receber minha salvação somente pela fé em Jesus. Agradeço por me receber em seu reino, em sua família e em seu banquete na eternidade (Apocalipse 19:1-10). Perdoe-me pelas vezes em que caio no orgulho, agindo como se de alguma forma merecesse tratar os outros como se fosse melhor do que eles. Agradeço porque sua presença sempre faz parte de minha vida, mesmo agora, por intermédio de seu Espírito (Romanos 8:9-11). E por seu Espírito, por favor, levante dentro de mim um amor cristão que recebe os outros. Que eu possa responder com amor às necessidades daqueles que me rodeiam, mesmo com a força de amar aqueles que são meus inimigos, para que eles também possam chegar à fé no Senhor.

Amém.

CENA INTERNA — *APARTAMENTO DE ANDRÉ*

(Os discípulos estão amontoados no minúsculo apartamento de André. Copos de água e escassos pratos de pão são passados. Eles acabaram de informar Jesus sobre a situação em Decápolis.)

JESUS: E qual foi a estratégia de vocês para esclarecer?

FILIPE: Nós contamos, ou... *(Filipe e André trocam um olhar nervoso.)*

ANDRÉ: Tentamos contar uma de suas parábolas.

JESUS: Parábolas. Bom. É o que eu teria feito. *(André acena com a cabeça agradecido.)*

TOMÉ: Qual parábola?

FILIPE: A do banquete.

ANDRÉ: Você sabe, aquela em que os convidados dão desculpas para não comparecer, e depois todos os outros são convidados.

JOÃO: Vocês escolheram a DO BANQUETE?

NATANAEL: Essa deixa o povo aborrecido!

JESUS: Claro que deixa.

ANDRÉ: Bem, se isso faz você se sentir melhor, primeiro consideramos o trigo e o joio, mas pensamos melhor.

JESUS: Eu já disse a vocês que algumas pessoas não entenderiam essa parábola.

TOMÉ: Eu nem tenho certeza se entendi a do trigo e o joio.

JESUS: Entenderá com o tempo.

FILIPE: O problema é que eles entenderam a parábola, e isso causou briga na rua.

ANDRÉ: Tumulto entre judeus e gentios.

FILIPE: Leander disse que piora a cada dia. O famoso sacerdote helenista mudou seus caminhos, o que é bom, mas, quando ele abdicou de seus deveres de sacerdote e líder, outros quiseram preencher a lacuna, projetos foram desfeitos, todos ficaram com raiva e começaram a culpar uns aos outros...

ANDRÉ: E isso levou a roubos, brigas reais nas ruas, e muitas pessoas estão saindo de casa para esperar a violência passar.

TIAGÃO: E você sugere nos enviar para esse ambiente?!

JESUS *(fica em pé e começa a andar pela sala)*: Que parte da parábola fez que essa luta começasse?

FILIPE *(trocando um olhar nervoso com André)*: As pessoas de fora da cidade. Os que estão nas estradas e sebes, os últimos a serem convidados e a aceitar o convite.

JESUS *(suspirando)*: É o que eu suspeitava.

JOÃO: Falando nisso, as estradas e sebes realmente se referem aos gentios?

JESUS: Quem tem ouvidos para ouvir ouça. Partiremos pela manhã. Vão todos para casa e peguem suas coisas. Pegaremos as "estradas e sebes" antes do amanhecer.

Oitava lição

CONFIE EM JESUS
o tempo todo

CENA EXTERNA — *PARTE RURAL DE DECÁPOLIS*

FILIPE: Rabino, não viemos aqui para causar problemas.

JESUS: Parece que o problema nos encontrou.

TIAGÃO: Então, precisamos resolvê-lo.

JESUS: E como você se propõe a fazer isso, Tiagão? Meus amigos, sentem-se comigo. Não podemos prosseguir enquanto não chegarmos a um acordo.

(Após um momento de incerteza, Tiagão, João e Filipe se sentam. Sussurros e murmúrios entre a multidão de gentios que observa.)

JESUS *(aos gentios)*: Sou um rabino e, como esses irmãos judeus podem confirmar, gostamos de ensinar fazendo perguntas e gostamos de solucionar problemas por meio da conversa. É ainda melhor se começar com discordância. Então, sintam-se à vontade para ouvir, e, se quiserem debater um pouco, tudo bem também.

JUDAS *(observando apreensivo as crescentes facções ao redor deles)*: Rabino, parecemos fracos e indefesos.

JESUS: A caminho da casa de Jairo, em Cafarnaum, o que aconteceu quando a mulher, Verônica, me tocou?

ZEE: Saiu poder de você.

JESUS: Não, quero dizer, o que aconteceu com ela?

TADEU: Foi curada.

JESUS: Como?

ANDRÉ: Tocando a franja da sua roupa.

JESUS: Não. Meus amigos, vocês se esquecem tão rápido. Eu os estimo muito, mas a memória de vocês é curta.

MATEUS: Você disse: "Filha, vá em paz, a sua fé a salvou."

JESUS: O quê?

TIAGUINHO: A fé.

TADEU: A fé.

JESUS: Sua fé. Muitos de vocês estão com medo agora em vez de terem fé em mim.

TIAGÃO: Mas, rabino, veja o que está acontecendo ao nosso redor...

ANDRÉ: Ele está vendo, essa é a questão!

JUDAS: Rabino, aumente a nossa fé!

JESUS: Judas... Se você tivesse fé do tamanho de um grão de mostarda, poderia dizer a uma amoreira: "Saia daí e se jogue ao mar", e ela obedeceria.

MATEUS: A amoreira poderia crescer no mar?

TOMÉ: Ele está dando um exemplo.

JESUS: Na verdade, se você tem fé como um grão de mostarda, pode dizer a uma montanha: "Vá daqui para lá", e ela se moverá, e nada será impossível para você.

NATANAEL: Como? Como conseguiremos?

FILIPE: Como Judas disse, aumente a nossa fé!

JESUS: Não se trata de tamanho, Filipe. É sobre em quem você confia. Se você está seguro em sua fé em Deus, confiando nas promessas dele, escolhendo fazer a vontade dele para sua vida em vez de sua própria vontade... *(unindo o polegar e o indicador)* esse tamanho de fé é suficiente. As pessoas a quem estamos ministrando... são como abelhas, pairando entre as flores, esperando que elas se abram para que possam saborear o néctar e espalhá-lo aos outros. Mas eles devem ver uma fé segura em vocês, não importa se é grande ou pequena.

Coisas impossíveis

Confiar em Jesus o tempo todo parece ótimo, mas os doze discípulos tiveram dificuldade quando as multidões ao seu redor cresceram (Marcos 3:7-10). E quando o povo sentiu raiva (Marcos 3:1-6). E fome (Marcos 6:31-44; 8:1-10,14-21). E fez acusações (Marcos 7:1-5). Os doze tinham dificuldade em confiar quando deveriam fazer coisas que estavam fora de sua zona de conforto, como viajar para novos lugares, pregar para todos os tipos de pessoas e curar todos os tipos de doenças (Marcos 6:7-13; 9:14-29). Era difícil confiar quando vinham as tempestades, e eles se sentiam negligenciados ou até abandonados (Marcos 4:35-41; 6:45-52). Era difícil confiar quando se sentiam confusos ou ofendidos por algo que Jesus disse ou fez (Marcos 3:21; 8:31-38; 9:30-32; 10:13-16,23-31). E era difícil confiar quando Jesus permitia que eles tivessem dificuldades.

Já passou por isso? Claro que sim, pois a vida é difícil, e as dificuldades desafiam nossa fé, fazendo que nossa confiança em Jesus fique abalada e diminua. Mas elas também fazem nossa fé crescer porque Deus usa todas as coisas para cooperar para o nosso bem e para a glória dele (Romanos 8:28) e para nos tornar mais semelhantes a Jesus (Romanos 8:29-30; 2Pedro 1:3-4), o autor e consumador da nossa fé (Hebreus 12:2).

Essa é a promessa do caminho estreito que leva à vida.

Por meio dele, teremos ampla oportunidade de praticar a confiança naquele que seguimos.

Sua vez

1. Cite uma ou duas coisas que são difíceis de confiar totalmente a Jesus.

Vamos superar

— Não só isso, mas também nos gloriamos nas tribulações, porque sabemos que a tribulação produz perseverança; a perseverança, um caráter aprovado; o caráter aprovado, esperança. Essa esperança não nos decepciona, porque o amor de Deus foi derramado no nosso coração por meio do Espírito Santo, que ele nos deu.

Romanos 5:3-5

A esperança em Jesus é a única que não decepciona. Ou seja, depositamos nossa esperança e confiança em muitas coisas que, de fato, decepcionam. Por exemplo, o dinheiro não é tudo o que parece ser. Passamos a vida tentando ganhar mais, acreditando que nossos problemas serão resolvidos se ficarmos ricos. No entanto, observe a vida das celebridades e verá como isso não é verdade. A vida dos famosos é uma bagunça coletiva, repleta de términos de relacionamento, vícios, excessos e vazio.

Isso acontece porque o dinheiro é uma esperança que nos decepciona.

E quanto aos relacionamentos? É claro que algumas pessoas contribuem para nossa vida de maneiras imensuráveis e, obviamente, devem ser consideradas bênçãos do Senhor. Contudo, não importa quanto essa pessoa possa ser maravilhosa, quando depositamos nossa esperança e fé nos outros, inevitavelmente ficaremos decepcionados. Somos todos imperfeitos, limitados e cheios de pecado.

Ouçam agora, vocês, ricos! Chorem e lamentem-se, por causa das desgraças que virão sobre vocês. A riqueza de vocês apodreceu, e as traças corroeram as suas roupas. O ouro e a prata de vocês enferrujaram, e a ferrugem deles testemunhará contra vocês e, como fogo, consumirá a sua carne. Vocês acumularam bens nestes últimos dias. Vejam, o salário dos trabalhadores que ceifaram os seus campos e que vocês retiveram com fraude está clamando contra vocês. O lamento dos ceifeiros chegou aos ouvidos do Senhor dos Exércitos. Vocês têm vivido luxuosamente na terra, têm se entregado aos prazeres e se fartado de comida em dia de abate.

Tiago 5:1-5

Não confiem em príncipes, em meros mortais, incapazes de salvar. Quando o espírito deles se vai, eles retornam à terra; naquele mesmo dia desaparecem os seus planos.

Salmos 146:3-4

Somos egoístas, ignorantes e incapazes de tratar nosso próximo como Deus quer.

Ou seja, o relacionamento (humano) é uma esperança que decepciona.

E quanto ao sucesso? Afinal, é ótimo alcançar um objetivo e ter algo que nos dê orgulho. O problema é que, quando colocamos nossa esperança no sucesso, em títulos ou em *status*, fica difícil manter esse padrão. A vida está em constante mudança, e sentimos a pressão para ir além. No entanto, quando estamos procurando a afirmação que vem das conquistas, nada será o bastante. Pelo menos não permanentemente.

Afinal, o sucesso é uma esperança que decepciona.

Tudo isso para dizer que a esperança que Deus cultiva no fundo de nosso coração *não* decepciona. Mas também foi difícil conquistá-la: primeiro mediante a morte e a ressurreição de Jesus e depois mediante a nossa.

Ou vocês não sabem que todos os que fomos batizados em Cristo Jesus fomos batizados na sua morte? Portanto, fomos sepultados com ele na morte por meio do batismo, a fim de que, como Cristo foi ressuscitado dentre os mortos pela glória do Pai, assim também vivamos uma vida nova. Se, pois, nos tornamos unidos na semelhança da sua morte, certamente o seremos também na sua ressurreição. Pois sabemos que o nosso velho homem foi crucificado com ele, para que o corpo pecaminoso seja destruído, de modo que deixemos de ser escravos do pecado, pois quem morreu foi justificado do pecado. Ora, se morremos com Cristo, cremos que viveremos com ele também. Pois sabemos que, tendo sido ressuscitado dentre os mortos, Cristo não pode morrer outra vez: a morte não tem mais domínio sobre ele. No que se refere à morte, morreu para o pecado de uma vez por todas; no que se refere à vida, vive para Deus. Assim, vocês também se considerem de fato mortos para o pecado, mas vivos para Deus em Cristo Jesus.
Romanos 6:3-11

Nós "morremos para nós mesmos" — para o nosso amor ao dinheiro, nosso desejo de ser aceitos e validados pelos outros, nosso desejo de ter sucesso — a fim de vivermos para Jesus. E então transferimos nossa esperança para:

a. O que Jesus diz sobre o sofrimento:

"Eu disse isso para que em mim vocês tenham paz. Neste mundo, vocês terão aflições; contudo, tenham coragem! Eu venci o mundo." (João 16:33)

b. **Aonde vamos, segundo Jesus:**

"Que o coração de vocês não se perturbe. Creiam em Deus; creiam também em mim. Na casa do meu Pai há muitos aposentos; se não fosse assim, eu teria dito que vou preparar lugar para vocês? 'Quando eu for e preparar lugar, voltarei e os levarei comigo, para que vocês estejam onde eu estiver." (João 14:1-3)

c. **Quem Jesus diz que ele é:**

"Eu sou o caminho, a verdade e a vida. Ninguém vem ao Pai, a não ser por mim." (João 14:6)

Ele é a nossa esperança.

Sua vez

2. Além de Jesus, em que ou em quem você tende a depositar sua esperança?

3. Na Bíblia, lemos a promessa de que teremos aflições, mas também lemos que Deus usará as aflições para cultivar esperança em nosso coração. Como isso pode mudar a maneira com que você sofre? Como isso pode mudar a maneira com que você espera?

4. Explique como "morrer para si mesmo" faz parte do caminho "pela porta estreita".

Ponto alto

"Por isso, digo a vocês que não se preocupem com a própria vida, quanto ao que comer ou beber; nem com o corpo, quanto ao que vestir. A vida não é mais importante do que a comida, e o corpo mais importante do que a roupa? Observem as aves do céu: não semeiam, nem colhem, nem armazenam em celeiros. Contudo, o Pai celestial de vocês as alimenta. Vocês não têm muito mais valor do que elas? Quem de vocês, por mais que se preocupe, pode acrescentar uma hora que seja à sua vida? Por que vocês se preocupam com roupas? Vejam como crescem os lírios do campo. Eles não trabalham nem tecem. Contudo, digo a vocês que nem Salomão, em todo o seu esplendor, vestiu-se como um deles. Se Deus veste assim a erva do campo, que hoje existe e amanhã é lançada no fogo, não vestirá muito mais a vocês, homens de pequena fé? Portanto, não se preocupem, dizendo: 'O que comeremos?', 'O que beberemos?' ou 'O que vestiremos?' Pois os gentios é que correm atrás dessas coisas, mas o Pai celestial de vocês sabe que precisam delas. Busquem, pois, em primeiro lugar o reino de Deus e a sua justiça, e todas essas coisas serão acrescentadas a vocês. Portanto, não se preocupem com o amanhã, pois o amanhã trará as suas próprias preocupações. Bastam a cada dia os seus próprios problemas."

Mateus 6:25-34

Para os *nerds* da Bíblia (como nós) que querem saber

Morrer para si mesmo: a negação contínua da natureza pecaminosa a fim de seguir e confiar em Jesus todos os dias. Portanto, os crentes "morrem para si mesmos" constantemente.

Além disso, no momento da salvação, o Espírito Santo passa a habitar os crentes, tornando possível a obediência e a semelhança com Cristo. "Portanto, se alguém está em Cristo, é uma nova criação. As coisas antigas já passaram; eis que se fizeram novas!" (2Coríntios 5:17)

Entrar pela porta estreita: Jesus é a porta que conduz ao reino de Deus. Para nos reconciliarmos com Deus e passarmos a eternidade com ele no céu, devemos colocar nossa confiança na morte expiatória e na ressurreição milagrosa de Jesus.

"Eu sou o caminho, a verdade e a vida. Ninguém vem ao Pai, a não ser por mim." (João 14:6)

Coisas novas: Isaías faz referência a "coisas passadas" diversas vezes (Isaías 41:22; 42:9; 43:9,18; 46:9; 48:3; 65:17), mas não com um sentimento de desdém. Nossa cultura atual ensina que o velho é ruim e que o novo é bom. No entanto, na economia divina, as primeiras coisas são fundamentais e úteis no processo de amadurecimento e progresso.

Vemos esse princípio na prática quando as crianças crescem ao longo da infância, não apesar dela; elas não pulam as coisas passadas, nem permanecem nelas (1Coríntios 13:11,12).

Da mesma forma, devemos nos lembrar "das coisas passadas, das coisas muito antigas" por seu valor fundamental (Isaías 46:9), mas devemos viver do passado quando for a hora de passar para a coisa nova que Deus está fazendo (Isaías 43:18,19).

Veja Mateus 14:13-21; Marcos 6:32-44; Lucas 9:10-17; João 6:1-15.

Veja Mateus 14:22-33; Marcos 6:45-52; João 6:16-21.

"Será que você não sabe? Nunca ouviu falar? O Senhor é o Deus eterno, o Criador de toda a terra. Ele não se cansa nem fica exausto; a sua sabedoria é insondável. Ele fortalece o cansado e dá grande vigor ao que está sem forças. Até os jovens se cansam e ficam exaustos, e os moços certamente tropeçam, mas aqueles que esperam no Senhor renovam as suas forças, voam alto como as águias, correm e não ficam exaustos, andam e não se cansam."
Isaías 40:28-31

O episódio final da terceira temporada de *The Chosen: Os Escolhidos* reúne vários enredos e relata duas amadas histórias do Novo Testamento: (1) a preocupação com a comida e a provisão milagrosa de Jesus; e (2) o temor diante da segurança e da presença milagrosa e tranquilizante de Jesus. As duas experiências maravilhosas tiveram o mesmo impacto no coração e na mente dos discípulos:

Podemos confiar em Jesus.

Mesmo assim, a ansiedade e o medo continuam sendo uma parte corriqueira da experiência humana. Sabemos o que Jesus fez e cremos nas histórias, mas ainda temos dificuldade para crer que ele é o mesmo ontem, hoje e eternamente (Hebreus 13:8). Temos dificuldade para crer na promessa de que ele sempre proverá (Mateus 6:25-34). Temos dificuldade para crer na promessa de que ele estará sempre presente (Mateus 28:20). Temos dificuldade para crer que a economia, as prioridades e a aprovação de Deus são literalmente tudo o que importa (1João 2:15-17).

Temos dificuldade. Mas adivinha só?

Deus também tem uma provisão para isso: "Portanto, também nós, uma vez que estamos rodeados por tão grande nuvem de testemunhas, livremo-nos de tudo o que nos atrapalha e do pecado que nos envolve e corramos

Para os *nerds* da Bíblia (como nós) que querem saber

Há duas multiplicações de pães e peixes registradas nos Evangelhos, ambas perto do mar da Galileia: a que alimentou 5 mil pessoas no campo perto de Betsaida (aliás, esse é o único milagre contado em todos os quatro Evangelhos (Mateus 14:13-21; Marcos 6:32-44; Lucas 9:10-17; João 6:1-15) e a que alimentou 4 mil em Decápolis (Mateus 15:32-39; Marcos 8:1-10).

Mais tarde, durante seu ministério, Jesus se referiu aos dois eventos em conjunto ao incentivar seus seguidores a confiarem nele e evitar a hipocrisia de pessoas como os fariseus (Mateus 16:5-12; Marcos 8:14-21).

com perseverança a corrida proposta para nós, tendo os olhos fitos em Jesus, autor e consumador da nossa fé. Ele, pela alegria que lhe fora proposta, suportou a cruz, ao desprezar a vergonha, e assentou-se à direita do trono de Deus." (Hebreus 12:1-2)

Jesus é chamado de "autor e consumador da nossa fé", ou seja, ele não apenas nos chama para si (ele é o "autor" de nossa fé), mas continua nos liderando, ensinando, corrigindo e formando (ele é o "consumador" de nossa fé). Então, a cada dia que escolhemos segui-lo, nos tornamos mais semelhantes a Jesus porque ele é fiel para cumprir.

À medida que seguimos, veremos a provisão e as promessas do Senhor repetidas vezes.

Os israelitas do Antigo Testamento eram instruídos a prender o *tzitzit* (borla) nos quatro cantos das vestes para se lembrarem de obedecer aos mandamentos do Senhor (Números 15:37-41; Deuteronômio 22:12).

Também precisamos de ajuda para lembrar, mas notas adesivas descolam facilmente. Talvez prender borlas em nossas roupas ajude.

Sua vez

Vamos ser bem específicos aqui...

5. À luz da sua ansiedade e medo, o que significa que Jesus é o mesmo ontem, hoje e eternamente?

6. À luz da sua ansiedade e medo, o que significa que Jesus sempre proverá e sempre estará presente?

7. À luz da sua ansiedade e medo, o que significa que a economia, as prioridades e a aprovação de Deus são tudo o que importa?

Aquiete-se! Acalme-se!

Ele [Jesus] se levantou, repreendeu o vento e disse ao lago:

— Aquiete-se! Acalme-se!

O vento se aquietou, e tudo ficou calmo.

Marcos 4:39

O que importa não é o tamanho da nossa fé. Nunca importou, porque se esforçar mais para ter uma fé maior inevitavelmente nos leva a ter fé em nós mesmos. A salvação por meio de Jesus sempre dependeu apenas *dele* e da compaixão, graça, poder e disposição do Senhor para fazer o que precisa ser feito para resgatar e restaurar a criação.

Em suma, o importante é em quem depositamos a nossa fé.

Se você está seguro em Deus, confiando nas promessas, escolhendo a vontade dele para a sua vida em vez da sua própria vontade, a fé do tamanho de um grão de mostarda será suficiente para experimentar tudo o que Deus tem reservado para você. Ele quer que você faça parte da construção do reino aqui na terra. Ele quer que você sinta a paz que excede todo o entendimento e descanse na presença dele. Ele quer que você saiba que é amado e acredite e aja segundo as promessas dele.

Ele quer que você entre pela porta estreita e caminhe ao lado dele, até chegar ao céu.

Sua vez

8. A ordem de Jesus para o vento e as ondas é a mesma que ele tem para você: "Aquiete-se! Acalme-se!"

Como você pode buscar a paz, a presença e o poder de Deus hoje?

Foco da oração

Louve a Jesus porque ele controla as ondas, inclusive as ondas de nossa vida, sejam pequenas oscilações, *tsunamis* ou de qualquer tamanho. Agradeça a ele por ser paciente quando você tem dificuldades de confiar nele em todas as situações. Peça a Jesus que o torne cada vez mais semelhante a ele e que você tenha oportunidades de dar um passo de fé. Ele certamente concederá!

Modelo de oração

Querido Jesus,

Agradeço por vir à terra não apenas para morrer por meus pecados e ressuscitar para garantir minha salvação, mas também para viver uma vida perfeita. Sua vida demonstrou sabedoria diante da confusão, coragem diante das provações, paz diante das dificuldades e fidelidade diante do desespero. O Senhor entende as tempestades da vida em que me encontro hoje, e reconheço que está no comando. Eu creio no Senhor, mas preciso de ajuda com minha incredulidade (Marcos 9:24). Que eu seja cada vez mais semelhante ao Senhor para que possa viver no meio dessas tempestades à sua semelhança (2Pedro 1:3-12). Quando eu precisar dar um passo de fé e tomar uma posição, dê-me sabedoria, coragem, paz e fidelidade para manter minha esperança no Senhor.

Amém.

CENA EXTERNA — *MAR DA GALILEIA*

SIMÃO: João, continue remando! O que está fazendo?

JOÃO: Alguém mais acabou de ver isso?

FILIPE: O quê?

JOÃO: Lá!

(Todos olham na direção que João está apontando, mas há apenas escuridão e ondas.)

JUDAS: Não vejo nada.

ZEE: O que estamos procurando?

(Há relâmpagos e um vulto a distância na água.)

ANDRÉ (*gritando em pânico*): Um fantasma! É um fantasma!

MATEUS: Um o quê?

TIAGÃO: Não pode ser.

ANDRÉ: Precisamos sair daqui! Remem mais rápido! Vamos!

SIMÃO *(com uma voz grave e calma)*: Não! Ninguém se mexe.

ANDRÉ: Como assim, Simão?

SIMÃO: Eu mandei todos pararem! Fiquem nessa posição.

(Olhares confusos ao redor. O olhar de Simão permanece fixo no último lugar exato onde ele viu o vulto iluminado. Um raio cai novamente, e vemos a figura de Jesus entre as ondas. O rosto de Simão continua imóvel entre os relâmpagos.)

ZEE: Não é um fantasma.

ANDRÉ: Você está louco?!

ZEE: Confie em mim. Sei como é um fantasma, e aquilo não é um fantasma.

JESUS: Não tenham medo, sou eu!

ANDRÉ: Jesus?!

FILIPE: Como? O que ele está fazendo?!

TIAGÃO: Impossível!

TOMÉ: Esta é a segunda coisa mais incrível que eu vi hoje. Como pode?

JESUS: Estão surpresos? Não aprenderam nada com o dia de hoje?

SIMÃO: Se é você, ordena-me que eu ande sobre as águas ao seu encontro.

ANDRÉ: Simão, não!

TIAGÃO: Você está louco??

SIMÃO *(fazendo ainda mais pressão)*: Se você é quem diz ser, me peça para sair deste barco.

JESUS: Você tem fé para andar sobre estas águas?

SIMÃO: Com certeza! Você pode fazer o que ordenar e, se você ordenar que a água me segure, eu andarei sobre ela!

JESUS: Se eu chamá-lo, você dará um passo de fé?

SIMÃO: Sim!

JESUS: Então, por que está tão chateado?

SIMÃO: Porque você está indo atrás dos gentios quando seu próprio povo tem problemas aqui! Quando sua própria PESSOA tem problemas? Eu fiquei bem aqui na sua frente, crendo em você, e você está apartando brigas em Decápolis!

(Outra longa pausa enquanto eles se encaram. Finalmente...)

JESUS: Venha a mim. Você, cansado e sobrecarregado... Eu lhe darei descanso.

(Simão se levanta. Tira as sandálias.)

ANDRÉ: Simão?!

(Em meio a murmúrios e exclamações de medo, confusão e emoção, Simão coloca a mão na beira do barco. Jesus observa a perna direita de Simão passar por cima do barco e ele descer lentamente em direção à água. Simão passa a perna esquerda e... continua, embora instável, na superfície da água. Os discípulos expressam nervosismo e surpresa. Simão não tira os olhos de Jesus, que estende a mão para ele.)

JESUS: Você ainda tem fé?

SIMÃO: Minha fé não é o problema! Eu desisti de tudo para segui-lo, mas você está curando estranhos!

JESUS: Por que você acha que eu permito provações?

SIMÃO: Não sei!

JESUS: Elas atestam a genuinidade da sua fé! Elas fortalecem você! ISTO está fortalecendo você! E a Éden! Mantenha os olhos fixos em mim!

(As ondas batem em Simão. Os discípulos gritam, e Simão desvia os olhos de Jesus. As ondas são imensas e impiedosas. Em todas as direções, o mar é assustador e feroz. O medo toma conta, e ele começa a afundar.)

SIMÃO: Estou afundando! Socorro!

(A água sobe rapidamente até o peito de Simão.)

SIMÃO: Senhor, por favor! Me salve!

(Jesus está se movendo em direção a ele. A água está na altura do queixo de Simão.)

SIMÃO: Me salve, eu estou...

(Ele afunda, com o braço estendido acima da superfície. Imediatamente, Jesus agarra seu antebraço, e Simão se segura em Jesus, que o tira da água trêmulo. Jesus olha em seus olhos, cheio de tristeza. Os dois ficam um de frente para o outro, respirando e segurando firme. Finalmente, com um sorriso...)

JESUS *(afetuosamente)*: Oh, homem de pequena fé. Por que duvidou?

(Os olhos de Simão demonstram vergonha e alívio. Ele está entregue.)

SIMÃO: Por favor, não me solte. Desculpe, não consigo sozinho. Não me solte, por favor.

JESUS: Eu planejei muita coisa para você, Simão, inclusive coisas difíceis. Mantenha seus olhos em mim. Eu prometo.

(Entram no barco.)

SIMÃO: Não me solte.

JESUS *(voltando-se para o mar revolto)*: Aquiete-se! Acalme-se!

(Jesus e Simão colidem contra o mastro. Simão agarra Jesus, repetindo...)

SIMÃO: Não me solte. Por favor, não me solte.

(As águas calmas batem suavemente contra o casco, e todos os discípulos estão encharcados, exaustos e maravilhados. Para Simão, não existe mais ninguém no mundo além de Jesus. Ele chora baixinho enquanto Jesus acaricia seu cabelo molhado.)

JESUS: Estou aqui... Estou sempre aqui. Eu permito que as pessoas tenham fome... mas eu as alimento.

SIMÃO: Não me solte. Não me solte. Não me solte.

CONCLUSÃO

São poucos os que encontram o caminho para a vida.

Por quê?

Porque é difícil. E a verdade é que nós, humanos pecadores, preferimos a facilidade. Mas é muito melhor escolher Jesus mesmo assim! Há, de fato, beleza, paz, alegria, esperança e descanso através da porta estreita: Deus nunca decepciona.

A vida decepciona, é claro. O pecado danificou o mundo que Deus fez, e vivemos de acordo com as consequências disso. Para piorar as coisas, a areia movediça do caminho largo garante nossa destruição e separação eterna do Deus que nos ama, aquele que entrou em nosso quebrantamento e se tornou nosso Cordeiro sacrificial e nossa Pedra Angular: a Rocha da nossa salvação e o início da restauração do mundo.

Cordeiro sacrificial:
Na época do Antigo Testamento, cordeiros perfeitos e imaculados eram sacrificados a Deus para a expiação do pecado (Êxodo 12:5; Levítico 4:32).

Como Jesus viveu uma vida perfeita sem pecado, sua morte na cruz tornou-se o sacrifício perfeito e permanente de expiação para toda pessoa que escolhe crer nele (Hebreus 9:11-14; 1Pedro 1:9; João 1:29,36).

Ele veio e anunciou paz a vocês que
estavam longe e paz aos que estavam
perto, pois por meio dele ambos temos
acesso ao Pai por um mesmo Espírito.
Portanto, vocês já não são estrangeiros
nem forasteiros, mas concidadãos

Pedra angular:
a primeira pedra colocada na fundação de uma estrutura e o ponto de referência para posicionar todas as outras pedras.

Nas Escrituras, lemos vários comentários sobre Jesus ser a pedra angular e referência definitiva para a vida (Isaías 28:16-17; Salmo 118:19-23; Mateus 21:42; Atos 4:11-12; Efésios 2:20; 1Pedro 2:4-10).

dos santos e membros da família de Deus, edificados sobre o
fundamento dos apóstolos e dos profetas, tendo Jesus Cristo
como pedra angular, no qual todo o edifício é ajustado e
cresce para tornar-se um templo santo no Senhor.
Efésios 2:17-21

Temos a terra firme por intermédio de Jesus. Por causa de sua vitória sobre a morte, somos ressuscitados com ele (Romanos 6:6-11), reconciliados com o Pai (Romanos 5:8-11) e habitados pelo Espírito (Romanos 8:9-11), o que nos permite continuar seguindo Jesus até o céu, onde a perfeição do jardim do Éden será restaurada. O que significa que o caminho dos escolhidos é o próprio Jesus.

Ele é a porta estreita que conduz à VIDA.

Apocalipse 22:1-5

Então, o anjo me mostrou o rio da água da vida que, claro como cristal, fluía do trono de Deus e do Cordeiro, no meio da rua principal da cidade. De cada lado do rio, estava a árvore da vida, que frutifica doze vezes por ano, uma por mês. As folhas da árvore servem para a cura das nações. Já não haverá maldição nenhuma. O trono de Deus e do Cordeiro estará na cidade, e os seus servos lhe servirão. Eles verão a sua face, e o seu nome estará na testa deles. Não haverá mais noite. Eles não precisarão da luz da lâmpada nem da luz do sol, pois o

Senhor Deus

os iluminará; e eles reinarão pelos séculos dos séculos.

ANOTAÇÕES

ANOTAÇÕES

ANOTAÇÕES

ANOTAÇÕES

ANOTAÇÕES

ANOTAÇÕES

ANOTAÇÕES

ANOTAÇÕES

ANOTAÇÕES

SOBRE OS AUTORES

Amanda Jenkins é autora, palestrante e mãe de quatro filhos. Escreveu seis livros, incluindo *Confessions of a Raging Perfectionist* [Confissões de uma perfeccionista radical], um livro de memórias que tem inspirado estudos bíblicos e conferências para mulheres dos Estados Unidos. Especializou-se em escrever e ensinar autenticidade verdadeira em nossa fé e é a criadora principal do conteúdo extra da série *The Chosen*, que inclui devocionais do *The Chosen*, volumes I e II, e o livro para crianças intitulado *The Chosen: Jesus Loves the Little Children* [Os escolhidos: Jesus ama as crianças]. Amanda mora nos arredores de Chicago com seu marido, Dallas, criador da série *The Chosen*.

Dallas Jenkins é cineasta, autor, palestrante e pai de quatro filhos. Nos últimos vinte anos, dirigiu e produziu mais de uma dúzia de filmes para empresas como Warner Bros., Lionsgate, Universal Studios e Hallak Channel. Atualmente é criador da série *The Chosen*, o primeiro programa de várias temporadas sobre a vida de Cristo e o projeto de mídia mais financiado até hoje pelo público. Dallas é também coautor dos livros devocionais best-seller *The Chosen*.

O consultor bíblico evangélico oficial da série de TV *The Chosen*, **Douglas S. Huffman** (ph.D., Trinity Evangelical Divinity School) é professor de Novo Testamento e reitor adjunto de Estudos Teológicos Bíblicos da Talbot Scholl of Theology (Biola University) na Califórnia. Especialista no Novo Testamento grego (Lucas/Atos) e Pensamento Cristão, é autor de *Verbal Aspect Theory and the Prohibitions in the Greek New Testament* [Teoria do aspecto verbal e proibições no Novo Testamento grego] e *The Hand Guide to the New Testament Greek* [Guia prático do Novo Testamento grego]; editor colaborador de livros como *God Under Fire: Modern Scholarship Reinvents God* [Deus sob fogo: a erudição moderna reinventa Deus], *How Then Should We Choose?: Three Views on God's Will and Decision Making* [Como então deveríamos escolher?: três visões sobre a vontade de Deus e a tomada de decisão] e *Christian Contours: How a Biblical Worldview Shapes the Mind and Heart* [Contornos cristãos: como uma cosmovisão bíblica molda a mente e o coração]. Colabora com vários periódicos teológicos e obras de referência. O dr. Huffman pode ser visto em "Mesas-redondas sobre a Bíblia" da série *The Chosen* no aplicativo *The Chosen*. Huffman gosta de trabalhar com os estudantes da Biola, indicando a Escritura como a Palavra de Deus para nós hoje.

Este livro foi impresso pela Ipsis, em 2025, para
a Thomas Nelson Brasil. O papel do miolo é
offset 90g/m², e o da capa é cartão 250g/m².